Arbitragem
NOS CONTRATOS EMPRESARIAIS, INTERNACIONAIS E GOVERNAMENTAIS

T584a   Timm, Luciano Benetti
         Arbitragem nos contratos empresariais, internacionais e governamentais / Luciano Benetti Timm. – Porto Alegre: Livraria do Advogado Editora, 2009.
         168 p. ; 16X23 cm.

         ISBN 978-85-7348-627-8

         Prefácio de Profa. Dra. Selma Maria Ferreira Lemes, Coordenadora e Professora do Curso de Arbitragem do GVLAW da Escola de Direito de São Paulo – Fundação Getúlio Vargas (EDESP/FGV).

         1. Direito. 2. Arbitragem. 3. Direito internacional. 4. Contratos internacionais. 5. Direito societário. 6. Contratos empresariais. 7. Contratos públicos. 8. Arbitragem nacional. 9. Arbitragem – Agronegócios. I. Timm, Luciano Benetti. II. Título.

                                             CDU 347.918(81)

CIP-Brasil. Dados Internacionais de Catalogação na Publicação.
(Ana Lucia Wagner – Bibliotecária responsável CRB10/1396)

Luciano Benetti Timm

Arbitragem
NOS CONTRATOS EMPRESARIAIS, INTERNACIONAIS E GOVERNAMENTAIS

Porto Alegre, 2009

© Luciano Benetti Timm, 2009

Capa, projeto gráfico e diagramação
Livraria do Advogado Editora

Revisão
Rosane Marques Borba

Direitos desta edição reservados por
Livraria do Advogado Editora Ltda.
Rua Riachuelo, 1338
90010-273 Porto Alegre RS
Fone/fax: 0800-51-7522
editora@livrariadoadvogado.com.br
www.doadvogado.com.br

Impresso no Brasil / Printed in Brazil

Agradedimentos

Um especial agradecimento aos companheiros de diretoria do Comitê Brasileiro de Arbitragem (CBAr): Adriana Braghetta, Eduardo Damião, Maurício Prado e Eleonora Pitombo.

Agradeço ainda à atual gestão da OAB/RS, que tem buscado estimular a arbitragem em nosso Estado, terminando com histórica e arcaica resistência ao instituto, o que faço na pessoa do colega de Comissão Especial de Arbitragem da OAB/RS, Ricardo Ranzolin.

Agradeço aos Desembargadores do Estado do Rio Grande do Sul que, reconhecendo a validade do compromisso arbitral, romperam com antigo paradigma paroquial do monopólio da jurisdição estatal, como se os privados não pudessem solucionar suas controvérsias sem o auxílio paterno do Estado, o que faço na relatora de *leading case*, Marilene Bernardi.

Agradeço à UNISINOS e à PUCRS por acreditarem em meus grupos de pesquisa sobre arbitragem, ainda quando em 2003, apenas três alunos se inscreviam (atualmente são mais de 20!).

Agradecimento também ao Walter da Livraria do Advogado, que acreditou também no tema.

Finalmente, meu agradecimento aos colegas de escritório Fabiano Deffenti e Rafael Machado, por me auxiliarem no acompanhamento dos nossos primeiros casos de arbitragem como advogado.

Prefácio

A arbitragem, forma extrajudicial de solução de conflitos na qual as partes consensualmente deliberam em submeter seus dissensos contratuais ao julgamento de árbitros, terceiros independentes e imparciais por elas indicados, viceja em todos os quadrantes do Brasil, após a vigência da Lei n° 9.307, de 23 de setembro de 1996.

Duas constatações abstraem-se desse proceder. A primeira demonstra que a sociedade adere às iniciativas governamentais que contrabalançam a liberdade, a flexibilidade e a equidade (aqui considerada como sinônimo de igualdade); atributos estes presentes no ordenamento arbitral brasileiro. A segunda demonstra que a sociedade se mostra solidária quando percebe que deve contribuir para que questões complexas, geralmente empresariais, deixem de ser levadas ao judiciário, permitindo que este se dedique com mais presteza aos conflitos de família, tributário, penal etc. atendendo aos anseios dos jurisdicionados, a fim de que a justiça seja não apenas prestada, mas que venha em tempo adequado, dando vigência ao disposto no art. 5°, inciso LXXVIII da Constituição Federal (Emenda Constitucional 45/2004), que erige a celeridade processual a princípio constitucional.

Neste ambiente, o papel dos doutrinadores pátrios, entre eles o autor desta obra, mostra-se de muita importância. Proliferar na sociedade uma adequada cultura arbitral passa necessariamente por termos boas obras e que discutam temas transcendentes para a arbitragem, divulgando adequadamente os novos conceitos, problematizando as questões e discutindo as possíveis soluções. Enfim, instigando tanto a área científica como os operadores do direito a refletir e optar por esta forma extrajudicial de solução de conflitos.

Assim como em outras áreas do saber, em especial as que envolvem relações sociais, não há uma fórmula final e acabada. A interpretação dos institutos jurídicos evolui e acompanha a nova forma de pensar e agir da sociedade; observa, enfim, o devir de todas as coisas. Neste sentido, alicerçado nas bases sólidas da Lei n° 9.307/96 e complementado com a Convenção Internacional sobre Reconhecimento e Execução de Sentenças Arbitrais Estrangeiras, firmada em Nova Iorque, em 1958 – CNI (Decreto de Promulgação n° 4.311/2002), evoluiremos no sentido de aceitar com maior naturalidade a aplicação da arbitragem em áreas ainda sensíveis, como em determinadas questões societárias, áreas trabalhista e de consumo, arbitragem testamentária e outras, conferindo maior liberdade aos jurisdicionados e contribuindo com a administração da justiça.

Ressalte-se que a importância da arbitragem ultrapassa as fronteiras nacionais, por ser um instituto jurídico de trânsito universal. Representa a globalização da justiça e terá cada vez mais importância às transações comerciais internacionais. Estudo publicado no *Michigan Journal of International Law* demonstrou que o simples fato de um país aderir à CNI altera a percepção do contratante estrangeiro na qualidade das instituições, bem como no fluxo comercial, propiciando aumento nas transações comerciais.

Com efeito, atentando para esses fatores, Luciano Benetti Timm assume com habilidade e competência a missão de introduzir o estudo da arbitragem em outra seara, ou seja, dispensa ao instituto estudo à luz da disciplina denominada "Análise Econômica do Direito", para elucidar que o jurista não pode continuar a apreciar as questões compartimentadas apenas no Direito, mas deve ter um outro olhar, o econômico, mais prático e que agregue eficiência na adoção de condutas. Não se pode deixar de considerar os custos de transação presentes numa demanda arbitral frente à judicial, posto que freqüentemente estamos diante de um equívoco ao invocar que os custos são menores no judiciário, pois no processo arbitral se remunera os árbitros e a instituição de arbitragem (quando se opta pela arbitragem administrada). Esta análise estreita cai por terra quando se associa o fator tempo da demanda (arbitral ou judicial) ao conceito econômico de "custo de oportunidade" (isto é, a possibilidade de se auferir determinada quantia em menor tempo e o que se faria com ela) e se constata que submeter uma contenda à arbitragem será mais econômico do que demandar no judiciário, além da denominada simetria de informações (um árbitro, por ser especialista em determinada área entende com mais facilidade e rapidez a matéria técnica objeto da controvérsia). Em arbitragem, a média de um processo varia entre sete meses a um ano e dois meses, enquanto no judiciário serão vários anos e sujeito às vicissitudes dos infindáveis recursos existentes no processo judicial. Em trabalho pregresso tivemos a oportunidade de demonstrar em estudo hipotético e em decorrência dos fatores mencionados, que a economia de custos do processo arbitral frente ao judicial chega a ser de quase 60%.

Além da predisposição do autor para a análise do "Direito & Economia", indica para estudo e discorre sobre temas eminentemente empresariais, tais como quando enfoca arbitragem e o direito societário, arbitragem e o agronegócio, arbitragem e contratos de franquia etc.

Completa seu estudo com auspiciosa jurisprudência gaúcha, que se torna pioneira e paradigma em muitas áreas, tal como o *leading case* Alon/Aib v. Converse Inc, de 2005, no qual o Tribunal de Justiça do Rio Grande do Sul, na relatoria da eminente Desembargadora Marilene Bonzanini Bernardini reconheceu e acatou a competência positiva dos árbitros para apreciar a contenda, haja vista a cláusula compromissória inserida num contrato internacional que elegeu a arbitragem administrada pela *American Arbitration Association* nos Estados Unidos, remetendo as partes à arbitragem. Não se pode deixar de notar, igualmente, que o primeiro julgado do Superior Tribunal de Justiça envolvendo a arbitragem e a Administração Pública também tem origem numa demanda gaúcha (CEEE-RS e AES Uruguaiana) à qual o autor tece apropriadas considerações.

Importa observar que os precedentes que outorgam a efetiva e adequada eficácia à cláusula compromissória inserida em contratos com a Administração Pública, contratos internacionais e outros transcendem o âmbito da questão posta entre as partes para outorgar a estes julgados a qualidade de um bem público, tal como tratado no âmbito jurídico-econômico. A segurança jurídica que emana da jurisprudência (o juiz é o intérprete originário da lei, na lição de Kelsen), gera externalidades positivas para toda a sociedade, que ao conhecer o precedente se beneficia com os custos de transação.

O leitor perceberá, ao transcorrer as páginas deste livro, que o autor discorre com facilidade os temas tratados e por rigor acadêmico não dispensa a bem lançada bibliografia que alicerça seu saber. A obra é abundante em conceitos que são assimilados pelo leitor com naturalidade, sem se dar conta de que ingressa em novos temas que não são fáceis de serem abordados.

Luciano Benetti Timm integra uma nova geração de arbitralistas, com sede em plagas gaúchas, que com seriedade e proficiência dedica-se à área acadêmica, sem declinar a visão pragmática que impõe a seus estudos e à arbitragem aplicada.

São Paulo, 27 de fevereiro de 2009

Profa. Dra. Selma Maria Ferreira Lemes

Coordenadora e Professora do Curso de Arbitragem do GVLAW
da Escola de Direito de São Paulo – Fundação Getúlio Vargas (EDESP/FGV)

Sumário

Apresentação 13

Capítulo I – Os fundamentos econômicos da arbitragem 15
    1. A arbitragem, os contratos empresariais e a análise
       econômica do Direito 17
    2. Direito, economia, instituições e arbitragem: o caso da "soja verde" 31

Capítulo II – Arbitragem nos contratos empresariais 41
    3. Arbitragem nos agronegócios 43
    4. O acordo de acionistas e o uso da arbitragem como forma de
       resolução de conflitos societários 57
    5. Os conflitos nas *joint ventures* e a arbitragem 73
    6. Arbitragem nos contratos de franquia 89

Capítulo III – Arbitragem nos contratos internacionais 113
    7. A cláusula de eleição de foro *versus* a cláusula arbitral em contratos
       internacionais: qual é a melhor opção para a solução de
       disputas entre as partes? 115
    8. Arbitragem no comércio internacional: análise do caso
       Alon/Aib *versus* Converse Inc. 133
    9. Arbitragem no comércio internacional: análise do caso TFL Itali S.P.A. *versus*
       Coraquim Indústria de Produtos Químicos Ltda. – do TJ/RS 145

Capítulo IV – Arbitragem nos contratos públicos 159
    10. Arbitragem em contratos públicos: o posicionamento do
        STJ no caso CEEE-RS *versus* AES 161

Apresentação

O desconhecimento é a principal barreira ao progresso de uma sociedade.

O Direito como produto cultural não poderia deixar de sofrer a mesma limitação inerente à condição humana.

A arbitragem, como parte integrante das instituições jurídicas, segue o mesmo caminho.

Até a publicação da Lei 9.307, em 1996, a arbitragem era um instituto praticamente desconhecido dos advogados e juízes brasileiros, ainda confundido com a mediação e outras formas alternativas de solução de controvérsias.

Depois de dez anos de experiência, o Brasil passou a ser o maior protagonista da arbitragem no cenário latino-americano.

Domesticamente, a arbitragem também cresceu muito no vácuo deixado pela jurisdição estatal.

Sobretudo no âmbito empresarial (seja na esfera internacional, seja interna), ela floresceu.

Importantíssimo nesse processo de consolidação da arbitragem foi a atuação e o reconhecimento dos tribunais superiores (do STF no julgamento do *leading case* SEC 5206 e do STJ em diversos julgados).

O Tribunal de Justiça do Rio Grande do Sul foi um dos últimos a resistir à força e à eficiência da arbitragem na solução de disputas empresariais.

Mas em recentes julgados comentados aqui, pelo menos nos contratos internacionais, passou a reconhecer a validade plena da cláusula compromissória.

Este livro é uma compilação de artigos escritos nos últimos anos acerca do tema da arbitragem nos contratos empresariais, no direito societário e no direito internacional para as duas revistas especializadas no tema no Brasil: a Revista Brasileira de Arbitragem e a Revista de Arbitragem e Mediação.

Os artigos são organizados em quatros grandes grupos: artigos sobre os fundamentos da arbitragem e outros sobre a aplicação a três tipos diversos de contratos (empresariais, internacionais e públicos).

O seu maior objetivo é estimular o debate acadêmico e profissional sobre a arbitragem no Rio Grande do Sul.

Além disso, tem uma pretensão de colocar o Rio Grande do Sul no eixo do debate sobre arbitragem no Brasil, buscando demonstrar que evoluímos e que temos julgados importantes sobre o tema, inclusive dada a vocação exportadora da economia gaúcha.

Torres, verão de 2009.

Luciano Benetti Timm

Capítulo I

Os fundamentos econômicos da arbitragem

— 1 —

A arbitragem, os contratos empresariais e a análise econômica do Direito[1]

Sumário: 1. Considerações iniciais; 2. Breves notas sobre a interpretação econômica do direito e a importância dos "custos de transação"; 3. Análise empírica de dados sobre matéria societária envolvendo o Tribunal de Justiça do Estado de São Paulo e o Superior Tribunal de Justiça; 4. Resolução de conflitos intersubjetivos pelo procedimento arbitral: Uma análise dos custos de transação.

1. Considerações iniciais

O custo esperado de recorrer ao Judiciário (ou outras formas de resolução de disputas) não depende apenas das taxas pagas à justiça, de despesas incorridas durante o processo de litígio, da probabilidade de se vencer (probabilidade que pode muito bem depender do montante gasto) e de como os custos do litígio são distribuídos entre quem ganha e quem perde a demanda.

Custas judiciais elevadas, um sistema com problemas de morosidade, com procedimentos demasiadamente complexos, exagerado sistema recursal,[2] somado ao excesso de demandas, podem encorajar as partes a usarem mecanismos alternativos de resolução de conflitos. Problemas relativos à falta de estabilidade nas decisões estritamente ligados à insegurança jurídica não afetam apenas as partes no processo judicial, mas comprometem o desenvolvimento econômico do Estado Democrático de Direito.[3]

Pretendemos, aqui, demonstrar mediante o amparo da literatura da análise econômica do direito,[4] sob a ótica da Nova Economia Institucional,[5] mostra-se a

---

[1] Co-autoria com Eduardo Jobim

[2] Cf. FARIA, José Eduardo. Ordem Legal X mudança social: a crise do Poder Judiciário e a formação do magistrado, in José Eduardo Faria (Org). *Direito e Justiça*: Função social do Judiciário. São Paulo: Ática, 1989, p. 96-107.

[3] Cf. BUSCAGLIA, Edgardo; Ratliff, William. *"Law And Economics in Developing Countries"*. Greenwich: Jal Press Pg. 73 – 85. Verificar especificamente o capítulo 4 entitulado "Alternative Dispute Resolution Mechanisms and Democracy in Developing Countries"

[4] Cf. Interessante trabalho empírico realizado por DUBAN, Doriat Myriam. "Alternative Dispute Resolution in the French Legal System: an Empirical Study". In: *"Law and Economics in Civil Law"*. B.V : Elsevier Countries, Vol. 6, pages 183 – 197.

[5] A análise econômica do Direito sob a ótica da Nova Economia Institucional opera com a lógica econômica dos arranjos contratuais relacionados à criação dos direitos.

utilização da arbitragem como um instrumento de solução de controvérsias empresariais que deve ser ponderado[6] por todos aqueles agentes econômicos que visam a se proteger de alguns localizados pontos de mau funcionamento da justiça brasileira, permitindo uma redução de seus custos de transação no mercado.[7]

2. Breves notas sobre a interpretação econômica do direito e a importância dos "custos de transação"

No ano de 1930, Ronald Coase, em obra entitulada *The Nature of the Firm*, efetuou uma grande contribuição ao pensamento econômico de nossa época.

Suas idéias foram trilhadas por outros estudiosos, como Communs, Knigth, e Barnard. O mérito de cada um dos autores é distinto, porém Communs foi quem trouxe a sugestão de se tomar à transação como uma unidade de análise.

Em um momento em que o pensamento econômico estava imerso na compreensão do mercado e no funcionamento do mecanismo de preços, Coase abriu o caminho para explicar a "gênese da firma", que até então era vista somente como a instância na qual as transformações tecnológicas (uma ou mais) eram processadas sobre determinados bens ou serviços.

O conceito de firma, desde aquele momento, não seria mais apenas aquele espaço para a transformação de um produto, mas sim, também espaço hábil para a coordenação de ações dos agentes econômicos alternativo ao mercado. Isto significa que as firmas organizam *inputs* de modo a combinar eficiência ao seu produto final. Foco central para esta concepção está a concepção de firma como um verdadeiro nexo ou feixe de contratos através dos quais os participantes se compõem em "transações" uns com os outros. A firma, neste sentido, podemos dizer, é um agente subscritor de uma vasta gama de arranjos contratuais com todos os participantes da sua vida empresarial, a começar pelos contratos com os demais sócios, passando pelos contratos com seus fornecedores, clientes indo até os contratos com operários e estabelecendo contratos de crédito para financiamento dos fundos da empresa.

---

[6] "Encontramos casos onde a arbitragem não seria recomendada sob uma perspectiva da analise econômica do Direito. Trata-se dos casos de contratos de adesão. Tal discussão, inclusive tomou foro especial nos Estados Unidos onde pesquisadores como Keith Hylton chegam a seguinte constatação: "The case in which real choice might not be observed is that of the so-called adhesion contract. I refer to contracts in which one of the parties is offered a take-itor-leave it standard form and may be effectively uninformed about the terms of the deal. He signs the form because he feels in some sense coerced to sign. If one of the parties signs an agreement to arbitrate without being aware of the terms of the deal, he may find that he has entered a regime in which the governance benefits, for him, disappear entirely". HYLTON Keith N. "Arbitration: Governance Benefits And Enforcement Costs". In: *The Boston University School of Law Working Paper Series Index*: disponível eletronicamente em http://ssrn.com/abstract=594301. acesso em 20/07/2006.

[7] "As empresas têm, porém, um relacionamento ambíguo com a lentidão da justiça. Assim, nem sempre a demora em obter uma decisão é prejudicial às empresas: nas causas trabalhistas, um quarto delas apontou que, pelo contrário, ela é benéfica, sendo que somente 44 % dos entrevistados indicaram que a lentidão da Justiça do Trabalho é algo prejudicial" Pinheiro (2000).

A Firma e o mercado, de acordo com o nosso conceito, concorrem na medida em que possuem a função comum de coordenar a atividade econômica, e, ao mesmo tempo, coexistem. No campo da Análise Econômica do Direito, Ronald Coase inovou em mais um aspecto. Sua inovação veio ventilada pelo clássico artigo datado de 1960, denominado *The Problema of Social Cost*.[8]

Mediante este, o ganhador do Prêmio Nobel do ano de 1991 comprovou que os custos de se utilizar um ou outro mecanismo de coordenação diferem, de tal forma que, a depender da magnitude desses custos, uma ou outra forma de organização é mais desejável. Neste sentido, a lei, como qualquer outra instituição social, pode ser vista pelos economistas como um instrumento para a organização da vida em sociedade. Coase, assim, lembrou aos economistas e ensinou aos operadores do direito que, em um mundo de trocas pelo consentimento, em vez daquele pela coerção da lei, os custos e benefícios determinam o melhor arranjo entre agentes econômicos.[9]

Neste sentido, muito diferente dos pressupostos da Economia Neoclássica,[10] considerada esta última como sendo um mundo hipotético sem custos de transação, Coase asseverou que "In order to carry out a market transaction it is necessary to discover who it is that one wishes to deal with, to inform people that one wishes to deal and on what terms, to conduct negotiations leading up to a bargain, to draw up the contract, to undertake the inspection needed to make sure that the terms of the contract are being observed, and so on. These operations are often extremely costly, sufficiently costly at any rate to prevent many transactions that would be carried out in a world in which the pricing system worked without cost".[11]

George Stigler[12] asseverou que "Coase reminded economists and taught lawyers that, in a world of Exchange by agreement rather than by coercion, that costs and benefits of agreement determine its scope". Verificamos, então, que esses custos, possuindo natureza distinta dos custos envolvidos na produção, foram denominados "custos de transação", vez que se relacionam à forma pela qual se processa uma transação. Reduzindo em termos, podemos dizer que Coase inovou no sentido de, além de visualizar o problemas das "externalidades",[13] desenvol-

---

[8] COASE, Ronald. H. "The problem of social cost". In: 3° Jornal of Law and Economics., out., 1960, p.1-44.

[9] Cf. Neste sentido, exemplificativamente, STIGLER. George. J. "Law or Economics". In: *Jornal of Law & Economics*, vol. XXXV out. 1992.

[10] Richard Posner não poupa críticas a respeito do modo investigativo da econômia neoclássica: " In order to facilitate mathematical formulation and exposion, neoclassical economic theory routinely adopts what appears to be, and often are, from both a physical and a psychological standpoint, highly unrealistic assumptions: that individuals and firms are rational maximizers, that information is costless, that demand curves facing firms are infinitely elastic, that inputs and outputs are infinitively divisible, that costs and revenue schedules are mathematically regular, and so forth". POSNER, Richard. A. "New Institutional Economics Meets Law and Economics". Chicago: *Jornal of Institutional and Theoretical Economics* JITE. p. 74.

[11] Coase, Ronal. H. "The problem of social cost". *Op. Cit.* p. 7.

[12] STIGLER. George. J. "Law or Economics". In: *Journal of law & economics*, vol. XXXV (out. 1992).

[13] Verificamos que as externalidades podem ser divididas em (i) externalidades de produção (quando uma atividade produtiva afeta o custo de outra atividade produtiva; (ii) externalidades no consumo (quando meu consumo

veu o conceito de custos de transação, que nada mais são que o custo envolvido em uma transação econômica para adquirir e transferir direitos de propriedade.

As idéais de Ronald Coase foram mais tarde aprimoradas por outros estudiosos, criando diferentes Escolas de *Law and Economics*[14] como a Positivista (vinculada à Universidade de Chicago), a Normativista (Universidade de Yale) e a Funcional (que é espécie de mistura das Escolas Positivista com a Normativista, fortemente vinculada à Universidade de Virgínia). Entendemos, todavia, que foi Oliver Williamson[15] quem tenha de melhor modo definido e identificado o ponto central dos custos de transação. Este autor entendeu que estes últimos constituem elementos particularmente importantes nas situações onde os agentes econômicos fazem investimentos específicos em suas relações.

Entendemos que o custo de um rompimento contratual deve ser levado em conta pelas partes,[16] sendo a análise econômica do direito uma ferramenta hábil para comparar qual dos métodos de resolução de conflitos é o menos custoso e mais eficiente para as partes.

Assim, devemos identificar qual alternativa poderá ser menos gravosa para agentes econômicos, se será o ingresso de ação perante o Poder Judiciário ou seria menos custoso utilizar-se da arbitragem?

Este é o tema que aqui pretendemos trabalhar que somente pode ser ponderado, entendemos nós, utilizando-se da *análise econômica positiva* sobre o Poder Judiciário.[17]

---

afeta a produção do outro bem), assim como (iii) externalidades positivas (quando uma atividade produtiva afeta positivamente a minha atividade de produção).

[14] Sobre a diferença entre escolas conferir PARISI. Francesco. "Positive, Normative and Funcional Schools in Law and Economics". In: *European Journal of Law and Economics*, Vol. 18, No. 3, Dez – 2004.

[15] WILLIAMSON. Oliver. "The economic Institutions of Capitalism". Free Press: New York. Cf. igualmente, do mesmo autor "Transaction Cost Economics Meets Posnerian Law and Economics". In: *Jornal of Institucional Theoretical Economics* 149 I, 1993. p. 98 – 118.

[16] O mesmo deve ser levado em conta pelas partes, muito embora tenhamos plena consciência que todos os arranjos contratuais são inevitavelmente incompletos. Esta afirmação pode soar como estranha para alguns juristas ligados ao Direito Privado, porém, temas como o da racionalidade limitada dos indivíduos, bem como questões chamadas "atitudes oportunísticas" jamais poderão ser previstas por completo em arranjos contratuais. Cf. neste sentido GROSSMANN. B. e Hart, Oliver "The theory of Contracts" In. *Advanceds in Economics Theory*. Cambridge University Press: Harvard. 1986. Com o mesmo entendimento conferir Décio Zylbersztajn e Raquel Sztajn, para quem o conceito básico da Economia dos Custos de transação é que problemas futuros potenciais nos contratos podem ser antecipados pelos agentes que desenham os arranjos institucionais no presente. Na impossibilidade de desenhar contratos completos (decorrência da racionalidade limitada), as lacunas são inevitáveis. ZYLBERTSZTAJN, Décio e SZTAJN, Raquel. *Direito e Economia*. Análise Econômica do Direito e das Organizações. Rio de Janeiro: Elsevier, 2005.

[17] Neste sentido, verificamos a opinião de Selma Lemes, para quem "...deve-se efetuar análise da relação custo-benefício do contrato a ser firmado quanto à inclusão da cláusula compromissória. Deve efetuar análise dos custos da arbitragem, sopesar a celeridade processual, a complexidade da matéria abordada e a possibilidade de sigilo, em comparação com a demanda judicial, considerando a morosidade do judiciário. A análise deve ser tanto qualitativa (complexidade da controvérsia) como quantitativa (o judiciário é mais lento em razão da pletora de demandas e de recursos disponíveis)". LEMES. Selma Maria Ferreira *Arbitragem: visão pragmática do presente e futuro*. Disponível eletronicamente em: www2.oabsp.org.br/asp/esa/comunicacao/esa1.2.3.1.asp?id_noticias=82 – 29k.

3. Análise empírica de dados sobre matéria societária envolvendo o Tribunal de Justiça do Estado de São Paulo e o Superior Tribunal de Justiça

Um recente estudo elaborado e publicado pela Faculdade de Direito da Fundação Getúlio Vargas[18] relata estatisticamente, mediante investigação empírica, uma realidade pouco conhecida pelos operadores do direito.

A referida pesquisa tinha por objetivos "(i) apontar uma metodologia para sistematizar jurisprudência sobre determinada matéria, cujos resultados sejam lidos de forma estatística; e (ii) sistematizar informações sobre as decisões em matéria de direito societário e mercado de capitais no Tribunal de Justiça de São Paulo e recursos relacionados no Superior Tribunal de Justiça".[19]

Passemos agora a alguns dados coletados do Poder Judiciário, especialmente no que toca ao campo do Direito Societário. Sabemos que neste campo de estudo, os litígios versados são extremamente complexos e abrangem uma temática bastante ampla.

Referimos que foram verificadas ações como envolvendo: Acionista majoritário, Acionista controlador; Acionista e sociedade anônima; Acionista *e* companhia aberta; Acionista (minoritário ou majoritário) *e* sociedade (anônima); Poder de controle; Poder de controle *e* sociedade anônima; Poder de controle *e* companhia aberta; Abuso de poder; Abuso de poder *e* sociedade anônima; Controlador *e* sociedade anônima; Controlador *e* companhia aberta; Abuso do poder de controle; *Insider trading*; Informação privilegiada; Lei das S.A; Lei 6.404; Lei 6.385; Taxa de fiscalização; Taxa de fiscalização *e* CVM; Taxa de fiscalização *e* Comissão de Valores Mobiliários; Interesse societário; Interesse social; Interesse social e sociedade anônima; Companhia *e* responsabilidade *e* administrador; Companhia *e* administrador; Sociedade anônima *e* administrador; Sociedade anônima *e* responsabilidade administrador; S.A. e responsabilidade administrador; S.A. e administrador; Conselho de administração; Acionista e administrador; Acionista e responsabilidade administrador; Acionista e Conselho de Administração.

Da análise dos dados obtidos no TJSP, chamou atenção o estudo para os seguintes resultados:

Quando ao tempo da decisão: No que toca ao tempo da decisão, constatou-se uma grande variação de caso a caso a depender do tipo de recurso. Em matéria societária, o tempo total (primeira e segunda instância) mínimo encontrado foi de 233 dias e o máximo foi de 3.993 dias. Sobre o mercado de capitais, o tempo total mínimo foi de 888 dias, e o máximo, de 5.049 dias, compondo uma média de 2.618 dias.

---

[18] Todos os dados aqui referido, foram publicados na Revista da Escola de Direito da Fundação Getúlio Vargas. Vol. 2, nº 1 janeiro de 2006. Dados coletados por Viviane Muller Prado e Vinícius Correia Buranelli.

[19] *Revista da Escola de Direito da Fundação Getúlio Vargas*. Vol. 2, nº 1 janeiro de 2006.

No que toca à natureza da controvérsia: Em matéria societária, foi observado na pesquisa que os acionistas recorrem ao Poder Judiciário para pleitear a satisfação de seus direitos individuais, envolvendo o "valor" mobiliário, dividendo, direito de recesso, direito à informação, exibição de documentos, prestação de contas e direito a voto. Outras ações para a responsabilidade do controlador e dos administradores não foram tão freqüentes. Sobre mercado de capitais, foram correntes os casos nos quais se discutiam matérias correlatas à falência de corretoras (pedido de restituição, habilitação de crédito e responsabilidade). Constatou-se também a discussão de irregularidades e fraudes na atuação dos agentes do mercado, suas responsabilidade, civis e penais.[20]

No que tocou ao Superior Tribunal de Justiça, o estudo da Fundação Getúlio Vargas mostrou que uma prevalência de recursos de agravo de instrumento contra decisões que indeferiram a subida de Recurso Especial. Chamou atenção deles, também, que muitos desses foram não-providos, da mesma forma como à grande parte dos Recursos Especiais tiveram seus seguimentos negados, todos pela mesma razão: pretender a revisão da decisão à partir da rediscussão de fatos e provas.

O tempo de duração dos recursos no STJ consumiu o tempo médio para os Recursos Especiais de 801 dias (acima de dois anos de espera).

Contabilizando o somatório temporal de duração de primeira e segunda instâncias e do STJ, obteve-se uma média que representou o tempo médio de duração de processos sobre mercado de capitais e direito societário na média insatisfatória de 2.730 dias (mais de sete anos).

Digno de notar que, no referido estudo, deixou-se de verificar empiricamente o tempo médio dos processos no Supremo Tribunal Federal. Todavia, a simples verificação das primeiras e segundas instâncias, somando o tempo médio do Superior Tribunal de Justiça, nos leva a concluir que: O Poder Judiciário não consegue proferir decisões em tempo social e economicamente tolerável.

Neste ínterim, entendemos que, com as vantagens abaixo apontadas, existe motivo para a utilização da Arbitragem como meio eficiente para solução de litígios, mostrando-se este mecanismo como um verdadeiro redutor de custos de transação.

Passemos agora às vantagens da arbitragem.

4. Resolução de conflitos intersubjetivos pelo procedimento arbitral: Uma análise dos custos de transação

Entendemos que a arbitragem é um mecanismo alternativo de solução de disputas, por isto mesmo, pressupõe a ela a existência de interesses opostos. Quando

---

[20] *Revista da Escola de Direito da Fundação Getúlio Vargas.* Vol. 2, n° 1 janeiro de 2006.

se recorre à arbitragem se busca a solução do mesmo (ao menos potencial), e, como conseqüência, que sejam as discrepâncias entre as partes resolvidas.

Observamos na atualidade que a notória crise processual, somada à crise do próprio Poder Judiciário, principalmente no que atine à morosidade da prestação jurisdicional,[21] deu um impulso considerável para que a arbitragem vicejasse. Como acima verificado, estamos longe de obter um mecanismo judicial que possa ser considerado funcional e eficaz para resolver litígios. Por ora, o processo judicial continua a ser uma antevisão da eternidade, e é preciso encontrar, nas vias alternativas, fórmulas de solucionar controvérsias que dependam cada vez menos da intervenção estatal.

Entendemos que a arbitragem não substitui com êxito a totalidade da atividade jurisdicional do Estado, mas que agrega, diferentemente da utilização do Poder Judiciário, o sigilo e a rapidez na solução dos litígios. Entendemos sob uma análise econômica do direito que a arbitragem possui o condão de substituir a atividade jurisdicional de modo a reduzir os custos de transação. Não podemos ignorar, demais qualidades à arbitragem tais como a de que os litígios são resolvidos por julgadores hábeis, ou seja, *experts* na matéria sobre a qual versar a controvérsia.

Demais vantagens devem ser levadas em consideração, não afastando as supramencionadas. São elas: a ausência de formas solenes, a possibilidade de julgar por equidade, ou escolher livremente a lei a ser aplicada,[22] fatores esses que igualmente tendem a diminuir os custos de transação envolvidos. As vantagens do instituto da arbitragem podem ser definidas como (i) o segredo que costuma cercar a arbitragem, (ii) a economia,[23] que as partes querem ver reduzida, e a (iii)

---

[21] A problemática da morosidade, igualmente mereceu comentário nos Estados Unidos, sendo feita relação entre o volume de trabalho e a qualidade dos julgados "Congestion provides an important reason why arbitration agreements may involve cheaper enforcement costs than the court regime. Congestion in ordinary courts makes it less likely that any court will have the time or resources to match the level of accuracy in adjudication that repeat-dealers are likely to desire. Congestion also introduces delay, which increases the cost of enforcement. Given these costs, it is quite plausible that sophisticated parties who are repeat dealers will prefer to set up their own arbitration regime rather than submit all of their disputes to the courts. Of course, this preference may not be put into effect because it is costly to set up an arbitration regime. And to do so involves foregoing some of the governance benefits already provided by courts". HYLTON Keith N. "Arbitration: Governance Benefits And Enforcement Costs" In, *The Boston University School of Law Working Paper Series Index*: disponível em http://ssrn.com/abstract=594301.

[22] "A possibilidade de dar-se ao árbitro o poder de decidir por equidade, ou segundo os princípios da *lex mercatoria* nos contratos comerciais, ou ainda a escolha livre da lei a ser aplicada pelos árbitros, é outro elemento que estimula a difusão da arbitragem". CARMONA, Carlos Alberto. *A arbitragem no Código de Processo Civil Brasileiro*. Tese de doutoramento apresentada à Faculdade de Direito da Universidade de São Paulo. São Paulo. 1990, p. 72.

[23] O referido aspecto econômico é trabalhado de modo exemplar por Armando Castelar Pinheiro para quem "O custo esperado de recorrer ao Judiciário (ou outras formas de resolução de disputas) não depende apenas das taxas pagas à justiça, mas também das despesas incorridas durante o processo de litígio, da probabilidade de se vencer (probabilidade que pode ela própria depender do quanto é gasto) e de como os custos do litígio são distribuídos entre quem ganha e quem perde a causa. Custas judiciais elevadas, advogados caros e um sistema judicial com problemas de corrupção tendem a encorajar as partes a usarem mecanismos alternativos de resolução de disputas ou simplesmente a não iniciarem um litígio". "Regulação Pública da Economia no Brasil", coordenado por Rogério de Andrade: Campinas, 2003.

celeridade,[24] que deve caracterizar a arbitragem. Tais características claramente se contrastam com a solução de litígios pelos órgãos judiciários do Estado, que são caracterizados pela eternização das demandas.[25]

Passemos a uma análise empírica de alguns dados. Verificamos que o custo de uma arbitragem depende da entidade que se escolhe para solucioná-la. Se escolhida uma arbitragem *ad hoc*, certamente o custo dependerá das regras escolhidas para a sua tramitação. No caso das arbitragens internacionais (objeto que não nos é comparável aqui), vemos que cada instituição possui suas próprias regras e é importante conhecê-las antes de indicar uma destas instituições. No âmbito da Corte Internacional de Arbitragem da Câmara de Comércio Internacional, incluem-se basicamente três verbas/despesas a serem conhecidas: honorários dos árbitros, despesas dos árbitros e despesas administrativas da Corte.

Os honorários dos árbitros e as despesas administrativas da Corte estão regulados por "tabelas" baseadas na totalidade do valor envolvido no litígio. Somamos como custos do árbitro despesas com viagens e deslocamento. Custos como verba honorária de advogados ou peritos não são fixados pela Corte, do mesmo modo que operamos no Judiciário. No que atine às tabelas referente aos honorários dos árbitros, verificamos, no âmbito da CCI, que as mesmas são decrescentes, isto é, num litígio que envolva 20 (vinte) milhões de dólares, com 3 (três) árbitros, o custo da arbitragem será aproximadamente de 1,76% desse valor. De outra banda, para um litígio de 5 (cinco) milhões de dólares, com árbitro único, o custo da arbitragem será aproximadamente 2% desse valor. Verificamos que para um litígio de 800.000 dólares, com árbitro único, o custo da arbitragem será aproximadamente 5,5% desse valor. Se verificarmos o Tribunal arbitral de São Paulo, verificaremos que estas custas igualmente ficarão na faixa de 2 a 6% do valor da causa, conforme o Regulamento Interno do Tribunal Arbitral de São Paulo.

No que atine ao tempo, verificamos que a arbitragem no Tribunal Arbitral de São Paulo pode se dar no tempo médio de 28 dias, contados a partir da entrada do processo.

Outras questões são igualmente apelativas ao uso da arbitragem.

4.1. O sigilo como diminuidor dos custos de transação:

Sabemos que a privacidade e o sigilo (confidencialidade) se fazem costumeiramente presentes durante o processo arbitral, bem como depois da prolação

---

[24] "Não se pode negar, em princípio, que a arbitragem tem condições de superar o processo estatal em termos de rapidez. Sabendo-se que as partes podem escolher o procedimento a seguir, fica claro que muitos atos poderão ser simplificados a cada caso para evitar a demora inútil". CARMONA, Carlos Alberto. *A arbitragem no Código de Processo Civil Brasileiro*. Tese de doutoramento apresentada à Faculdade de Direito da Universidade de São Paulo. São Paulo. 1990, p. 72.

[25] A segurança, a celeridade, a profundidade técnica, o sigilo da decisão, além do inquestionável apelo ético, são os principais fatores apontados como determinantes desse sucesso (Seigbert Rippe, *El arbitraje como médio alternativo de solución de controvércias comerciais*, in Adriana Noemi Pucci (Coord). *Aspectos atuais da arbitragem*. Rio de Janeiro: Forensa, 2001, p. 387.

da sentença. Embora tal dever não seja explícito, além daquele genérico (do árbitro) mencionado no art. 13, § 6° da Lei de Arbitragem, entendemos que, via de regra, o sigilo é "declarado" pelas partes nos contratos firmados ou em documentos apartados. Entendemos que esta garantia é diminuidora potencial dos custos de transação.

Claramente esta afirmativa se mostra verdadeira, pois é garantia de informações sensíveis à concorrência, ao *know how* e ao segredo industrial.

Chamamos atenção para o fato de que o segredo comercial abrange distintos assuntos, entre muitas outras coisas, técnicas e estratégias de captação de clientes, modelos de projeções de rendimentos ou de lucros, aspectos particulares de projetos de investigação e desenvolvimento, aspectos particulares de atividades desenvolvidas por uma empresa ativa no comércio, salvo quando a respectiva informação for obrigatória por razões de segurança pública, saúde pública, defesa do ambiente, defesa do consumidor, ou por outros fins legalmente relevantes, as fórmulas ou receitas para preparação de produtos, os avanços conseguidos por uma entidade em qualquer área, mas que ainda não se encontrem compreendidos nos conhecimentos comuns entre os especialistas desse ramo, os desenhos de novos produtos ou de protótipos, outras informações internas da empresa, ainda não-públicas, relativas à atividade produtiva objetivamente considerada, que não devam ser tornadas públicas por força de regras jurídicas e cuja comunicação possa provocar lesão patrimonial na entidade a que respeitam, ficarão protegidas mediante a recusa do acesso à informação, por configurarem segredos comerciais, industriais ou sobre a vida interna das empresas.[26]

Imaginemos que quando as partes recorrem ao Poder Judiciário,[27] vários fatos surgem no decorrer do processo. Claramente, alguns fatos trazidos aos autos (informações) podem mostrar-se imensamente custosos se tornados públicos.

A relação do sigilo e trato da privacidade não passou desapercebida por Steven Shavell,[28] autor fortemente relacionado ao Estudo da *Law and Economics*

---

[26] Neste exato sentido, verificar. GONÇALVES, Renato. *Acesso à Informação das Entidades*, Almedina, Coimbra, 2002, págs. 137 e segs. Verificar igualmente BROWN, Alexis C. "Presumption meets reality: an exploration of the confidentiality obligation in international commercial arbitration. *American University International Law Review*. Washington D.C. v. 16. n. 4. p .969-1025. 2000; DINIZ, Davi Monteiro . *Propriedade Industrial e Segredo em Comércio*. 1. ed. Belo Horizonte: Editora Del Rey, 2003. v. 2000. 185 p. SAULINO, Jennifer L. "Locating inevitable disclosure's place in trade secret analysis". *Michigan Law Review*. Ann Arbor. v. 100. n. 5. p. 1184-214. jun. 2002.

[27] Não deixamos de ponderar sobre a possibilidade do segredo de justiça sanar o problema do sigilo. Entendemos, todavia, que o mesmo é utilizado somente em alguns casos dependendo ainda da autorização do Magistrado.

[28] Sintetiza Steven Shavell que "One issue not so far mentioned is settlement as a means of securing privacy. When parties settle, various facts that would have emerged at trial do not come to the notice of the public. The privacy and secrecy that is achieved by settlement in these cases often constitutes an advantage to the settling parties and helps to explain why they settle. For example, a defendant firm whose product was defective may not want this information to come to light and may be willing to pay an extra amount for that reason in order to achieve settlement (the victim may not much care whether the information is revealed). A victim might be embarrassed by the facts of a dispute (suppose the suit is for sexual harrassment) or not want to acquire a reputation as troublemaker, and so wish to settle for that reason. In some cases, the parties' desire for privacy may

na Universidade de Harvard. Imaginemos que uma empresa demandada tenha feito um produto contendo defeito. Possivelmente, a mesma não queira que esta informação venha ao conhecimento do público, pois será potencialmente prejudicial às suas atividades, demandando potenciais gastos em marketing e/ou desgaste da marca. Imaginemos outro caso, onde uma vítima fique constrangida em mover demanda por fato que envolva um caso de assédio sexual. Neste caso, ambas as partes obtêm ganho, ou redução no custo de transação se levado o caso a um juízo arbitral.

Pertinente referir que as decisões proferidas pelo juízo arbitral são geralmente reproduzidas em ementários de instituições arbitrais internacionais[29] – resguardada a identidade da parte – e no caso brasileiro por disposição do art. 16 da Convenção de Arbitragem do MAE, que estabelece, que "a Câmara disponibilizará aos árbitros do Tribunal Arbitral os extratos de sentenças já proferidas decorrentes desta Convenção, que poderão ser consideradas para efeito meramente orientativo".

4.2. A questão do (não) precedente ou "leading case" como diminuidor dos custos de transação

Entre os fenômenos que geram grande interesse da mídia, podemos citar as decisões judiciais em ações indenizatórias movidas por indivíduos contra grandes corporações e, dentre estas, aquelas entre fumantes e ex-fumantes e empresas que produzem cigarros.

Sabemos que a imprensa freqüentemente divulga resultados de processos judiciais travados entre fumantes e fabricantes de tabaco mundo afora, dedicando atenção, na maioria dos casos, a decisões paradigmáticas produzidas nos Estados Unidos. Tal fato não é surpreendente. Surpreendentes, sim, são as quantias pagas pela justiça americana às demandantes. Tais reportagens jornalísticas, assim como quase todas atingem o grande público, como conseqüência, boa parte dos profissionais do direito acaba por formar uma pré-compreensão sobre este tipo de ação judicial.

No Brasil, ainda não temos a cultura de pedir indenização às indústrias de tabaco.

---

be socially beneficial, but many times it seems that society would benefit from the information that would be revealed through trial. This would be the situation with regard to the firm that wants to keep its product defect secret; if the public learns about the defect, perhaps people can take precautions to reduce harm, and further, the firm will suffer adverse consequences, leading to improved deterrence. In circumstances like this, then, the private motive to settle may be excessive". SHAVELL. Steven. *Economic Analysis of Litigation and the Legal Process* Harvard Law School: Cambridge, MA 02138. Artigo disponibilizado pela "Harvard John M. Olin Discussion Paper Series". Cito em http://www.law.harvard.edu/programs/olin_center/.

[29] Citemos, exemplificativamente, a *Recueil des Sentences Arbitrales de la CCI* e a *Recueil des Décisions de Proceduré dans l' Arbitrage CCI*. Diversas revistas especializadas, igualmente, trazem em seu corpo ementários de decisões arbitrais. Citemos, a Revista de La Corte Espanola de Arbitraje, o Jornal of International Arbitration.

Claramente trata-se de questão cultural que envolve um silogismo do tipo, se o Estado permite a venda de cigarros, não pode a produtora ser responsável pela venda de produto lícito. Trata-se de desconhecimento do nosso ordenamento jurídico.

Tanto o Brasil não possui cultura de pedir indenização para estas empresas que até os dias de hoje apenas 450 ações desse tipo foram ajuizadas em todo o território nacional.

Desse total, cerca de 203 já foram julgadas improcedentes ou extintas, com ou sem julgamento de mérito; 49 (quarenta e nove) sentenças já foram confirmadas pela segunda instância, havendo apenas 8 (oito) decisões desfavoráveis, sendo que nenhuma dessas é definitiva.[30]

Sem ingressar nas razões que permeiam este tipo de demanda, até por não ser o foco do presente trabalho, pretendemos aqui demonstrar que em havendo decisão *paradigmática* por parte do Superior Tribunal de Justiça, ou do Supremo Tribunal Federal, vivenciaremos verdadeira corrida por parte dos fumantes ao Judiciário, pleiteando indenização contra as indústrias de cigarros (sendo que muitos destes litigantes, cumpre recordar, estarão abrigados pelo benefício da Assistência Judiciária Gratuita – Lei. 1.060/50).

Da conseqüência, ou seja, do eventual risco de "enxurrada de demandas" por parte dos supostos lesados, extraímos conclusão típica do pensamento norte-americano: seria prudente não existir um caso paradigmático sobre este assunto.

Este claramente é um grande redutor dos custos de transação gerados pela adoção da arbitragem, tendo em vista a possibilidade de existir sigilo no trato do caso.

Gostaríamos de deixar claro que, em alguns casos (o do tabaco pode se incluir neste rol), parece-nos socialmente benéfico à formação dos precedentes. Tal questão foi bem tratada por Edgardo Buscaglia e William Ratliff, que entendem que matérias relacionadas com liberdades civis e políticas, questões atinentes aos direitos humanos, ou típicas do direito administrativo devem ser solucionadas pelo Poder Judiciário.[31]

Claramente a sociedade, em alguns casos, beneficia-se de informações que são reveladas pela atividade jurisdicional dos Tribunais.[32] Este é o caso de em-

---

[30] Todos os dados estatísticos foram retirados de MIGLIORA, Luiz Guilherme, BASTOS, Felipe; FRANÇA, Thomas Belitz França. "As ações indenizatórias movidas por fumantes contra empresas que produzem cigarros no Direito Comparado e Brasileito". *RT* – 846 – Abril de 2006 p. 65.

[31] "In these cases, the public court system is needed as the only mechanism able to supply a public good in the form of doctrine to be enforced by the coercive power of the state. Thus ADR mechanisms should be used only when the substance of a dispute does not involve matters where the coercive power of the substance of a dispute does not involve matters where the coercive power of the state must be exercised. This would exclude from ADR consideration cases involving civil rights, political liberties, administrative law, national security, and organized crime, among others". BUSCAGLIA, Edgardo; Ratliff, William. "Law And Economics in Developing Countries". Greenwich: Jal Press p. 86.

[32] Cf. Neste sentido, a obra de KAPLOW, Louis, and Steven Shavell. 1989. "Legal Advice About Information to Present in Litigation: Its Effects and Social Desirability". In: *Harvard Law Review* n. 102, p. 565-615.

presas que desejam manter produtos defeituosos no mercado. Notadamente, se os consumidores do referido produto tiverem conhecimento do eventual vício, talvez potencialmente poderão se proteger ou evitar o produto. Outro efeito socialmente favorável do precedente (e mesmo do litígio) é que as firmas podem aperfeiçoar seus produtos,[33] no espírito de evitar futuras demandas.

4.3. Notas sobre a especialização dos árbitros e da autonomia das partes que elegem os árbitros

Entendemos que existe um último motivo que deve atrair a atenção das firmas para diminuir o custo de transação que envolve alguns conflitos intersubjetivos junto ao Poder Judiciário.

Trata-se da inequívoca experiência dos árbitros eleitos pelas partes.

Sabidamente os mesmos detêm maior experiência podendo melhor resolver as complexas questões impostas. Os árbitros, na eleição pelos litigantes, são procurados por alguns motivos, sendo certo que o motivo que mais é levado em consideração será a expertise em determinadas áreas.[34]

A questão como ficou acima posta poderá não ser bem interpretada, senão considerada a falta de tempo que detém os membros do Poder Judiciário.

Disputas altamente técnicas tomam tempo.

Por vezes, a falta de conhecimento ou de expertise do magistrado não é o problema central, porém tempo para "educação" dos mesmos deve ser despendido para o detido enfrentamento de questões complexas. Investir num processo educacional dos magistrados, claramente deve ser afastado, pois não faz parte (diretamente) da atividade do magistrado. Sua tarefa é a de julgar casos. Educação nunca é tempo perdido, deve inclusive ser fortemente incentivada a classe dos Magistrados. Ocorre que o tempo de instrução dos magistrados em horário funcional claramente diminui o tempo para a atividade-fim.

Entendemos que os dados do Poder Judiciário aqui mostrados, agregado às vantagens na adoção da arbitragem, não deixam margem de dúvidas para qual dos métodos de solução de conflitos intersubjetivos mostra-se mais eficaz, sendo

---

[33] Neste exato sentido, verificar Steven Shavell. "In some cases, the parties' desire for privacy may be socially beneficial, but many times it seems that society would benefit from the information that would be revealed through trial. This would be the situation with regard to the firm that wants to keep its product defect secret; if the public learns about the defect, perhaps people can take precautions to reduce harm, and further, the firm will suffer adverse consequences, leading to improved deterrence. In circumstances like this, then, the private motive to settle may be excessive". SHAVELL. Steven *Op. cit.* p. 21.

[34] Os motivos retro-citados tanto se prestam para o caso brasileiro, mas igualmente foi prestigiado pelo Magistrado Justice Brennan nos Estados Unidos, que entendeu em 363 U.S. at. 570 que "by the acknowledgement, Mr. Justice Brennan has identified one reason arbitrations is so useful and disarable. A dispute that requires a high degree of expertise would be better resolved bu one who understands the complicated principles involved. An arbitrator is chosen because of his farness and his expertise in a particular field, thus eliminating the problem of having to educate the tries of the dispute in the intricacies of the disputed matter". GUTTELL. Steven. M. *"An analysis of a technique of dispute settlement: the expanding role of arbitration"* U. L. Rev. 618 1972-1973.

verdadeiro diminuidor dos custos de transação entre agentes econômicos como rapidamente demonstrado.

4.4. Arbitragem como internalização do custo do processo:

No processo judicial, a maior parte das despesas do litígio é arcada pela sociedade pela via do pagamento de tributos, já que dificilmente o custo integral do processo seria custeado pelas taxas judiciárias pagas pelo autor da demanda no ajuizamento da inicial (sem falar dos inúmeros casos de pessoas que litigam sob o pálio da Assistência Judiciária Gratuita).

Isso cria incentivos exagerados ao litígio, já que o seu custo passa a ser externalizado para a sociedade pelo litigante. Inclusive os incentivos, somados à lentidão do andamento dos processos, passa a ser de propositura de ações descabidas, ganhando o autor tempo, sem pagar proporcionalmente pelo benefício obtido com a delonga do processo.

A arbitragem corrige este problema de incentivos ao internalizar integralmente o custo do litígio entre as partes litigantes. Assim, diminuem-se as demandas descabidas, já que a parte dificilmente pagará para ganhar tempo (a não ser que este preço lhe compense; o que é difícil no caso da arbitragem, já que o procedimento tende a funcionar mais rapidamente).

— 2 —

Direito, economia, instituições e arbitragem: o caso da "soja verde"

Sumário: 1. Introdução; 2. Arbitrabilidade dos agronegócios; 3. O caso da "soja verde"; 4. Conclusão.

1. Introdução

Os negócios jurídicos ligados ao agronegócio (usado aqui em um sentido de negócios ligados direta ou indiretamente ao setor primário) são, contemporaneamente, estruturas muito mais amplas e complexas do que aqueles típicos contratos agrários vislumbrados pelo legislador quando da criação do chamado Estatuto da Terra, na década de 60 do século passado – que são a parceria e o arrendamento rural. Hoje já se fala em *joint venture* na atividade econômica do vinho, especula-se sobre a renovação do álcool como combustível, do plantio de *pynus* para reflorestamento etc. De outra parte, aumentaram também fusões e aquisições na área de alimentos e de implementos agrícolas, gerando profissionalização e concentração empresarial no setor primário.[1]

A verdade é que a chamada globalização, ou internacionalização dos mercados, provocou aumento da exportação e da exposição de empresas nacionais ao comércio internacional inclusive (e principalmente no Brasil) para o setor do agronegócio. A tendência, portanto, é que também neste setor da atividade econômica se siga o que aconteceu em demais ramos do comércio internacional: o desenvolvimento de usos e costumes pelos próprios agentes econômicos (*lex mercatoria*) que vem a formar o *corpus* de regras jurídicas válidas e aplicáveis por julgadores privados (ou não estatais) denominados árbitros, que comumente operam perante câmaras arbitrais.

Exemplo disso é a International Cotton Association, sediada em Liverpool (http://www.lca.org.uk/default2.htm), que produz, de um lado, normas que podem ser aderidas pelas partes na ausência de um ordenamento estatal adequado, bem como oferece uma câmara arbitral experimentada em lides ligadas ao setor agrícola. Trata-se, assim, de uma instituição que produz regras a serem aderidas

---
[1] BENETTI, Maria D. *Globalização e desnacionalização do agronegócio brasileiro no pós 1990*. Porto Alegre: Fundação de Economia e Estatística, 2004.

pelas partes na negociação e na redação de seus contratos. Inclusive a sua Câmara Arbitral recentemente exarou um laudo arbitral contra uma empresa brasileira e que foi recentemente homologado no Superior Tribunal de Justiça do país (SEC 586), indicando os novos tempos que se aproximam.

A arbitragem, nesse contexto, emerge, de um lado, dentro do vácuo deixado pela ausência de um tribunal estatal comercial internacional para sujeitos de direito privado e mesmo de um exaustivo direito governamental do comércio, fazendo com que os próprios agentes econômicos formulem suas regras e seus tribunais (nova *lex mercatoria*). De outro lado, ela surge inegavelmente do espaço deixado pela crise do Estado na era da globalização, que acaba se refletindo (como não poderia deixar de ser) no Poder Judiciário, que se apresenta algumas vezes lento, ineficiente e pouco especializado em matérias ligadas à atividade econômica internacional.[2] De modo que negócios internacionais ligados ao setor primário tendem a ser resolvidos por arbitragem e de acordo com normas criadas espontaneamente pelo mercado envolvido.

E não há motivos para não aproveitar dessa experiência internacional no âmbito doméstico. A arbitragem, nesse diapasão, aparece como um instituto perfeitamente adequado à solução de conflitos no âmbito do agronegócio brasileiro seja por motivos jurídicos, seja por questões de ordem econômica.

Com efeito, a arbitragem aparece como possibilidade de responder a uma necessidade de um ambiente institucional no país propício ao desenvolvimento dos agronegócios, por vezes não oferecido pelo Poder Judiciário doméstico, que tende a ser discricionário (relativizando o texto da lei e do contrato), excessivamente politizado e pouco previsível aos agentes econômicos.[3] Veja-se, nesse sentido, exemplificativamente, o caso da "soja verde"[4] no Estado de Goiás, em que o Tribunal de Justiça daquele Estado revisou contratos de venda antecipada de soja entre agricultores e *traders*, causando desarranjo na estrutura do mercado pela insegurança jurídica gerada.

Este artigo tem o objetivo de provocar os estudiosos do Direito e do agronegócio a se debruçarem sobre um instituto que tende a ocupar bastante espaço na solução de controvérsias privadas pela tendência de seu crescimento no âmbito do comércio internacional e pelas vantagens institucionais no cenário interno, sendo uma possível solução para os problemas ligados ao agronegócio como o da "soja verde".

Utilizar-se-ão, como método de abordagem, as ferramentas da análise próprias do Direito e Economia (tal como proposto pelos professores Sztajn e

---

[2] Ver, nesse sentido, o relatório *doing business* no Brasil do Banco Mundial ano 2006.
[3] PINHEIRO, Armando Castelar; SADDI, Jairo. *Direito, economia e mercados*. São Paulo: Campus, 2005. CASTELAR. Também PINHEIRO, Armando Castelar. Direito e economia no mundo globalizado: cooperação ou confronto? In: TIMM, Luciano (Org.). *Direito e economia*. São Paulo: Thomson/IOB, 2005.
[4] Para um diagnóstico do problema, ver a newsletter *Valor Econômico*, ano 5, n. 990, quarta-feira, 15.02.2006. Caderno Agronegócios.

Zylbersztajn, em obra de mesmo nome e também Pinheiro e Saddi, com o mesmo título, citados ao longo do texto).

A primeira parte do artigo é destacada à possibilidade jurídica de se resolverem litígios referentes a contratos ligados ao agronegócio por meio da arbitragem. A sua segunda parte é voltada à análise do caso da "soja verde", evidenciando as vantagens institucionais da opção pela via arbitral.

2. Arbitrabilidade dos agronegócios

Sabe-se que a arbitragem é uma modalidade não estatal de exercício de jurisdição, isto é, de julgamento de conflitos emergidos das partes envolvidas em uma relação contratual de caráter econômico (ou patrimonial, como prefere o legislador), por um ente privado, chamado de árbitro, que, por sua vez, substitui a figura do juiz estatal (sendo o árbitro juiz de fato e de direito). E é justamente nesse sentido que a arbitragem se diferencia da mediação.

Com efeito, na arbitragem, um terceiro imparcial julga vinculativamente o litígio surgido entre as partes como se magistrado fosse, por meio de um procedimento semelhante ao judicial, com direito do réu a ser citado, de produzir sua defesa, de ouvir testemunhas, de requerer perícias etc., tudo nos termos da Lei 9.307/96. De sorte que sua decisão, como a de um juiz estatal, é vinculante para as partes e pode ser executada como se título executivo judicial fosse. Ao passo que o mediador não tem este poder e mesmo esta incumbência, cabendo-lhe apenas aproximar as partes visando uma transação (acordo) extrajudicial.

Até a entrada em vigor da atual Lei de Arbitragem (LA) – Lei 9.307/96 –, dois eram os grandes problemas que praticamente impossibilitavam a prática do instituto no Brasil: a falta de reconhecimento por parte dos tribunais brasileiros da cláusula arbitral e a obrigatoriedade de homologação dos laudos arbitrais domésticos e de uma dupla homologação para a execução de laudos arbitrais estrangeiros. Estes problemas foram solucionados pela nova lei. Por isso, a arbitragem é uma alternativa absolutamente viável para o agronegócio – inclusive para o referido caso da "soja verde".

Por esta nova lei, a arbitragem deriva de uma escolha das partes que decidem, por contrato (convenção arbitral), que a lide (presente ou futura) referentemente àquele mesmo contrato, será julgada por um árbitro eleito pelas partes e não pelo Judiciário. Daí os chamados efeitos positivos e negativos da convenção arbitral, ou seja, estipulada a cláusula compromissória ou compromisso arbitral as partes devem, de um lado, recorrer apenas à arbitragem para a solução da controvérsia emergida e, de outro lado, devem se abster de buscar o Poder Judiciário.

Não há óbice à utilização do instituto da arbitragem no agronegócio, ou seja, de que contratos que tenham por objeto este tipo de negócio façam opção pela convenção arbitral. O agronegócio "nada mais é do que um marco conceitual que delimita os sistemas integrados de produção de alimentos, fibras e biomassa, operando desde o melhoramento genético até o produto final, no qual todos os agentes que se propõem a produzir matérias-primas agropecuárias devem fatalmente se inserir, sejam eles pequenos ou grandes produtores, agricultores familiares ou patronais, fazendeiros ou assentados".[5]

Portanto, o campo para a utilização da arbitragem em contratos estipulados pelas partes envolvidas no setor econômico primário e as suas ligações com o setor secundário é gigantesco, devendo-se ter apenas eventualmente algum cuidado quando estiver em jogo relações entre grandes empresas e pequenos e médios produtores rurais, nos quais contratos de adesão podem ser empregados. Deve-se lembrar aqui que também contratos empresariais podem ser celebrados pela simples adesão.

Atualmente, com o novo Código Civil, a regulação dos contratos de adesão deixou de ser privilégio do Código de Defesa do Consumidor. Como o novo Código Civil unificou o regime das obrigações civis e comerciais, contratos empresariais também poderão ser caracterizados como de adesão desde que seus requisitos estejam presentes no caso concreto: a) modelo uniforme unilateralmente redigido; b) concebido para um número indeterminado de destinatários; c) pouca margem de negociação das cláusulas substanciais do contrato pelo aderente; d) aceitação por aceitação em bloco das cláusulas predispostas.

Nesses casos de contratos de adesão, a eleição pela via arbitral pode não ter sido fruto de uma escolha efetiva do aderente, ainda que a cláusula tenha respeitado os ditames da LA (redigida em destaque e assinada separadamente). Em todo caso, a proteção ao pólo mais fraco da relação empresarial consta de própria LA já que a arbitragem somente terá cabimento se iniciada pelo aderente (no caso o pequeno ou médio produtor). Salienta-se que a boa-fé objetiva exigirá nesses casos (art. 422 do CC) o efetivo esclarecimento do teor da cláusula e a eleição de uma instituição arbitral séria e independente.

Em rigor, como dito, portanto, por meio da LA, foi criado um meio privado para solução de conflitos, mais flexível, mais permeável ao conhecimento prático e menos jurídico, ponto que é bastante relevante em um tipo de atividade econômica em que os usos e costumes desempenham um importante papel como é o setor primário. Quem, como advogado, já acompanhou negócios nesse meio, sabe que muitas vezes existem regras criadas dentro de cada mercado, como no caso no reflorestamento, que são diferentes em cada Estado e que, de outra parte, são diferentes dos usos e costumes do setor de cana de açúcar (ver art. 113 do novo CC). Entretanto, é raro o juiz conhecer estas regras desenvolvidas pelos próprios agentes econômicos espontaneamente, pois ele está fora do mercado, contando apenas as regras formais do ordenamento jurídico e muitas vezes com uma concepção ética e política absolutamente distante da realidade das partes.

---

[5] JANK, Marcos S. Agronegócio versus agricultura familiar?. *O Estado de S.Paulo*, 05.07.2005, p. A-2.

De acordo com a LA, é viável a utilização da arbitragem para resolver todos e quaisquer litígios que digam respeito a "direitos patrimoniais disponíveis".

Segundo Carlos Alberto Carmona, especialista brasileiro no tema, "(...) são disponíveis aqueles bens que podem ser livremente alienados ou negociados, por encontrarem-se desembaraçados, tendo o alienante plena capacidade jurídica para tanto".

Essa definição de Carmona permite que se utilize da arbitragem em qualquer contrato ligado ao agronegócio, porque todos eles se referem a direitos disponíveis, talvez com a exceção daqueles dois contratos previstos pelo Estatuto da Terra que são o arrendamento e a parceria.

Mais precisamente, a parceria e o arrendamento até poderiam contar com uma cláusula compromissória (arbitral) – já que se é verdade que algumas cláusulas desses negócios jurídicos são, por força do Estatuto da Terra, de ordem pública, os negócios jurídicos têm, de outra parte, evidentemente uma natureza de direito patrimonial que pode ser transacionado pelas partes. Dessa forma, poder-se-ia entabular um contrato de parceria rural com todas as cláusulas obrigatórias do Estatuto da Terra, mas ao qual fosse inserida uma cláusula compromissória. Todavia, caso fosse necessária alguma medida executória para retirar o parceiro da posse da terra, não teria o árbitro poderes para tanto, devendo solicitar a colaboração do Poder Judiciário nos termos da LA.

Os contratos de parceria e arrendamento não são normalmente complexos, e as suas principais cláusulas derivam do próprio Estatuto da Terra, que não dá às partes a possibilidade de barganha sobre seu conteúdo (tratando-se de normas imperativas e de ordem pública). Os contratos são quase padronizados e não oferecem complexidade interpretativa, estando o Poder Judiciário normalmente acostumado a lidar com esta prática de negócios agropecuários. Nesses casos, o litígio normalmente envolve pretensões das partes acerca da posse da terra e de cobrança de aluguéis ou de parcelas em atraso, não havendo uma grande motivação para a utilização da arbitragem nesses casos. Ademais, já existe uma jurisprudência relativamente consolidada, oferecendo um marco regulatório estável aos agentes econômicos.

Por isso, o foco da arbitragem, embora viável, não deve ser em cima dos contratos agrários típicos do Estatuto da Terra, mas dos negócios novos, próprios da era da globalização. É caso da "soja verde" tratado a seguir.

3. O caso da "soja verde"

O caso da "soja verde" é a típica situação que coloca em evidência a arbitragem e acaba abrindo campo para seu desenvolvimento em detrimento do Poder Judiciário no âmbito mesmo do direito interno. É que tem sido crescente a intervenção do Poder Judiciário (diga-se, do Estado, ou pelo menos de uma de suas formas) nos contratos empresariais diante do texto do novo Código Civil e da própria Constituição Federal, que acaba abrindo espaço, diante de suas cláusulas gerais (como a da "função social dos contratos", da "boa-fé objetiva"), para maior discricionariedade judicial (empregada no sentido de espaço deliberativo de conveniência e adequação). E acaba trazendo maior imprevisibilidade aos agentes econômicos, inclusive aqueles ligados ao agronegócio.

Essa maior imprevisibilidade no mercado aumenta os custos de transação. Na definição de Sztajn, custos de transação são aqueles custos em que se incorre, que de alguma forma oneram a operação, mesmo quando não representados por dispêndios financeiros feitos pelos agentes, mas que decorrem do conjunto de medidas tomadas para realizar uma transação.[6]

Isso é prejudicial ao mercado e ao desenvolvimento econômico, pois a elevação dos custos de transação provoca um aumento de preços e causa ineficiência. Não é por acaso que países de altos custos de transação – caracterizados por pouca confiança interpessoal, por um judiciário lento e ineficiente – como de regra os países latino-americanos, tendem a se desenvolver menos.[7] E essa discussão, embora de caráter econômico, não é irrelevante para o Direito, devendo ela ser enfrentada para que este cumpra com sua "função social".

São os próprios economistas que têm alertado para a importância fundamental que o Direito desempenha para um bom desenvolvimento econômico. Nesse diapasão, os autores da chamada Nova Economia Institucional, que embora agregue uma série de correntes e linhas de pensamento, de um modo geral se notabiliza por adotar a premissa de que as instituições importam para o desenvolvimento econômico, rejeitando assim os postulados econômicos ortodoxos (neoclássicos).[8]

E os economistas reconhecem que as instituições importam porque elas constituem as regras (formais e informais) do jogo em uma sociedade, na célebre definição de Douglas North.[9] São as instituições que definem a campo em que as trocas econômicas serão feitas, entre os mais diversos indivíduos e organizações. E isso não é diferente no agronegócio.

---

[6] SZTAJN, Rachel. Externalidades e custos de transação: a redistribuição de direitos no Código Civil de 2002. In: ÁVILA, Humberto (Org.). *Fundamentos do Estado moderno*: estudos em homenagem ao Professor Almiro do Couto e Silva. São Paulo: Malheiros, 2005, p. 320.

[7] Para tanto, ver o relatório do Banco Mundial, *Doing Business*, versão 2004 e 2006. Este relatório demonstra que países com um claro regime de propriedade e com um rápido mecanismo de cumprimento de contratos tende a se desenvolver mais rapidamente. O relatório quantifica o custo da burocracia exagerada e evidencia o quanto ainda falta para o Brasil caminhar no que tange as suas instituições rumo ao desenvolvimento.

[8] ZYLBERSZTAJN, Décio; SZTAJN, Rachel. Análise econômica do direito e das organizações. In: ZYLBERSZTAJN, Décio; SZTAJN, Rachel. *Direito & economia*: análise econômica do direito e das organizações. Rio de Janeiro: Elsevier, 2005, p. 2.

[9] NORTH, Douglas. *Institutions, institutional change and economic performance*. Cambridge University Press, 1990, p. 3.

A conseqüência de adotar esta premissa de que as instituições importam é reconhecer que o Direito, parte fundamental das instituições sociais contemporâneas, possui uma grande capacidade de influenciar as decisões dos mais variados agentes econômicos. E como o Direito desempenha este papel de influência? Basicamente na medida em que ele é um dos principais responsáveis por atribuir segurança às trocas econômicas.

Assim, o Direito tem um papel a cumprir nesse campo da atividade econômica, a qual é fundamental ao desenvolvimento do país. E cumpre a ele diminuir custos de transação.

Uma boa prova de que os agentes econômicos necessitam de segurança e de previsibilidade e que a revisão do contrato pode trazer maiores prejuízos do que benefícios são os estudos do Instituto Pensa da USP, que tem a grande vantagem de sair do debate meramente político ou ideológico e focar a discussão sobre os impactos das decisões judiciais no mercado envolvido.

Nesse sentir, a conclusão apresentada pelo referido Instituto foi o de que a revisão judicial de contratos agrários no Estado de Goiás dificultou o financiamento da safra no ano seguinte.[10]

A situação enfrentada lá foi a de que algumas culturas, como a soja, eram financiadas, em muitos casos, com capital privado, ou seja, negociadores faziam a compra antecipada da produção, entregando o pagamento imediatamente ao produtor, que com isso, capitalizava-se para o plantio. E no ano seguinte, este agricultor, que já havia computado seu lucro no preço de venda antecipada, entregava o produto.

Pois houve uma inesperada valorização da soja e alguns produtores ingressaram com ações de revisão judicial dos contratos alegando imprevisibilidade, enriquecimento injustificado, etc, para não cumprir o pactuado, ou seja, a fim de evitar a entrega do produto de seu plantio, pelo preço antes estipulado.

O Tribunal de Justiça de Goiás, com base na função social do contrato, revisou os contratos e liberou os produtores que ingressaram com as ações, ditos hipossuficientes, do cumprimento integral do contrato, em decisões assim ementadas:

"Apelação cível. Ação de rescisão contratual. Compra e venda de soja. Função social do contrato. Lesão enorme. Onerosidade excessiva. Ofensa ao princípio da boa-fé objetiva e da equivalência contratual. Rescisão. Possibilidade. Nos contratos de execução continuada ou diferida, o desatendimento da função social do contrato e a ofensa aos princípios da boa-fé objetiva e da equivalência contratual faz exsurgir para a parte lesionada o direito de rescindir o contrato, mormente se ocorrerem acontecimentos extraordinários e imprevisíveis que

---

[10] Conforme divulgado em Seminário do Instituto Pensa na USP em 05.12.2005. Existe um relatório parcial da pesquisa divulgado no *site* do instituto: <http://www.fundacaofia.com.br/pensa/>. Também foi publicada uma série de reportagens sobre este tema na *Revista Agroanalysis* da FGV/SP, entre os meses de agosto e setembro de 2005.

tornem excessivamente oneroso o cumprimento da prestação a que se obrigará. Exegese dos arts. 421, 422 e 478, todos da Lei 10.406/2002, novo Código Civil brasileiro. Apelação conhecida e improvida". (ApCív 79.859-2/188, 1ª Câm. Cív., TJGO.)

"Venda a futuro. Soja. Preço pré-fixado. Desproporção das obrigações. Dissolução do contrato de compra e venda. No atual estágio do direito obrigacional, há que se ter em destaque axial os princípios da boa-fé objetiva, da probidade, do equilíbrio econômico e da repulsa à onerosidade excessiva, de modo que, verificada a quebra deste microssistema, mormente em razão da manifesta desproporção das obrigações, tal circunstância importa resolução do pacto, ao teor dos arts. 187, 421, 422, 478 e 2035, parágrafo único, todos do Código Civil brasileiro. Apelação cível conhecida e improvida". (ApCív 82.254-6/188, 1ª Câm. Cív., TJGO.)

"Ação de nulidade de contrato de compra e venda de soja. Cerceamento de defesa. Julgamento antecipado. Princípio da equivalência contratual. Alegação de desequilíbrio contratual. Revisão. Possibilidade. I – Não há falar no cerceamento do direito de defesa em face do julgamento antecipado da lide, quando as provas inclusas aos autos são suficientes para o convencimento do julgador. II – Ferido o princípio da equivalência contratual, sobretudo no que tange à boa-fé objetiva, face às desproporções das obrigações, face o contrato estipular deveres tão-só ao vendedor (produtor rural), tal circunstância importa resolução do pacto, ao teor do art. 478 do CC, por estar vislumbrada a onerosidade excessiva impingida a uma das partes. III – O princípio do *pacta sunt servanda* encontra-se abrandado com a vigência do Código Civil de 2002, que sedimentou o posicionamento, frente aos princípios erigidos pela nova teoria contratual, dos quais destacam-se: da função social do contrato, da boa-fé e do equilíbrio econômico (arts. 421, 422, parágrafo único, do art. 2.036). IV – A teoria da imprevisão vem socorrer justamente esta situação, pois determina adequação do contrato à realidade fática, principalmente para restabelecer o equilíbrio do pacto, quando ocorrer fato superveniente, extraordinário e imprevisível, que interfere substancialmente na sua efetivação e produz grande prejuízo para uma das partes. V – Cabe ao judiciário repelir as práticas abusivas do mercado para coibir principalmente o lucro excessivo de um em detrimento do prejuízo de outrem, revisando ou declarando nulas as cláusulas contratuais que ocasionem um desequilíbrio flagrante entre os contratantes. Apelo conhecido e improvido. Sentença confirmada". (ApCív 91.921-2/188, 3ª Câm. Cív., TJGO.)

A conseqüência (coletiva ou social) disso foi a de que todos os outros agricultores que não haviam ingressado com ações foram prejudicados, pois os *traders* da região não mais queriam seguir fazendo a operação de compra antecipada do produto, diante do flagrante risco de prejuízo da operação, já que se o preço da soja no ano seguinte ao contrato fosse inferior ao pactuado, eles arcariam com a perda e se o preço fosse mais elevado, os produtores ingressariam com ações para não cumprir o contrato.

O instituto da arbitragem tem a vantagem de reduzir a margem de discricionariedade dos julgadores, substituindo-a pelas disposições do contrato (que, em princípio e presumivelmente, foi fruto da vontade e da negociação das partes). Como o árbitro tira sua competência e sua legitimidade do contrato que o elegeu como julgador, ele tem o dever de se ater com maior compromisso prático e moral ao texto do documento, o que acabará por trazer um maior controle das próprias partes referentemente ao regramento de sua relação, o que pode ser bastante positivo no campo do agronegócio e mais especificamente da soja verde.

As próprias partes que participam de um determinado agronegócio poderão – evidentemente que dentro dos limites do novo Código Civil (especialmente de suas normas de ordem pública) – distribuir riscos do negócio, contratar seguro, prever responsabilidades e obrigações mútuas, viabilizando seu cálculo econômico.

A previsibilidade, atingida pelo reforço do texto do contrato negociado pelas partes, tende a diminuir os custos de transação no mercado como visto. Se uma economia de mercado (e não há dúvida que o agronegócio se insira nessa realidade capitalista) se estrutura sobre as expectativas dos agentes econômicos, nada melhor para o desenvolvimento desse sistema que essas expectativas sejam formuladas em cima de bases o mais previsível possível.

Mas não é só isso, a maior celeridade da arbitragem também permite que o agente econômico que não cumpra com seu contrato seja rapidamente "punido" e a parte prejudicada consiga reverter seu prejuízo, também diminuindo os custos de transação. Tudo isso evita que o empresário possa se utilizar do Judiciário como um aliado na postergação do cumprimento da obrigação.

Finalmente, a arbitragem enseja a participação de julgadores que conhecem a prática do negócio agropecuário em litígio, permitindo uma decisão mais próxima da realidade do mercado e mais aproximada das expectativas das partes, ao contrário, muitas vezes, de uma decisão puramente legal ou jurisprudencial, que fica muito longe do código de conduta dos *businessmen*.

4. Conclusão

1) A conclusão é a de que a arbitragem é plenamente utilizável no âmbito do agronegócio, especialmente naqueles contratos mais complexos que escapam à regulação típica do Estatuto da Terra, nos quais os conflitos dele emergentes tendem a ser arbitráveis (pois normalmente estão envolvidos direitos patrimoniais disponíveis) – como é o caso da "soja verde".

2) Merecem um cuidado especial as relações empresariais entabuladas por contratos de adesão nos quais a eleição da via arbitral não configure a real vontade da parte aderente. Em todo caso, a própria LA parece suficiente para mitigar

esse problema ao exigir que o próprio aderente dê início ao procedimento arbitral, não podendo-lhe ser vedado (nesses casos) o acesso ao Judiciário.

3) A utilização da arbitragem tende a reduzir os custos de transação no mercado de produtos agrícolas diante da maior previsibilidade e maior respeito ao contrato, inclusive no caso dos contratos de "soja verde" que apresentaram problemas recentemente quando submetidos ao judiciário.

4) Essa redução dos custos de transação refletirá em mais negócios realizados e maior eficiência aos agentes econômicos, o que certamente redundará em maior desenvolvimento econômico ao país.

Capítulo II

Arbitragem nos contratos empresariais

— 3 —

Arbitragem nos agronegócios[1]

Sumário: Introdução; I – Pressupostos teóricos da arbitragem; A) Breve histórivo; 1) O não-reconhecimento da cláusula arbitral; 2) Necessidade de dupla homologação; B) A arbitragem no Brasil nos dias de hoje; 1) Arbitrabilidade; 2) Características da arbitragem; 3) Dificuldades e conquistas recentes; II – Arbitragem nos agronegócios; A) O caso da "soja verde": exemplo para arbitragens nacionais; B) Contratos internacionais: o espaço perfeito para arbitragem;

Introdução

O agronegócio no século XXI é muito mais amplo e complexo do que aqueles contratos agrários vislumbrados pelo legislador quando da criação do chamado Estatuto da Terra, na década de 60 do século passado. Hoje já se fala em *joint venture* na atividade econômica do vinho, especula-se sobre a renovação do álcool como combustível, do plantio de *pynus*. De outro lado, aumentaram também fusões e aquisições na área de alimentos e de implementos agrícolas, gerando profissionalização e concentração empresarial no setor primário.[2]

A verdade é que a chamada globalização, ou internacionalização dos mercados, provocou aumento da exportação e da exposição de empresas nacionais ao comércio internacional inclusive (e principalmente no Brasil) para o setor do agronegócio. A tendência, portanto, é que também neste setor da atividade econômica se siga o que aconteceu em demais ramos do comércio internacional: o desenvolvimento de usos e costumes pelos próprios agentes econômicos (*lex mercatoria*) que vem a formar o *corpus* de regras jurídicas válidas e aplicáveis por julgadores privados (ou não-estatais) denominados árbitros, que comumente operam perante câmaras arbitrais.

A arbitragem, nesse contexto, aparece como um instituto perfeitamente adequado à solução de conflitos no âmbito internacional, inclusive para o agronegócio. Ela emerge, de um lado, dentro do vácuo deixado pela ausência de um tribunal estatal comercial internacional para sujeitos de direito privado e mesmo de um direito estatal do comércio, fazendo com que os próprios agentes econômi-

---
[1] Co-autoria com Rafael Pellegrini Ribeiro – Advogado. Mestrando em Direito Internacional pela UFRGS. Graduado em Direito pela UFRGS.
[2] BENETTI, Maria D. *Globalização e Desnacionalização do Agronegócio Brasileiro no Pós 1990*. Porto Alegre, Fundação de Economia e Estatística, 2004

cos formulem suas regras e seus tribunais (nova *lex mercatoria*). Ela surge também do espaço deixado pela crise do Estado, que acaba se refletindo (como não poderia deixar de ser) no Poder Judiciário, que se apresenta algumas vezes lento, ineficiente e pouco especializado em matérias ligadas à atividade econômica.

Mais do que isso, a arbitragem se desenvolve para responder a uma necessidade de um ambiente institucional propício aos negócios, por vezes não oferecido pelo poder judiciário, que pode ser discricionário (relativizando o texto da lei e do contrato), excessivamente politizado e pouco previsível aos agentes econômicos (Relatório PENSA/USP, 2005; Pinheiro, 2005). Veja-se, por exemplo, o caso da "soja verde"[3] no Estado de Goiás, em que o Tribunal de Justiça do Estado revisou contratos de venda antecipada de soja entre agricultores e *traders,* causando o desarranjo no mercado.

Exemplo disso tudo é a International Cotton Association sediada em Liverpool (http://www.lca.org.uk/default2.htm). Trata-se de uma instituição que, como a Câmara Internacional do Comércio sediada em Paris (renomada por sua Câmara Arbitral para assuntos que não o agronegócio), produz regras a serem aderidas pelas partes na negociação e na redação de seus contratos. Ademais, ela dispõe de uma respeitável Câmara Arbitral, que exarou um laudo arbitral que foi recentemente homologado no Superior Tribunal de Justiça do país (SEC 586), indicando as modificações que estão a caminho.

Este artigo tem o objetivo de provocar os estudiosos do Direito Agrário a se debruçarem sobre um instituto que tende a ocupar bastante espaço no agronegócio pela tendência de seu crescimento no âmbito do comércio internacional e pelas vantagens institucionais no cenário interno.

I – Pressupostos teóricos da arbitragem

A arbitragem é uma modalidade não estatal de exercício de jurisdição, isto é, de julgamento de conflitos emergidos das partes envolvidas em uma relação contratual de caráter econômico, ou patrimonial, como prefere o legislador, por um ente privado, chamado de árbitro, que, por sua vez, substitui a figura do juiz estatal. E é justamente nesse sentido que a arbitragem se diferencia da mediação.

Com efeito, na arbitragem, um terceiro imparcial julga vinculativamente o litígio surgido como se magistrado fosse, por meio de um procedimento semelhante ao judicial, com direito a ser citado, produzir defesa, ouvir testemunhas, requerer perícias, etc.

---

[3] Para um diagnóstico do problema, ver Caderno "Agronegócios". In: *Newsletter Valor Econômico.* Ano 5, número 990, quarta-feira, 15/02/2006.

Já a mediação figura entre os chamados métodos alternativos de solução de disputas (*Alternative Dispute Resolution*), que abarcam todas as técnicas de solução amigável de litígios, pressupondo a possibilidade de se estabelecer um consenso das partes em desavença por meio da figura do mediador ou conciliador, que dispõe de treinamento específico para atingir um acordo. Nesse sentido, as opiniões dos mediadores não vinculam as partes, como o faz uma sentença arbitral, tendo esta o mesmo valor legal de uma sentença judicial, de acordo com a nova legislação brasileira.

A) Breve histórico

A arbitragem é uma forma de composição de litígios utilizada desde os tempos mais remotos como forma de composição de disputas. A arbitragem, por exemplo, serviu diversas vezes a países que discutiam a sua delimitação territorial. Desta forma, de comum acordo, os países litigantes escolhiam árbitros, que deveriam decidir de forma irrecorrível sobre a fronteira entre os dois paises.[4]

No Brasil, a arbitragem foi adotada pela primeira vez quando ainda era colônia de Portugal e recepcionou integralmente a legislação desse país. Posteriormente, em 1824 com o advento da Constituição do Império a arbitragem passou a ser matéria constitucional[5] e, pouco tempo depois, passou a ser a única forma possível de resolução de controvérsias em certos casos comerciais.[6]

Em 1866, com a Lei nº. 1350,[7] a arbitragem perdeu o seu caráter obrigatório para certas disputas comerciais. Esta lei marcou o início de um período secular de hostilidade brasileira ao instituto da arbitragem. Desde então, a legislação brasileira passou a afirmar a jurisdição exclusiva do poder judiciário estatal, como se pode verificar no Código Civil de 1916, e nos Códigos de Processo Civil de 1939 e de 1973.

A única atitude contrária ao isolacionismo brasileiro relacionado à arbitragem no início do século XX foi a ratificação pelo Brasil do Protocolo de Genebra, em 24 de setembro de 1923. No entanto, tal protocolo foi revogado com a edição do Código de Processo Civil de 1939. Fato curioso é o Código de Processo Civil de 1979 ter dedicado um capítulo inteiro à arbitragem, embora seus termos deixassem o instituto pouco atraente, por impor inúmeras limitações e dificuldades ao reconhecimento e à execução de laudos arbitrais.[8]

Já na década de 1980, a comunidade jurídica brasileira percebeu os malefícios do ostracismo à arbitragem, principalmente com relação aos efeitos negati-

---

[4] Por exemplo, em 1985, o Papa João Paulo II serviu como árbitro na questão envolvendo a Argentina e o Chile na delimitação territorial do Canal de Beagle.

[5] Jose Alexandre Tavares Guerreiro. *A Execução Judicial de Decisões Arbitrais*. Revista de Direito Mercantil, página 31 (1999).

[6] Artigos 248 e 294 do Código Comercial de 1850 e artigo 411 do Regulamento 737 de 1850.

[7] Lei n.º 1350, de 13 de setembro de 1866.

[8] ARAUJO, Nádia. *Direito Internacional Privado*. Rio de Janeiro: Renovar: 2003, página 415.

vos que isso vinha causando ao comércio internacional do país. Muitas foram as propostas de alteração do Código de Processo Civil e muitos foram os projetos de lei que propunham a adoção de uma legislação mais moderna e aberta para o instituto da arbitragem.[9] No entanto, foi apenas no ano de 1996 que a nova lei de arbitragem brasileira passou a vigorar.[10]

Com isso, nossa legislação se encontra agora no mesmo nível e reconhecimento das leis arbitrais de todos os principais parceiros comerciais do Brasil, que equiparam o laudo arbitral a uma sentença dada por um juiz estatal. Certamente, o grau de credibilidade do laudo arbitral está vinculado ao da Instituição que o proferir (deu-se o exemplo acima de uma decisão da Câmara Arbitral da ICA).

Ainda, de acordo com a nova legislação, a arbitragem tanto pode ser feita no Brasil, denominada arbitragem nacional, como no exterior, denominada arbitragem internacional. Caso a parte que firmou a cláusula arbitral se negue a se submeter à arbitragem, ela pode ser julgada à revelia, ou ainda ser forçada judicialmente a participar da arbitragem[11], dependendo da natureza e do teor da cláusula firmada.

Nesse sentido, a cláusula arbitral deve ser o mais detalhada possível ("cláusula cheia"), para evitar perda de tempo na instauração da arbitragem, se possível abarcando tudo o que for necessário para o início e o término do procedimento (tais como árbitro, idioma, procedimento, ou então elevação a uma Câmara Arbitral e suas regras).[12] A "cláusula vazia" é aquela em que faltam elementos para o início do procedimento arbitral, de modo que, se uma das partes for recalcitrante quanto a se submeter à arbitragem, terá a outra parte que recorrer ao judiciário para compelir a primeira parte ao procedimento arbitral.

Até a entrada em vigor da Lei de Arbitragem, de 1996, dois eram os grandes problemas que praticamente impossibilitavam a prática do instituto no Brasil: a falta de reconhecimento por parte dos tribunais brasileiros da cláusula arbitral e a obrigatoriedade de uma dupla homologação para a execução de laudos arbitrais estrangeiros.[13]

1) O não-reconhecimento da cláusula arbitral

A cláusula arbitral é a disposição contratual acordada entre partes que se obrigam a se submeter a um procedimento arbitral para dirimir disputas oriundas

---

[9] STEGNER, IRINEU. *Arbitragem Comercial Internacional*. São Paulo: Ltr, 1998, p. 33.

[10] Lei 9.307, de 23 de setembro de 1996.

[11] Conforme os artigos 6º e 7º da Lei de Arbitragem. Ver também: CARREIRA ALVIM, J.E. *Comentários à lei de arbitragem (Lei n. 9307, de 23.09.1996)*. Rio de Janeiro: Lumen Juris, 2002.

[12] As partes podem acordar que a arbitragem siga as regras de uma instituição arbitral, como a ICA, já mencionada, ou a International Chamber of Commerce (ICC – Paris), ou podem decidir ainda que o processo arbitral deva seguir regras convencionadas entre as partes, criando, assim, um tribunal arbitral *ad hoc*.

[13] RIBEIRO, Rafael P. *Historic resistance and new perspectives of International Commercial Arbitration in Brazil*. Cadernos do Programa de Pós-graduação em Direito, Edição Especial, v. 2, n. 5 (agosto de 2004), Porto Alegre: PPGDIR/UFRGS, p. 398.

da interpretação ou da execução do contrato. O princípio básico desta cláusula é o de que a competência do judiciário fica afastada para dirimir os conflitos referentes ao contrato em questão em favor do tribunal arbitral, que passa a ter competência para proferir uma decisão irrecorrível sobre o litígio. Todavia, antes da edição da Lei de Arbitragem os tribunais brasileiros não reconheciam a cláusula arbitral alegando que a escolha pela arbitragem só poderia afastar a competência do poder judiciário se feita após o surgimento do litígio[14]. Portanto, no Brasil, antes da Lei de Arbitragem, a cláusula contratual que declarava a escolha das partes por uma solução arbitral para qualquer litígio que surgisse no âmbito do contrato não era reconhecida pelo Poder Judiciário.

O artigo 1073 do Código de Processo Civil, revogado pela Lei de Arbitragem, acatava o conceito de Compromisso Arbitral, que era o instrumento em que as partes de um litígio já existente aceitavam submeter-se ao procedimento arbitral. Desta forma, a única forma de submeter um litígio à solução arbitral antes da edição da Lei de Arbitragem era por meio do Compromisso Arbitral. Atualmente, os tribunais nacionais reconhecem o exercício da autonomia da vontade das partes ao incluir uma cláusula arbitral prevendo que os litígios existentes oriundos da execução ou interpretação do contrato serão apreciados exclusivamente pelo tribunal arbitral regido pelos termos da cláusula arbitral.

2) Necessidade de dupla homologação

Outra novidade trazida pela Lei de Arbitragem de 1996, que alinhou o Brasil às práticas mais modernas no que tange ao reconhecimento e a execução de decisões arbitrais estrangeiras, foi a extinção da necessidade de dupla homologação de laudos arbitrais estrangeiros. Este requisito, que estava disposto nos revogados artigos 1096 e 1098 do Código de Processo Civil, foi, possivelmente, por muito tempo, o maior empecilho ao desenvolvimento do instituto da arbitragem no Brasil, e também uma barreira indireta ao investimento estrangeiro.[15]

Até 1996, a lei brasileira exigia a dupla homologação dos laudos arbitrais estrangeiros, ou seja, que além da homologação pelo tribunal brasileiro competente, que à época era o STF, o laudo arbitral proferido no exterior deveria ser também reconhecido pelo tribunal competente do país em que o laudo foi proferido. O artigo 35 da Lei de Arbitragem, no entanto, pôs fim a essa necessidade de dupla homologação, terminando com o requisito de que para reconhecer a sentença arbitral proferida fora do país esta deveria ser reconhecida antes pelo tribunal competente do país onde foi proferida a decisão. Assim, atualmente, a sentença arbitral estrangeira para ser executada no Brasil precisa apenas da sua

---
[14] CARMONA. Carlos A. *A Arbitragem no Brasil, Em Busca de Uma Nova Lei.* Revista de Processo, v. 72, 1993, p. 53,

[15] SOARES. Guido F. S. *Arbitragens Comerciais Internacionais no Brasil: Vicissitudes.* Revista dos Tribunais, v. 641, 1989, p. 47.

homologação pelo Superior Tribunal de Justiça,[16] e não mais, cumulativamente, do tribunal estrangeiro e, depois, do tribunal nacional.

B) A arbitragem no Brasil nos dias de hoje

A solução arbitral tem-se apresentado como uma alternativa interessante para a solução de litígios que envolvam pessoas capazes de contratar e que versem sobre direitos patrimoniais disponíveis. Estes dois requisitos apresentados pela Lei de Arbitragem definem a arbitrabilidade da matéria, ou seja, se o litígio é passível de ser solucionado por arbitragem. A arbitrabilidade pode ser vista tanto do ângulo objetivo quanto do subjetivo.

1) Arbitrabilidade

A arbitrabilidade objetiva define quais as matérias de direito que podem ser passives de arbitragem. Para o legislador brasileiro têm arbitrabilidade objetiva os conflitos relativos a diretos patrimoniais disponíveis segundo o enunciado no artigo 1º da Lei Brasileira de Arbitragem. Portanto, para que uma disputa seja arbitrável, em seu aspecto objetivo, a matéria de direito deve ser de natureza patrimonial e deve ser disponível. A idéia de disponibilidade adotada pelo legislador brasileira é a de que são disponíveis os direitos passíveis de serem renunciados ou que possam constituir objeto de transação. Já os direitos indisponíveis são aqueles que o são por força de lei ou aqueles que não podem ser objeto de transação.[17] A arbitrabilidade subjetiva, por sua vez, corresponde à capacidade de a pessoa submeter-se ao processo arbitral. A primeira parte do artigo 1º da lei brasileira de arbitragem explica que são capazes de participar do processo arbitral todas as pessoas que têm capacidade para contratar.[18]

2) Características da arbitragem

Estando presentes os requisitos impostos pela legislação, qualquer das partes que concordaram em submeter os litígios existentes entre si poderá iniciar o processo arbitral nos termos por eles acordados dentro dos limites legais. No entanto, resta a tarefa de demonstrar porque a arbitragem é uma alternativa viável, segura e interessante.

A primeira característica, e vantagem, do procedimento arbitral é a celeridade. O processo arbitral não tem a celeridade apenas como característica, mas como

---

[16] De acordo com o artigo 105, I, i é competência originária do Superior Tribunal de Justiça "a homologação de sentenças estrangeiras e a concessão de exequatur às cartas rogatórias". Até a edição da Emenda nº. 45 à Constituição Federal a competência era do Supremo Tribunal Federal.

[17] GARCEZ, José Maria Rossani. *Arbitrabilidade no Direito Brasileiro*. Revista de Direito Bancário, do Mercado de Capitais e da Arbitragem. São Paulo: Ed. Revista dos Tribunais, 2002. Volume 12, p. 338.

[18] LEMES, Selma M. Ferreira. *Arbitragem na concessão de serviços públicos – Arbitrabilidade objetiva – Confidencialidade ou publicidade processual?* Revista de Direito Bancário, do Mercado de Capitais e da Arbitragem. São Paulo: Ed. Revista dos Tribunais, volume 21, 2003, p. 390.

objetivo. É sabida a necessidade de soluções rápidas para litígios comerciais, e a arbitragem é, por definição, processo mais breve do que um procedimento judicial. Tal celeridade se deve muito às características abaixo apresentadas, mas, principalmente, à informalidade dos procedimentos.[19]

Depois, no procedimento arbitral, a decisão é feita por árbitros. Assim, outro fator que torna o procedimento arbitral atrativo para a resolução de certas questões é a especialidade do árbitro. Não é a toga envergada pela lei, é o conhecimento prático o que indica a solução. Os árbitros, que são geralmente indicados pelas partes, não precisam ser necessariamente juristas, o que possibilita a escolha de um engenheiro para decidir a questão, por exemplo. Assim, especialistas no assunto em litígio podem ser chamados para analisar e decidir a questão. Ademais, a presença de especialistas no painel arbitral não exclui a possibilidade de que seja feita uma perícia por um terceiro especialista. Muitas vezes, os juízes não estão preparados para enfrentar certas questões técnicas, e por isso esta característica da arbitragem torna adequada e realista a solução de litígios que envolvam questões de difícil interpretação legal ou compreensão por parte do Judiciário.

Outra característica fundamental é a possibilidade de o litígio permanecer em sigilo, antes, durante e depois do procedimento arbitral. A submissão de um litígio ao poder judiciário muitas vezes torna-se pública, o que pode inclusive desgastar ainda mais o relacionamento entre as partes. Muitas vezes, inclusive, as partes não têm interesse de que a disputa e a sua decisão sejam tornadas públicas, o que ocorreria se o litígio fosse submetido ao Poder Judiciário.[20]

Entretanto, não se pode dizer que a arbitragem seja necessariamente menos custosa para as partes. Em realidade, ela tende a ser mais cara, mas, para muitas empresas, a espera por um julgamento definitivo que leve anos, pode ser economicamente mais prejudicial do que o custo imediato do procedimento arbitral.

A última característica marcante da arbitragem, que se ressalta principalmente no Brasil, é a possibilidade de as partes escolherem a lei aplicável, a sede e o idioma do procedimento arbitral, e se haverá ou não uma instituição conduzindo a arbitragem. Algumas dessas escolhas não seriam possíveis se o litígio fosse submetido ao Poder Judiciário.

A Lei de Arbitragem em seu artigo 2º permite às partes podem escolher se o procedimento arbitral poderá ser de equidade. Isto quer dizer que as partes podem escolher se a decisão final do litígio submetido ao procedimento arbitral deve ser fundada em uma determinada legislação ou em princípios não dispostos em lei. As partes podem, assim, indicar que a legislação de um determinado país seja aplicável ao procedimento arbitral, cabendo aos árbitros proferir sua decisão com base na legislação escolhida pela partes. Ou, ainda, as partes podem escolher

---

[19] COOLEY. John W. e LUBET, Steven. *Advocacia de Arbitragem.* Brasília: Editora Universidade de Brasília, 2001, p. 27.

[20] CASELLA, Paulo Borba. *Arbitragem – A Nova Lei Brasileira (9.307/96) e a Praxe Internacional.* São Paulo: LTr, 1997.

que sejam aplicáveis princípios gerais de direito, os usos e costumes, ou as regras internacionais de comércio. A única limitação a esta autonomia está disposta no § 1º do artigo 2º da Lei de Arbitragem, que reza que a escolha da lei aplicável é livre, mas que não pode ofender a ordem pública e os bons costumes, princípios presentes na ordem jurídica brasileira desde a edição Lei de Introdução ao Código Civil em 1942.[21]

Desta forma, a Lei de Arbitragem promoveu uma revolução[22] com relação à autonomia da vontade na designação de lei aplicável e de foro, uma vez que estas escolhas não são geralmente reconhecidas pelo judiciário brasileiro, que aplica as normas nacionais de direito internacional privado ao invés do acordado entre as partes.

O procedimento arbitral poderá ser conduzido em local e no idioma escolhido pelas partes. Não há limitação de escolha nesse âmbito, uma arbitragem que esteja sendo conduzida em um determinado lugar não precisará obrigatoriamente aplicar a legislação vigente naquela localidade para a solução do litígio.

3) Dificuldades e conquistas recentes

A edição da Lei de Arbitragem não significa que o Brasil passou a adotar uma posição completamente aberta com relação ao instituto da arbitragem, pois atentou, em mais de uma oportunidade, contra os princípios da arbitragem e a sua prática mundial. O primeiro exemplo importante foi a contestação da constitucionalidade da Lei de Arbitragem, que foi discutida incidentalmente pelo Supremo Tribunal Federal em julgamento de agravo regimental em sentença estrangeira[23]. O STF, por maioria, declarou constitucional a Lei 9.307/96, por considerar que as manifestações de vontade da parte na cláusula compromissória no momento da celebração do contrato e que a permissão dada ao juiz para que substitua a vontade da parte recalcitrante em firmar compromisso não ofendem o artigo 5º, XXXV[24], da Constituição Federal de 1988.

Foram vencidos os Ministros Sepúlveda Pertence, relator, Sydney Sanches, Néri da Silveira e Moreira Alves, que, ao tempo em que emprestavam validade constitucional ao compromisso arbitral quando as partes de uma lide atual renunciam à via judicial e escolhem a alternativa da arbitragem para a solução do litígio, entendiam inconstitucional a prévia manifestação de vontade da parte na cláusula compromissória, dada a indeterminação de seu objeto, e a possibilidade de a outra parte, havendo resistência quanto à instituição da arbitragem, recorrer ao Poder Judiciário para compelir a parte recalcitrante a firmar o compromisso, e, conseqüentemente, declaravam, por violação ao princípio do livre acesso ao

---

[21] Decreto-Lei nº 4657, de 04 de setembro de 1942.
[22] ARAUJO, Nádia. *Contratos Internacionais*. 3ª edição. Rio de Janeiro: Renovar, 2004, p. 118.
[23] SE 5.206 – Espanha (AgRg) – STF- relator Ministro Sepúlveda Pertence, 12/12/2001.
[24] *In verbis*: "A lei não excluirá da apreciação do poder judiciário lesão ou ameaça de direito".

Poder Judiciário, a inconstitucionalidade de vários[25] dispositivos da Lei 9.307. A corrente vencedora, por outro lado, considera a lei um grande avanço e não vê nenhuma ofensa à Carta Magna. O ministro Carlos Velloso, em seu voto, salientou que se trata de direitos patrimoniais e, portanto, disponíveis. Segundo ele, as partes têm a faculdade de renunciar a seu direito de recorrer à Justiça. "O inciso XXXV representa um direito à ação, e não um dever."

A mais recente oposição ao instituto da arbitragem no Brasil foi a inclusão, no projeto inicial de "Reforma do Judiciário", de uma proposta de alteração do artigo 98 da Constituição Federal que vedaria a participação dos entes de Direito Público em arbitragens. A nova redação do parágrafo 4º do artigo 98 da Constituição Federal, segundo a Proposta de Emenda Constitucional no. 29, de 2000, seria a seguinte: "Ressalvadas as entidades de Direito Público, os interessados em resolver seus conflitos poderão valer-se de juízo arbitral, na forma da lei". Adequadamente, tal artigo foi retirado da Proposta de Emenda Constitucional e a "Reforma do Judiciário"[26] foi aprovada sem este dispositivo. No entanto, a mera existência de tal proposta e a sua aprovação na Comissão de Constituição e Justiça, mesmo que já revertida, demonstram a falta de informação sobre o assunto por parte dos legisladores federais.[27]

No entanto, no ano de 2002 o Brasil deu outro passo importante com relação à adoção dos princípios e das normas internacionais relativas à arbitragem ao ratificar a Convenção sobre o Reconhecimento e a Execução de Sentenças Arbitrais Estrangeiras, elaborada na cidade de Nova Iorque em 1958.[28] Muitos dos princípios previstos nessa convenção já tinham sido adotados pela Lei de Arbitragem brasileira, como a possibilidade de que seja recusada a homologação da sentença arbitral estrangeira nos casos em que objeto do litígio não é suscetível de ser resolvido por arbitragem de acordo com a legislação brasileira ou, ainda, se a decisão ofende a ordem pública nacional. Mesmo que os princípios básicos da Convenção de Nova Iorque tenham sido integrados à nossa legislação por meio da Lei de Arbitragem, o fato de o Brasil ter ratificado a mencionada convenção criou um ambiente positivo para o investidor estrangeiro, de forma a dar previsibilidade no reconhecimento e na execução de sentenças arbitrais proferidas no exterior.

Notadamente, o recurso à arbitragem tem sido cada vez mais costumeiro, em questões nacionais e internacionais e tem se expandido para áreas em que tradicionalmente não se utilizava a solução por métodos alternativos. O crescimento

---

[25] 1) o parágrafo único do art. 6º; 2) o art. 7º e seus parágrafos; 3) no art. 41, as novas redações atribuídas ao art. 267, VII, e art. 301, inciso IX do Código de Processo Civil; 4) e do art. 42.

[26] A Reforma do Judiciário foi incorporada à Constituição Federal por meio de Emenda Constitucional nº 45, de 30 de dezembro de 2004.

[27] WALD, Arnoldo. *A arbitragem e contratos administrativos*. Disponível em: http://www.camarbra.com.br/concilia&arb_matr14.htm. Acessado em 12 de abril de 2005.

[28] A Convenção sobre o Reconhecimento e a Execução de Sentenças Arbitrais Estrangeiras, também chamada de Convenção de Nova Iorque, foi ratificada pelo Brasil por meio do Decreto nº. 4311, de 23 de setembro de 2002.

anual do número de litígios resolvidos por arbitragem é exponencial e demonstra que o instituto vem merecendo mais credibilidade e segurança. Espera-se, agora, que após este período de adaptação, que levou longos 10 anos, a arbitragem no Brasil tenha se consolidado para que cada vez mais litígios possam ser decididos fora do poder judiciário.

II – Arbitragem nos agronegócios

Não há óbice a utilização do instituto da arbitragem no agronegócio. O agronegócio" nada mais é do que um marco conceitual que delimita os sistemas integrados de produção de alimentos, fibras e biomassa, operando desde o melhoramento genético até o produto final, no qual todos os agentes que se propõem a produzir matérias-primas agropecuárias devem fatalmente se inserir, sejam eles pequenos ou grandes produtores, agricultores familiares ou patronais, fazendeiros ou assentados".[29]

Portanto, o campo para a utilização da arbitragem em contratos estipulados pelas partes envolvidas no setor econômico primário e as suas ligações com o setor secundário é gigantesco.

Em rigor, como dito, por meio da LA, foi criado um meio privado para solução de conflitos, mais flexível, mais permeável ao conhecimento prático e menos jurídico, ponto que é bastante relevante em um tipo de atividade econômica em que os usos e costumes desempenham um importante papel. Entretanto, é raro o juiz conhecer estas regras desenvolvidas pelos próprios agentes econômicos espontaneamente pois ele está fora do mercado.

De acordo com a LA, é viável a utilização da arbitragem para resolver todos e quaisquer litígios que digam respeito a "direitos patrimoniais disponíveis".

Segundo Carlos Alberto Carmona, especialista brasileiro no tema, "(...) são disponíveis aqueles bens que podem ser livremente alienados ou negociados, por encontrarem-se desembaraçados, tendo o alienante plena capacidade jurídica para tanto".

Essa definição de Carmona permite que se utilize da arbitragem em qualquer contrato ligado ao agronegócio, porque todos eles se referem a direitos disponíveis, talvez com a exceção daqueles dois contratos previstos pelo Estatuto da Terra que são o arrendamento e a parceria.

Mais precisamente, a parceria e o arrendamento até poderiam contar com uma cláusula compromissória (arbitral) – já que se é verdade que algumas cláusulas desses negócios jurídicos são, por força do Estatuto da Terra, de ordem pública, os negócios jurídicos têm, de outra parte, evidentemente uma natureza de

---

[29] JANK, Marcos S. Agronegócio versus agricultura familiar? In "O Estado de S. Paulo" – 05.07.05 – p. A-2.

direito patrimonial que pode ser transacionado pelas partes. Dessa forma, poder-se-ia entabular um contrato de parceria rural com todas as cláusulas obrigatórias do Estatuto da Terra, mas ao qual fosse inserida uma cláusula compromissória de arbitragem. Todavia, caso fosse necessária alguma medida executória para retirar o parceiro da posse da terra, não teria o árbitro poderes para tanto, devendo solicitar a colaboração do Poder Judiciário.

Nesse sentido, os contratos de parceria e arrendamento não são normalmente complexos e as principais cláusulas derivam do próprio Estatuto da Terra, que não dá às partes a possibilidade de barganha sobre seu conteúdo (tratando-se de normas imperativas e de ordem pública). Os contratos são quase padronizados e não oferecem complexidade interpretativa, estando o Poder Judiciário normalmente acostumado a lidar com esta prática de negócios agropecuários. Nesses casos, o litígio normalmente envolve pretensões das partes acerca da posse da terra e de cobrança de aluguéis ou de parcelas em atraso, não havendo uma grande motivação para a utilização da arbitragem nesses casos. Ademais, já existe uma jurisprudência relativamente consolidada, oferecendo um marco regulatório estável aos agentes econômicos.

Por isso, o foco da arbitragem não deve ser em cima dos contratos agrários típicos do Estatuto da Terra, mas os negócios novos, próprios da era da globalização. É caso das vendas antecipadas de produção agrícola para a arbitragem nacional (item A) e o caso dos contratos internacionais para as arbitragens internacionais (ou também domésticas) – item B –, que são os exemplos tratados a seguir.

A) O caso da "soja verde": exemplo para arbitragens nacionais

O caso da "soja verde" é a típica situação que coloca em evidência a arbitragem e acaba abrindo campo para seu desenvolvimento em detrimento do Poder Judiciário no âmbito mesmo do direito interno. É que tem sido crescente a intervenção do Poder Judiciário nos contratos empresariais diante do texto do Novo Código Civil e da própria Constituição Federal, que acaba abrindo espaço, diante de suas cláusulas gerais, para maior discricionariedade judicial. E acaba trazendo maior imprevisibilidade aos agentes econômicos, inclusive aqueles ligados ao agronegócio.

Uma boa prova de que os agentes econômicos necessitam de segurança e de previsibilidade e que a revisão do contrato pode trazer maiores prejuízos do que benefícios são os estudos de campo do Instituto PENSA da USP, que tem a grande vantagem de sair do debate meramente político ou ideológico e focar na comprovação matemática ou estatística da proposição.

Nesse sentir, comprovou-se, empiricamente, que a revisão judicial de contratos agrários no Estado de Goiás dificultou o financiamento da safra no ano seguinte.[30]

---

[30] Conforme divulgado em Seminário do Instituto PENSA na USP em 05 de dezembro de 2005. Existe um relatório parcial da pesquisa divulgado no site do instituto: http://www.fundacaofia.com.br/pensa/. Também

A situação enfrentada lá foi a de que algumas culturas, como a soja, eram financiadas, em muitos casos, com capital privado, ou seja, negociadores faziam a compra antecipada da produção, entregando o pagamento imediatamente ao produtor, que com isso, capitalizava-se para o plantio. E no ano seguinte, este agricultor, que já havia computado seu lucro no preço de venda antecipada, entregava o produto.

Pois houve uma inesperada valorização da soja e alguns produtores ingressaram com ações de revisão judicial dos contratos alegando imprevisibilidade, enriquecimento injustificado, etc., para não cumprir o pactuado, ou seja, a fim de evitar a entrega do produto de seu plantio, pelo preço antes estipulado.

O Tribunal de Justiça de Goiás, com base na função social do contrato, revisou os contratos e liberou os produtores que ingressaram com as ações, ditos hipossuficientes, do cumprimento integral do contrato.

A conseqüência (coletiva ou social) disso foi a de que todos os outros agricultores que não haviam ingressado com ações foram prejudicados, pois os *traders* da região não mais queriam seguir fazendo a operação de compra antecipada do produto, diante do flagrante risco de prejuízo da operação, já que se o preço da soja no ano seguinte ao contrato fosse inferior ao pactuado, eles arcariam com a perda e se o preço fosse mais elevado, os produtores ingressariam com ações para não cumprir o contrato.

O instituto da arbitragem tem a vantagem de reduzir a margem de discricionariedade, substituindo-a pelo contrato. Como o árbitro tira sua competência e sua legitimidade do contrato que o elegeu como julgador, ele tem o dever de se ater com maior compromisso prático e moral ao texto do documento, o que acabará por trazer um maior controle das próprias partes referentemente ao regramento de sua relação, o que pode ser bastante positivo no campo do agronegócio.

A previsibilidade, atingida pelo reforço do texto do contrato negociado pelas partes, tende a diminuir os custos de transação no mercado, que são aqueles custos que os agentes econômicos incorrem ao negociarem e ao fazerem cumprir os contratos. Se uma economia de mercado se estrutura sobre as expectativas dos agentes econômicos, nada melhor para o desenvolvimento desse sistema que essas expectativas sejam formuladas em cima de bases o mais previsíveis possível. E no campo do agronegócio não é diferente.

Mas não é só isso, a maior celeridade da arbitragem também permite que o agente econômico que não cumpra com seu contrato seja rapidamente "punido" e a parte prejudicada consiga reverter seu prejuízo, também diminuindo os custos de transação. Tudo isso evita que o empresário possa se utilizar do Judiciário como um aliado na postergação do cumprimento da obrigação.

Last but not least, a arbitragem enseja a participação de julgadores que conhecem a prática do negócio agropecuário em litígio, permitindo uma decisão

---

foi publicada uma série de reportagens sobre este tema na Revista Agroanalysis da FGV/SP, entre os meses de agosto e setembro de 2005.

mais próxima da realidade do mercado e mais aproximada das expectativas das partes, ao contrário, muitas vezes, de uma decisão puramente legal ou jurisprudencial, que fica muito longe do código de conduta dos *businessmen*.

B) Contratos internacionais: o espaço perfeito para arbitragem

Se alguns tipos de contratos domésticos não configuram o melhor espaço para o crescimento da arbitragem, certamente os contratos internacionais ligados ao agronegócio são o seu campo mais fértil.

No jargão jurídico, o contrato internacional é aquela modalidade de negócio jurídico que contém um elemento de estraneidade, ou seja, aquele fator jusprivatista que conecta uma determinada relação negocial a mais de um ordenamento jurídico estatal (normalmente o local de domicílio das partes contratantes, ou o local de execução do contrato).[31]

Em comércio exterior, o contrato internacional é aquele que envolve um fluxo internacional de mercadorias, ou seja, uma operação de importação ou exportação (envolvendo, portanto, atividades de despacho aduaneiro na fronteira ou no porto ou mesmo no aeroporto de um país).[32]

A legislação brasileira admite estes dois critérios, ao definir os contratos que podem ser estipulados em moeda estrangeira – justamente pelo seu caráter inequivocamente internacional – no Decreto-Lei 857/69, em seu art. 2º:

Art. 2º (...)

I – aos contratos e títulos referentes a importação ou exportação de mercadorias;

II – aos contratos de financiamento ou de prestação de garantias relativos às operações de exportação de bens de produção nacional, vendidos a crédito para o exterior;

III – aos contratos de compra e venda de câmbio em geral;

IV – aos empréstimos e quaisquer outras obrigações cujo credor ou devedor seja pessoa residente e domiciliada no exterior, excetuados os contratos de locação de imóveis situados no território nacional;

V – aos contratos que tenham por objeto a cessão, transferência, delegação, assunção ou modificação das obrigações referidas no item anterior, ainda que ambas as partes contratantes sejam pessoas residentes ou domiciliadas no país.

Nesse diapasão, tem-se visto cada vez mais contratos de *joint ventures* entre vinícolas brasileiras e estrangeiras, contratos de exportação/importação de grãos e de *commodities* em geral, com eleição da via arbitral. Como inclusive mostrado na introdução, algumas câmaras arbitrais têm se notabilizado pela sua *expertise* no agronegócio.

A cláusula compromissória de arbitragem significará que o empresário brasileiro não ficará sujeito à jurisdição de seu parceiro, mesmo lá fazendo negócios.

---

[31] Baptista. Luiz Olavo. Dos Contratos Internacionais – Uma Visão Teórica e Prática. São Paulo: Saraiva. 1994. BASSO, Maristela. *Contratos Internacionais do Comércio*. 3ª ed. Porto Alegre: Livraria do Advogado, 2002. STRENGER, Irineu. *Contratos Internacionais do Comércio*. São Paulo: Revista dos Tribunais, 1986.

[32] MURTA, Roberto de Oliveira. *Contratos em Comércio Exterior*. São Paulo: Aduaneiras, 1995.

Ele contará com um julgador neutro, eventualmente de nacionalidade diversa de ambas as partes e que conhecerá a prática do mercado em que os contratantes estão inseridos.

É apenas uma questão de tempo e de estatística para que alguns desses contratos gerem litígios a serem resolvidos por meio da arbitragem. Nesse momento, os empresários e os advogados brasileiros terão de estar preparados para enfrentar um procedimento mais simples e flexível, mais ágil e eventualmente mais custoso, no qual a chicana não costuma ser muito bem vinda e em que a sanção econômica (como banimento do mercado) é muito mais pesada do que uma eventual sanção jurídica.

— 4 —

O acordo de acionistas e o uso da arbitragem como forma de resolução de conflitos societários[1]

Sumário: 1. Introdução; 2. As Sociedades Anônimas e os acordos de acionistas; 3. O conceito do acordo de acionistas nos moldes do artigo 118 da Lei 6.404/76; 4. A resolução de conflitos societários por meio da arbitragem. 5. Os acordos de acionistas e a arbitragem – Conclusões.

1. Introdução

O escopo do presente artigo é o de tratar da análise jurídica acerca da possibilidade de resolução dos conflitos societários decorrentes de acordos de acionistas por meio da arbitragem. A discussão sobre a arbitragem no âmbito do direito societário tem gerado bastante discussão na doutrina jurídica especializada, principalmente no que diz respeito às sociedades anônimas. Tem-se dito que o estatuto social da companhia se aproximaria de um contrato de adesão. Outros dizem que faltaria nesses casos uma manifestação de vontade expressa do acionista ao comprar ações em bolsa da sociedade ou, ainda, naqueles casos de acionistas vencidos ou ausentes em assembléia.

De outra parte, é indiscutível que o direito societário é um dos principais espaços de crescimento da arbitragem diante, em primeiro lugar, da própria importância das sociedades anônimas em um sistema de mercado, sendo responsáveis por grande concentração de investimentos em atividades econômicas de risco que acabam por gerar riqueza à sociedade. Em segundo lugar, a própria dinâmica exigida pelo direito societário exige um meio rápido, eficaz e especializado de solução de controvérsias.

Para demonstrar esta realidade e mostrar a situação do Poder Judiciário frente a questões de direito societário e do mercado de capitais, Viviane Muller Prado fez uma pesquisa exaustiva (e significativa em termos de amostra) de juris-

---
[1] Co-autoria com Rodrigo Tellechea Silva – Advogado associado à Trench, Rossi e Watanabe, Porto Alegre, militante na Área de Contratos Empresariais e Direito Societário. Especializando em Direito Empresarial na Universidade Federal do Estado do Rio Grande do Sul. Membro da Comissão de Arbitragem da Ordem dos Advogados do Brasil – Conselho Seccional do Rio Grande do Sul. Um dos Coordenadores do Grupo de Estudos de Contratos Empresariais e Arbitragem organizado junto à Pontifícia Universidade Católica do Rio Grande do Sul.

prudência no Tribunal de Justiça do Estado de São Paulo e no Superior Tribunal de Justiça.[2] Uma das importantes conclusões foi a de que o tempo total de julgamento de um processo (primeira e segunda instâncias) envolvendo direito societário varia entre o mínimo de 233 dias e o máximo de 3.993 dias. Sobre o mercado de capitais, o tempo total mínimo é de 888 dias, e o máximo, de 5.049 dias, compondo uma média de 2.618 dias.

O acordo de acionistas é talvez o *locus* perfeito para o desenvolvimento da arbitragem, já que por ser um contrato, escapa ao problema da ausência de vontade expressa das partes. E também porque, muitas vezes, são instrumentos que exigem soluções rápidas para garantir votações em bloco em assembléias e o controle das vendas das ações da companhia.

Dito isso, na primeira parte do artigo, destacar-se-á a importância das sociedades anônimas e dos acordos de acionistas no atual panorama do direito societário e do mercado de capitais no Brasil. Logo após, faz-se uma breve análise do conceito do acordo de acionistas, com base na doutrina especializada. Em seguida, analisar-se-á a previsão normativa acerca da utilização da arbitragem como forma de resolução de conflitos no seio das sociedades anônimas, com base na disposição do artigo 109, § 3º da Lei 6.404/76. Ao final, examinar-se-á a possibilidade de utilização da arbitragem na resolução de eventuais conflitos decorrentes dos acordos de acionistas, bem como as peculiaridades e vantagens que essa ferramenta de solução de conflitos pode ter em questões de natureza societária.

2. As Sociedades Anônimas e os Acordos de Acionistas.

Em larga escala, a economia de um país depende da eficiência de suas empresas. O desenvolvimento econômico de uma nação está inexoravelmente atrelado ao nível de atividade empresarial, à capacidade de produção e ao poder de geração de emprego das empresas em atividade.

A sobrevivência de uma empresa num sistema de economia globalizada e cada vez mais competitiva depende do acesso aos recursos necessários para acompanhar a constante necessidade de investimentos que permitam a inovação

---

[2] Numa análise de curto prazo, na grande maioria dos casos, para essas empresas, o custo da demanda arbitral será bem mais elevado do que a discussão em juízo de determinado conflito societário. No entanto, a longo prazo, essa equação tende a ser modificada em virtude da celeridade e da especialidade da arbitragem face à morosidade, o número elevado de recursos e ineficiência do poder judiciário no trato dessas questões. Para aprofundamento sobre o tema ver PRADO, Viviane Muller; BURANELLI, Vinicius Correa. Pesquisa de jurisprudência sobre o direito Societário e Mercado de Capitais no Tribunal de Justiça de São Paulo. In: *Caderno Direito da Fundação Getúlio Vargas*, Volume 2, nº 1, Janeiro de 2006. Segundo o estudo, os dados levantados para a pesquisa referem-se ao período de 1998 a 2005, especificamente, até o mês de setembro de 2005. O estudo revela que em sistemas jurídicos nos quais há insuficiente proteção aos investidores, o mercado de capitais é menos desenvolvido se comparado com outros sistemas nos quais os seus direitos são respeitados. Esta falta de tutela não é analisada apenas sob o ponto de vista do direito material vigente, mas é principalmente considerada a ausência de *enforcement* das leis societárias e de mercado de capitais.

em tecnologia, a redução de custos e a melhoria da qualidade de produtos e serviços para a preservação de seu espaço e para a conquista de novos mercados.[3]

O desenvolvimento dessas atividades econômicas necessita de uma forma jurídica que lhe de o devido respaldo. Quanto maior a complexidade e o volume de investimentos, maior será a exigência de um modelo organizacional complexo que garanta a aglutinação dos diferentes agentes econômicos e de seus mais diversos interesses. Geralmente, essa articulação de fatores assume a forma de uma sociedade.[4]

Nesse contexto, foi necessário encontrar uma forma jurídica que conciliasse o acesso aos recursos financeiros disponíveis, da mesma maneira que assegurasse o real domínio do negócio e a maior apropriação dos lucros. A forma encontrada pelos comerciantes (atuais empresários, segundo nomenclatura adotada pelo novo Código Civil, com base na Teoria da Empresa) foi a criação e formatação do que hoje se conhece por Sociedades por Ações. Nessa lógica, as sociedades anônimas surgiram como uma estrutura societária capaz de agregar em bojo, simultaneamente, operações econômicas bastante complexas, dentre as quais se destacam, a concentração do capital, a pulverização de sua titularidade, a captação de recursos no mercado e a distribuição de seu comando.

No atual panorama da economia mundial, as sociedades anônimas assumiram importância transcendental nas sociedades, de forma que seus problemas, internos ou externos, de estrutura ou de financiamento, constituem relevantes preocupações de economistas, juristas, administradores e até mesmo entes estatais de todo o mundo. Para se ter uma idéia, conforme recente estudo promovido pela Organização Mundial do Comércio (OMC), mais de 50% das maiores economias do mundo – aí incluídos os Estados Soberanos – são sociedades anônimas.[5]

Esse fenômeno tende a aumentar cada vez mais com o crescimento acelerado das transações internacionais (fusões, aquisições, cisões, incorporações, associações, joint ventures, entre outros) e com os efervescentes movimentos de integração econômica existentes entre países, seja na forma bilateral, por meio de acordos de cooperação, ou multilateral, através da formação de blocos econômicos.

Diante dessa conjuntura, os empreendimentos/investimentos de maior vulto optaram pela adoção de um modelo societário próprio (sociedade anônima), de modo que, com o passar dos anos, ela se tornou a forma jurídica adequada para as grandes empresas e grupos privados.[6]

---

[3] KANDIR, Antonio. A Nova CVM e a modernização da Lei das S.A. In: LOBO, Jorge. *A Reforma da Lei das Sociedades Anônimas*. Rio de Janeiro: Forense, 2002. p. 03.

[4] COELHO, Fábio Ulhoa. *Curso de Direito Comercial*. Vol. 2. São Paulo: Saraiva, 2005, p. 03.

[5] CUNHA, Rodrigo Ferraz Pimenta da. *Estrutura de Interesses nas Sociedades Anônimas – Hierarquia e Conflitos*, Quartier Latin, 2006, p. 22.

[6] Segundo Nicholas Murray Butler, citado por RIPERT, George, *em Aspectos Jurídicos do Capitalismo Moderno*, São Paulo, Freitas Barros, 1947, as sociedades anônimas foram a maior descoberta dos tempos modernos, mais preciosas e relevantes que a máquina a vapor e a eletrcidade.

É razoável concluir que a grande causa para tamanha evolução foi a maleabilidade da sua organização societária, a qual consegue viabilizar-se economicamente, ao mesmo tempo em que concilia, em um instituto jurídico próprio, interesses convergentes, porém geralmente distintos quanto aos seus objetivos, vejamos. De um lado, (i) os acionistas que desejam realizar o empreendimento, gerindo-o – regra geral, empreendedores e administradores – e de outro, (ii) aqueles que vêem no negócio uma oportunidade de investimento, auferindo dele rendimentos, sem envolver-se, necessariamente, em sua administração – investidores em geral).[7]

Ocorre que o desenvolvimento histórico das sociedades anônimas fez com que sua estrutura-jurídica corporativa definida para agregar as necessidades do capitalismo globalizado reclamasse uma forma mais versátil e impessoal, capaz de reunir e conciliar interesses diversos[8] como, por exemplo, a necessidade de captação de recursos da poupança popular, o desejo de investimento, a necessidade de alcance de novos mercados, a distribuição de dividendos aos acionistas, a fiscalização do comando, a independência de seus gestores, a medida de poder entre os acionistas, a divulgação e a transparência de informações divulgadas para o mercado, entre muitos outros.[9]

A junção desses interesses no campo societário e seu equacionamento no âmbito interno da companhia indicam a existência de, pelo menos, 02 (duas) posições que merecem realce. A primeira delas é o interesse dos acionistas como membros de um grupo que é a sociedade.[10] Já a segunda é aquela relativo à posição individual de cada um deles.

A conjugação e, por vezes, a divergência sobre essas 02 (duas) posições levaram ao desenvolvimento, no âmbito interno das sociedades anônimas, de

---

[7] BARBI FILHO, Celso. *Acordo de Acionistas*. Belo Horizonte: Del Rey, 1993, pg. 32. Para aprofundamento sobre o tema consultar a clássica obra de *Adolf Berle* e *Gardiner Means* intitulada *The Modern Corporation and Private Property*. Em linhas gerais, nesse ensaio, os autores americanos destacam o surgimento do fenômeno do controle gerencial nas grandes companhias americanas, inteiramente destacado da propriedade do capital. Para eles, o traço distintivo das corporações modernas residia na separação entre propriedade, pulverizada entre muitos acionistas, e controle, exercido por diretores, que possuiriam, no máximo, um pequeno percentual do capital da empresa.

[8] A pluralidade de pretensões, dentro de uma mesma corporação, decorre das múltiplas facetas dos titulares de ações que nela coexistem. Normalmente, as companhias que possuem mais de um perfil de acionista têm em sua composição, um conjunto de interesses concorrentes, mas não necessariamente opostos.

[9] BARBI FILHO. Op. cit., 1993. p. 20.

[10] Nas sociedades anônimas, a personalidade jurídica repousa na estrutura corporativa da instituição, motivo pelo qual as relações não se estabelecem entre os acionistas, mas entre estes e a sociedade. A figura do sócio é absorvida pela unidade. Eis porque não é possível afirmar a presença da *affectio societatis* nas sociedades de capitais. Nesse sentido, quando se fala em dever de lealdade dos acionistas, tem-se em vista a teoria institucionalista, conforme a qual os interesses dos acionistas submetem-se aos da empresa em si mesma. O dever de fidelidade do acionista é para com a companhia e não dos acionistas entre si. Em SZTAJN, Raquel; FRANCO, Vera Helena de Mello, *Manual de Direito Comercial*, Volume 02, São Paulo: Revista dos Tribunais, 2005, p. 248. Há autores que questionam essa classificação, afirmando que a sociedade limitada possui uma natureza híbrida, por constituir um novo tipo social, integrante de uma terceira classe. Nesse sentido, LUCENA, José Waldecy. *Das Sociedades Limitadas*, São Paulo: Renovar, p. 97. O mesmo raciocínio aplica-se a algumas sociedades anônimas fechadas nas quais é possível verificar a existência de *affectio societatis*.

ajustes parassociais entre acionistas de interesses convergentes, com relação a elementos de seu interesse na vida social da companhia.[11]

A forma legal encontrada pelos legisladores para agregar o interesse em comum de acionistas foi por meio da assinatura de um acordo, admitido pela nossa legislação no artigo 118 da Lei 6.404/76. É, portanto, o acordo de acionistas, a ferramenta contratual adequada para regular os direitos e obrigações dos sócios no âmbito das sociedades anônimas, de forma a dar força vinculativa aos interesses comuns a determinado grupo de acionistas de uma companhia, independentemente deles possuírem participação minoritária ou majoritária no capital social da empresa.

Ao disciplinar a espécie, por meio da Lei 6.404/76, o legislador brasileiro foi inesperadamente inovador ao criar uma das primeiras legislações do mundo que tratou diretamente sobre o acordo de acionistas,[12] aproveitando-se da oportunidade para estabelecer regras específicas sobre aspectos importantes como o objeto, o registro, os efeitos em relação à sociedade e a sua execução específica.

Com as reformas realizadas pelo legislador brasileiro por meio da promulgação da Lei 10.303/01, o acordo de acionistas teve seu leque ampliado com a inserção de uma nova possibilidade de ajuste, bem como com a colocação de novos parágrafos que amoldaram, de forma mais clara, alguns efeitos práticos do acordo (§§ 6º a 11).[13]

---

[11] BARBI FILHO. Op. cit., 1993. p. 21.

[12] Consoante a própria exposição de motivos da Lei de 1976, a idéia do legislador foi disciplinar o acordo de acionistas para fins de evitar os abusos que se praticavam nas sociedades por meio dele, bem como criar um instituto que se situasse entre as *holdings* e os acordos ocultos. CARVALHOSA, Modesto de Souza Barros. *Comentários à Lei das Sociedades Anônimas*, Volume 02, 3º edição, São Paulo: Saraiva, 2003, p. 518. Vejamos também a Exposição de Motivos do Ministério da Fazenda nº 196, de 24.6.76, DCN – Capítulo X – Seção V – "O artigo 118 regula o acordo de acionistas – modalidade contratual de prática intensa em todas as latitudes, mas que os códigos teimam em ignorar. Ocorre que essa figura jurídica é da maior importância para a vida comercial, e a ausência de disciplina legal é, certamente, a causa de grande número dos abusos e malefícios que se lhe atribuem. Com efeito, como alternativa à *holding* (solução buscada por acionistas que pretendem o controle pré-constituído, mas que apresenta os inconvenientes da transferência definitiva das ações para outra sociedade) e ao acordo oculto e irresponsável (de eficácia duvidosa em grande número de casos), cumpre dar disciplina própria ao acordo de acionistas que, uma vez arquivado na sede da companhia e averbado nos registros ou nos títulos, é oponível a terceiros e tem execução específica. Trazido, pois, à publicidade (§ 5º do art. 118), esses acordos representam ponto médio entre a *holding* e o acordo oculto, com as vantagens legítimas que ambos podem apresentar, e sem os inconvenientes para a companhia ou para os sócios, que também podem acarretar

[13] Essa é a atual redação do artigo 118 da Lei 6.404/76: "Os acordos de acionistas, sobre a compra e venda de suas ações, preferência para adquiri-las, exercício do direito ao voto, ou do poder de controle deverão ser observados pela companhia quando arquivados na sua sede. § 1º As obrigações ou ônus decorrentes desses acordos somente serão oponíveis a terceiros, depois de averbadas nos livros de registros e nos certificados de ações, se emitidos. § 2º Esses acordos não poderão ser invocados para eximir o acionista de responsabilidade no exercício do direito de voto (artigo 115) ou do poder de controle (artigos 116 e 117). § 3º Nas condições previstas no acordo, os acionistas podem promover a execução específica das obrigações assumidas. § 4º As ações averbadas nos termos deste artigo não poderão ser negociadas em bolsa ou no mercado de balcão. § 5º No relatório anual, os órgãos de administração da companhia aberta informarão à assembléia-geral as disposições sobre a política de reinvestimento de lucros e distribuição de dividendos, constantes de acordos de acionistas arquivados na companhia. § 6º O acordo de acionistas cujo prazo fixado em função de termo ou condição resolutiva somente pode ser denunciado segundo suas estipulações. § 7º O mandato outorgado nos termos de acordo de acionistas para proferir, em assembléia-geral ou especial, voto contra ou a favor de determinada deliberação poderá prever prazo superior ao constante do §1 do artigo 126 desta Lei. § 8º O presidente da assembléia ou do órgão colegiado da deliberação da companhia não computará o voto proferido com infração de acordo de acionistas devidamente arquivado. § 9º O não compareci-

Com o desenvolvimento e fortalecimento econômico do Brasil, cresce a importância da força econômica trazida ao setor produtivo e ao mercado de capitais pelos investidores em geral, sejam eles minoritários ou majoritários. Nesse contexto, o acordo de acionistas surge como ferramenta eficaz para garantir a segurança do investidor na articulação de interesses nos órgãos deliberativos da companhia, sempre no sentido de procurar a melhor orientação a ser seguida, seja ela direcionada para garantir a administração ou a fiscalização participativa da empresa (no caso dos acionistas minoritários), seja na tentativa de se obter a maioria e guiar os rumos da sociedade (no caso de acionistas majoritários).

3. O Conceito do Acordo de Acionistas nos moldes do artigo 118 da Lei 6.404/76

A doutrina societária é precisa ao definir o acordo de acionistas, tendo por base o disposto no artigo 118 da Lei das Sociedades por Ações. O conceito de Modesto Carvalhosa[14] é esclarecedor para o entendimento do que é o instituto: "o acordo de acionistas é um contrato submetido às normas comuns de validade de todo negócio jurídico privado, concluído entre acionistas de uma mesma companhia, tendo por objeto a regulação do exercício dos direitos referentes as suas ações, tanto no que se refere ao voto como à negociabilidade das mesmas".[15]

Para a melhor compreensão do conceito e da utilidade do acordo de acionistas no funcionamento das companhias deve-se sempre distinguir quais obrigações circunscrevem a vontade do sócio como membro da sociedade, daquelas declarações e obrigações dele, na qualidade de titular de seu patrimônio.

Por essa razão, como negócio jurídico típico de auto-regulação de interesses privados, é importante sublinhar que o acordo de acionistas constitui instrumento para a satisfação dos interesses individuais dos acionistas com relação à companhia, tutelados pela ordem jurídica e, conseqüentemente, dotados de eficácia.[16]

---

mento à assembléia ou às reuniões dos órgãos de administração da companhia, bem como as abstenções de voto de qualquer parte de acordo de acionistas ou de membros do conselho de administração eleitos nos termos de acordo de acionistas, assegura à parte prejudicada o direito de votar com as ações pertencentes ao acionista ausente ou omisso e, no caso de membro do conselho de administração, pelo conselheiro eleito com os votos da parte prejudicada. § 10. Os acionistas vinculados a acordo de acionistas deverão indicar, no ato de arquivamento, representante para comunicar-se com a companhia, para prestar ou receber informações, quando solicitadas. § 11. A companhia poderá solicitar aos membros do acordo esclarecimento sobre suas cláusulas".

[14] CARVALHOSA, Modesto de Souza Barros. *Acordo de Acionistas*. São Paulo: Saraiva, 1984, p. 9.

[15] Outros autores têm bons conceitos sobre o tema, como, por exemplo, AMENDOLARA, Leslie. A Influência dos acordos de acionistas na gestão das empresas de capital aberto. In: *Revista do Instituto dos Advogados de São Paulo*, n 11, Revista dos Tribunais, São Paulo, 2003. p. 22, ou Celso Barbi Filho (BARBI FILHO. Op. cit., 1993). Vale salientar, no entanto, que essas conceituações são anteriores a modificação trazida pela Lei 10.303/2001, motivo pelo qual elas não se referem expressamente ao poder de controle como uma hipótese legal do ajuste. Não obstante, no nosso entendimento, a inclusão de mais uma possibilidade legal para o acordo de acionistas não modificou em nada seu conceito ou sua natureza jurídica, ampliando, somente, seu leque de opções.

[16] CARVALHOSA. Op. cit., 1984. p. 33 e BARBI FILHO. Op. cit., 1993.

Tendo em vista este aspecto privatista do ajuste entre os sócios, a lei societária, de forma restritiva, tipificou quais matérias poderão ser objeto desses negócios jurídicos, limitando a validade dos termos do pacto à observância dos direitos da companhia e de seus acionistas *uti socii*. Sua validade decorre, portanto, da restrição do seu conteúdo e do respeito a esse limite, de modo que a determinação das prestações de cada parte dentro do acordo torna-se um elemento essencial para a auto-regulação dos interesses dos contratantes, residindo nesse ponto a própria configuração do negócio jurídico de acordo.[17]

Por derradeiro, cumpre sublinhar que a função primordial dos acordos de acionistas é a harmonização da vontade das partes em busca de um resultado desejado, de tal modo que os acionistas possam usar o negócio jurídico previsto na lei para compor seus interesses em relações recíprocas, e a sociedade, por sua vez, possa desfrutar dessa relação, sem que o interesse social reste prejudicado.

4. A Resolução de Conflitos Societários por meio da Arbitragem

Com embasamento em modelos extraídos da legislação e práticas internacionais, nas disposições da Lei 9.307/96 (Lei da Arbitragem) e sob a influência de princípios de governança corporativa,[18] a reforma da Lei das Sociedades Anônimas de 2001 previu, expressamente, a possibilidade de eleição da arbitragem[19] como forma de resolução de conflitos societários.

---

[17] CARVALHOSA. Op. cit., 1984. p. 33 e BARBI FILHO. Op. cit., 1993.

[18] Entende-se Governança Corporativa como um conjunto de princípios e práticas que procuram minimizar os potenciais conflitos de interesses entre os administradores da sociedade e seus acionistas com o objetivo de maximizar o valor da empresa. O Instituto Brasileiro de Governança Corporativa (IBGC), em seu Código de Melhores Práticas, estabelece como princípios da governança: (i) o nível de transparência das informações relevantes prestadas ao mercado (*disclosure*); (ii) a prestação de contas (*accountability*); (iii) a justiça com os acionistas minoritários (*fairness*); e o cumprimento das leis (*compliance*). Esses princípios aplicam-se às empresas internamente nas suas relações com acionistas e externamente nas relações com investidores e órgãos governamentais. Há estudos, principalmente, nos Estados Unidos que indicam a melhora do desempenho de empresas que adotam as melhores práticas de governança corporativa. Vale lembrar que a instituição da cláusula compromissória arbitral no âmbito dos estatutos sociais foi um dos requisitos solicitados pela Bolsa de Valores de São Paulo (BOVESPA) para o ingresso de empresas no chamado Novo Mercado e Nível 2 de Governança Corporativa. (BRANCO, Adriano Castello, *O Conselho de Administração nas Sociedades Anônimas*, Rio de Janeiro, Forense Universitária, 2004, pg. 102-110). Para informações adicionais acessar www.ibgv.org.br

[19] Saliente-se que no direito brasileiro, o instituto da arbitragem vem sendo construído e estudado desde a Constituição de 1824, tendo sido inclusive contemplado no Código Civil de 1916 e no Código de Processo Civil, por meio dos artigos 1078 a 1097, que tratavam sobre a homologação judicial do laudo arbitral, os quais, atualmente, encontram-se revogados. Foi, no entanto, com a promulgação da Lei 9.307/96, que outorgou ao juízo arbitral competência substitutiva da jurisdição estatal no que se refere aos direitos disponíveis das partes que contratualmente o instituírem, que a arbitragem ganhou força no país. Nesse particular, cumpre-nos destacar o voto proferido pelo Ministro Nelson Jobim no Agravo Regimental em Sentença Estrangeira de n° 5206-7, julgado pelo Supremo Tribunal Federal, no sentido da constitucionalidade do parágrafo único do artigo 6° e do artigo 7° da Lei n 9.307/96, já que em virtude desse posicionamento, contrário ao do Ministro Sepúlveda Pertence que concluiu pela inconstitucionalidade de tais dispositivos da lei em virtude do disposto no artigo 5, inciso XXXV da Constituição Federal de 1988 ("a lei não excluirá da apreciação do Poder Judiciário lesão ou ameaça a direito"), foi garantida a eficácia da lei arbitral no Brasil. Em linhas gerais, funda-se o instituto da arbitragem

Nos termos do § 3º acrescentado ao artigo 109 da Lei das Sociedades Anônimas pela Lei 10.303/01: "O estatuto da sociedade pode estabelecer que as divergências entre acionistas e a companhia, ou entre acionistas controladores e os acionistas minoritários, poderão ser solucionados mediante arbitragem, nos termos em que especificar".

Há entendimentos na doutrina[20] no sentido de que a utilização da arbitragem para a solução de disputas societárias já era possível, mesmo antes da reforma da Lei das Sociedades Anônimas e da introdução do § 3º no artigo 109. No entanto, não há dúvidas de que a previsão expressa trazida pela reforma denotou, ainda mais, a intenção do Legislador em utilizar esse instrumento em matéria societária.

De uma maneira bastante sucinta, é razoável concluir que os principais objetivos dessa inclusão foram: (i) de um lado reduzir a insegurança quanto à legitimidade da arbitragem no âmbito da resolução de conflitos de matéria societária, e, de outro, (ii) difundir e fomentar seu uso, tendo em vista as vantagens[21] que ela pode apresentar em comparação ao Poder Judiciário, seja para a sociedade propriamente dita, para os investidores, ou para os acionistas em geral.

Para compreender de forma mais pragmática o grau de importância da arbitragem no âmbito do direito societário e do mercado de capitais no Brasil basta constatar que a Bovespa (Bolsa de Valores de São Paulo) exige a sua adoção como meio de solução de conflitos entre acionistas e a companhia, ou, ainda, entre administradores e acionistas/companhia, no caso de companhias abertas que desejem ingressar no Bovespa Mais,[22] no Nível II de Governança[23] e no Novo

---

na autonomia da vontade ou na autonomia privada, constituindo, no plano dos direitos subjetivos do acionista, o poder de auto-regulamentação dos seus interesses patrimoniais. Em CARVALHOSA, Op. cit., 2003, p 308.

[20] BERTOLDI, Marcelo, *Reforma da Lei das Sociedades Anônimas*, Revista dos Tribunais, 2002.

[21] Dentre essas vantagens, podemos mencionar (i) a celeridade na solução das disputas societárias; (ii) a grande probabilidade de uma decisão mais técnica e justa, tendo em vista a notória *expertise* dos árbitros em contraposição aos juízes estatais; (iii) o sigilo das decisões arbitrais. Paralelamente a isso, na visão de Antonio Celso Fonseca Pugliese e Bruno Meyerhof Salama, a arbitragem é um instrumento capaz de reduzir os custos de transação relacionados à prestação jurisdicional, bem como favorecer o estabelecimento de um sistema de incentivos mais adequado ao cumprimento de contratos, maximizando os ganhos na relação comercial entre as partes. (PUGLIESE, Antonio Celso Fonseca; SALAMA, Bruno Meyerhof. *Arbitragem: Uma Análise Jurídico-Econômica*. [s.l], [s.n], 2006.)

[22] BOVESPA MAIS (Mercado de Ações para o Ingresso de S.A.s) é um segmento do mercado de balcão organizado administrado pela BOVESPA, no qual apenas podem ser listadas companhias abertas com registro na CVM Seu propósito é acolher companhias que tenham uma estratégia gradual de acesso ao mercado de capitais, viabilizando sua exposição a esse mercado e apoiando sua evolução em termos de transparência, de ampliação da base de acionistas e de liquidez. Em contrapartida, para participar deste novo segmento, as companhias deverão trabalhar permanentemente para construir um mercado forte e dinâmico para seus papéis, demonstrando a intenção de alcançar patamares superiores de exposição no mercado de capitais. E o mais importante: essas empresas assumirão o compromisso de garantir mais direitos e informações aos investidores, aderindo a práticas avançadas de Governança Corporativa, com regras similares às do Novo Mercado. Tudo isso, para obter um crescimento sustentado e que ofereça o máximo de segurança para o investidor. Para informações adicionais acesse www.bovespa.com.br

[23] Implantados em dezembro de 2000 pela Bolsa de Valores de São Paulo – BOVESPA, os Níveis Diferenciados de Governança Corporativa são segmentos especiais de listagem que foram desenvolvidos com o objetivo de proporcionar um ambiente de negociação que estimulasse, simultaneamente, o interesse dos investidores

Mercado,[24] segmentos bastante específicos do mercado de capitais, nos quais a Bovespa busca oferecer aos investidores e acionistas em geral graus de transparência e de governança corporativa superiores aos exigidos na legislação societária tradicional e no Nível I de governança.

Em regra, poder-se-ia dizer que a adoção da arbitragem como forma de resolução de conflitos societários ocorreria de forma bastante semelhante ao seu emprego nas relações comerciais comuns. Tomemos, por hipótese, a negociação de um contrato de distribuição de gases industriais. Para a resolução de conflitos por meio da arbitragem basta que as partes contratantes optem pela inclusão de uma cláusula compromissória no instrumento, prevendo que todo e qualquer conflito oriundo daquele negócio será resolvido por arbitragem, e não mais pelo poder judiciário, como é usualmente.

Em um primeiro momento, o mesmo raciocínio empregado no contrato de distribuição seria aplicável às sociedades empresárias, ou seja, assim como as partes no referido contrato, os acionistas de uma determinada companhia estariam vinculados a arbitragem se no estatuto social que regesse a sociedade estivesse inserida uma cláusula arbitral.

Seguindo essa mesma linha de raciocínio, o estatuto social regulador do funcionamento da sociedade por ações conteria em seu corpo uma cláusula arbitral, determinando que todo e qualquer conflito surgido entre os acionistas/administradores/conselheiros, ou entre acionistas e a sociedade, seriam dirimidos por meio da arbitragem, em detrimento da via judicial.

Ocorre que a questão não se resolve de maneira tão singela.

---

e a valorização das companhias. Empresas listadas nesses segmentos oferecem aos seus acionistas investidores melhorias nas práticas de governança corporativa que ampliam os direitos societários dos acionistas minoritários e aumentam a transparência das companhias, com divulgação de maior volume de informações e de melhor qualidade, facilitando o acompanhamento de sua performance. A premissa básica é que a adoção de boas práticas de governança corporativa pelas companhias confere maior credibilidade ao mercado acionário e, como conseqüência, aumenta a confiança e a disposição dos investidores em adquirirem as suas ações, pagarem um preço melhor por elas, reduzindo seu custo de captação. A adesão das Companhias ao Nível 1 ou ao Nível 2 depende do grau de compromisso assumido e é formalizada por meio de um contrato, assinado pela BOVESPA, pela Companhia, seus administradores, conselheiros fiscais e controladores. Ao assinarem o contrato, as partes acordam em observar o Regulamento de Listagem do segmento específico, que consolida os requisitos que devem ser atendidos pelas Companhias listadas naquele segmento, além de, no caso das Companhias Nível 2, adotar a arbitragem para solução de eventuais conflitos societários. Para informações adicionais acesse www.bovespa.com.br

[24] O Novo Mercado é um segmento de listagem destinado à negociação de ações emitidas por companhias que se comprometam, voluntariamente, com a adoção de práticas de governança corporativa adicionais em relação ao que é exigido pela legislação. A valorização e a liquidez das ações são influenciadas positivamente pelo grau de segurança oferecido pelos direitos concedidos aos acionistas e pela qualidade das informações prestadas pelas companhias. Essa é a premissa básica do Novo Mercado. A entrada de uma companhia no Novo Mercado ocorre por meio da assinatura de um contrato e implica a adesão a um conjunto de regras societárias, genericamente chamadas de "boas práticas de governança corporativa", mais exigentes do que as presentes na legislação brasileira. Essas regras, consolidadas no Regulamento de Listagem do Novo Mercado, ampliam os direitos dos acionistas, melhoram a qualidade das informações usualmente prestadas pelas companhias, bem como a dispersão acionária e, ao determinar a resolução dos conflitos societários por meio de uma Câmara de Arbitragem, oferecem aos investidores a segurança de uma alternativa mais ágil e especializada. A principal inovação do Novo Mercado, em relação à legislação, é a exigência de que o capital social da companhia seja composto somente por ações ordinárias. Para informações adicionais acesse www.bovespa.com.br

Basta a leitura atenta do teor do § 3º do artigo 109 da Lei das S/As para concluir que não se trata de uma norma impositiva, mas sim permissiva. Dessa forma, na lógica de funcionamento das sociedades anônimas caberá, em última instância, aos acionistas da sociedade, por meio da assembléia geral (de constituição ou não), a faculdade de fazer uso do novo instrumento, conforme recomendarem as circunstâncias específicas da relação societária em questão.[25]

Vencida a divergência relativa à possibilidade de usar a arbitragem como meio de resolução de controvérsias no âmbito das sociedades anônimas, imperioso se faz analisar como a doutrina se posiciona com relação à forma pela qual deve ocorrer a inserção da cláusula arbitral. Nesse particular, surgem 02 (dois) questionamentos: (i) o primeiro deles com relação à vinculação de novos acionistas (não-fundadores)[26] à arbitragem, já que os fundadores vincularam-se no momento da constituição da companhia, em virtude da necessidade de consenso com relação a todos os elementos que compõem o ato constitutivo; (ii) e a segunda delas refere-se à deliberação assemblear não unânime que aprova a inserção de cláusula compromissória.

Nessa última hipótese, há renomados juristas[27] defensores da idéia de que no caso de inclusão da cláusula arbitral em assembléia geral de acionistas, apenas

---

[25] ENEI, José Virgílio Lopes. A Arbitragem nas Sociedades Anônimas. In: *Revista de Direito Mercantil, n. 129*, São Paulo: Malheiros. 2003, p. 137.

[26] De um lado, posiciona-se Modesto Carvalhosa no sentido de ser necessário a adesão específica e *a posteriori* por parte de novos acionistas à cláusula arbitral, por meio de documento apartado que lhes seja encaminhado pela companhia após a respectiva aquisição das ações, sob pena de, na ausência de tal adesão específica, não estarem os novos acionistas vinculados à arbitragem. Esse entendimento está fundamentado na idéia de que o direito de acesso ao Poder Judiciário, diferentemente dos demais direitos regulados no estatuto social, seria um direito essencial e personalíssimo do acionista, de forma que a sua renúncia dependeria de manifestação expressa e específica, não comportando aceitação tácita ou por referência. O § 2º do Artigo 109 da Lei 6.404/76 dispõe que "os meios, processos ou ações que a lei confere ao acionista para assegurar os seus direitos não podem ser elididos pelo estatuto ou pela assembléia geral". Nesse particular, no entendimento do referido autor, "Não há presunção de renúncia de direito essencial de qualquer acionista, tanto mais em se tratando de pacto parassocial, de cuja natureza é a cláusula compromissória estatutária. Não se pode presumir que alguém haja deferido a solução de controvérsia a um colégio arbitral pelo simples fato de estar ele previsto no estatuto. Não há renúncia implícita a direito essencial do acionista. Não pode, assim, a sociedade ou a maioria dos acionistas impor a cláusula compromissória estatutária a quem não a tenha constituído ou não tenha aderido expressamente, por documento formal". Em CARVALHOSA. Op. cit., 2003. p. 305-306. Além disso, de acordo com o § 2º do artigo 4º da Lei 9.307/96, para o novo acionista ser parte da cláusula compromissória estatutária não basta apenas a sua adesão ao colégio acionário, sendo necessário também sua declaração, por escrito, em documento apartado revestido de todas as formalidades. Em que pese o embasamento jurídico desse entendimento, há aqueles que entendem que o novo acionista, ao integrar a sociedade, estará automaticamente vinculado à cláusula arbitral que porventura conste no estatuto social da companhia, sendo desnecessária qualquer outra exigência, como, por exemplo, adesão específica em termo separado. Essa corrente entende que o direito essencial ao acionista não pode ser entendido como o direito irrenunciável e inafastável de acesso ao Poder Judiciário, mas sim o direito a uma dentre duas alternativas: o direito de fazer valer suas proteções através do Poder Judiciário ou, alternativamente, através de um tribunal arbitral. Desde que o acionista tenha assegurada uma dessas alternativas, não haveria que se falar em violação a direito essencial. Em ENEI. Op. cit. p. 158. Independentemente de qual entendimento é o mais correto, entendemos que a cláusula arbitral somente trará benefícios à sociedade e, de um modo geral aos acionistas, se todos eles estiverem vinculados a ela. Caso contrário, se alguns acionistas estiverem vinculados à arbitragem, qualquer demanda de interesse geral de uma certa categoria de acionistas poderá suscitar a propositura de demandas paralelas, tanto na via arbitral, como na judiciária, com sérios riscos de decisões conflitantes e ineficazes e com um inegável desperdício de recursos.

[27] Nesse sentido, CARVALHOSA, Modesto de Souza Barros e EIZIRIK, Nelson. *A Nova Lei das SAs*, São Paulo, Saraiva, 2002.

aqueles que votaram a favor da inclusão estariam a ela vinculados. Esse entendimento embasa-se na idéia de que os acionistas que não compareceram à assembléia, abstiveram-se de votar ou votaram contra a inclusão da cláusula arbitral não teriam manifestado expressamente sua vontade de renunciar ao direito de acesso ao Poder Judiciário, não, estando, portanto, vinculados à cláusula arbitral estatutária.

Esse mesmo entendimento valeria para o primeiro questionamento, no qual investidores ou interessados (novos acionistas) adquirirem ações de determinada companhia, cujo estatuto elege a arbitragem como forma de resolução de disputas, já que esse novo acionista não estaria vinculado aos seus efeitos, a menos que firmasse termo de adesão anuindo expressamente à cláusula arbitral estatutária.[28]

Embora os entendimentos acima esposados sejam defendidos por respeitáveis juristas, razões de ordem prática e favoráveis ao desenvolvimento da arbitragem no âmbito do direito societário brasileiro levaram uma parte da doutrina a entender de maneira diversa.[29] Analisaremos, abaixo, de maneira sucinta, os principais argumentos que embasam essa tese, que no nosso entendimento, é mais apropriada para o desenvolvimento e crescimento da arbitragem em matéria societária.

Primeiramente, o funcionamento das sociedades anônimas está fortemente calcado no princípio da maioria votante, de modo que ao ingressar voluntariamente em uma companhia, seja ela de capital fechado ou aberto, o acionista opta por se submeter às regras corporativas, dentre as quais está a prevalência da vontade da maioria.[30]

Logo, quando uma determinada deliberação for submetida à votação em assembléia social, devidamente convocada e com *quorum* suficiente, nos termos do estatuto social,[31] e a decisão assemblear contrariar o voto de certos acionistas,[32] a validade dessa deliberação, em regra, estará garantida, em virtude da prévia submissão, voluntária e espontânea, dos acionistas ao princípio da maioria societária.

Em segundo lugar, com relação aos investidores que adquiriram ações de companhias cujo estatuto social já prevê a arbitragem como forma de resolução dos conflitos, não há que se falar na necessidade de adesão à cláusula arbitral em

---

[28] Nesse sentido, CARVALHOSA, Modesto de Souza Barros e EIZIRIK, Nelson. *A Nova Lei das SAs*, São Paulo, Saraiva, 2002.

[29] Em ENEI. Op. cit. e MARTINS, Pedro Antonio Batista, *Reflexões sobre Arbitragem*, Ltr, São Paulo, 2002.

[30] Vide o disposto no artigo 122, I, da Lei das sociedades anônimas, segundo o qual é competência privativa da assembléia geral reformar o estatuto social da companhia.

[31] Se houver algum desrespeito às regras de convocação, instalação, votação ou validade da Assembléia, é perfeitamente possível que essa deliberação venha a ser anulada mediante ajuizamento de demanda judicial apropriada.

[32] Vale destacar que a alteração do estatuto social não é uma das hipóteses que possibilita o direito de retirada no acionista, nos termos no artigo 137 da Lei das Sociedades Anônimas.

apartado, para que eles se vinculem a seus efeitos[33] por 03 (três) motivos primordiais: (i) pela impossibilidade de se equiparar os estatutos sociais a contratos de adesão;[34] (ii) pelo descompasso dessa regra com a atual dinâmica do mercado de capitais brasileiro;[35] (iii) pelo dever de diligência que deve ser ínsito a qualquer investidor que tenha aplicações no mercado de capitais, já que é possível verificar, de antemão, se determina empresa possui ou não cláusula compromissória em seu estatuto social.[36]

Com base nesses argumentos, defendemos a opinião de que a vinculação de todos os acionistas, indistintamente, à cláusula arbitral contida nos estatutos sociais é condição indispensável para que as vantagens da arbitragem, especialmente no que tange à celeridade e especialidade, aflorem e sejam desfrutadas nos conflitos societários. Qualquer cenário distinto, em que uma parte dos acionistas esteja vinculada à cláusula arbitral e outra esteja autorizada a recorrer ao Poder Judiciário para dirimir a mesma questão, levaria à aplicação fragmentada e ineficiente da arbitragem, com a possibilidade, por exemplo, de decisões conflitantes sobre a mesma controvérsia.[37]

Não obstante esse posicionamento, para que esse panorama possa se desenvolver de forma profícua e pacífica entendemos conveniente que a adoção de cláusula arbitral em estatutos de sociedades anônimas observe algumas condições, tais quais: (i) a ampla divulgação da existência de cláusula arbitral no estatuto social ou da convocação de assembléia geral que deliberará sobre a inclusão da arbitragem como forma de resolução de conflitos societários, (ii) a determinação de regras que garantam a escolha de um tribunal arbitral imparcial;

---

[33] Essa é a opinião de Modesto Carvalhosa, em seus *Comentários à Lei das Sociedades Anônimas*, Vol. 2.

[34] A intenção do legislador ao impor certas condições para a validade da cláusula compromissória nos contratos de adesão no § 2º do artigo 4º da Lei de Arbitragem foi proteger o consumidor, esse sim reconhecido pela lei, doutrina e jurisprudência como hipossuficiente, no sentido de evitar que os mesmos se vissem obrigados a resolver seus conflitos fora do Poder Judiciário sem que pudessem negociais tal pacto. Em momento algum teve a pretensão de alcançar a sociedade anônima. Em JUNIOR, Joel Dias Figueira, Cláusula Compromissória, Contrato de Adesão e Juízo Arbitral, *Revista de Direito do Consumidor,* 1999.

[35] Pela forma com que os negócios são fechados no mercado de capitais, até que se poderia dizer que o novo sócio não manifestou sua vontade de acatar uma cláusula arbitral estatutária. Contudo, devido às características peculiares dos negócios no âmbito empresarial, essa alegação não encontra respaldo. De outra banda, diferente seria se a cláusula compromissória estivesse inserida numa convenção extra-estatutária, como um acordo de acionistas, não registrado nos órgãos competentes. Nesse caso, o novo sócio poderia alegar que não está obrigado a se submeter ao juízo arbitral para a resolução de conflitos que o envolvam. A falta de publicidade do ato leva à conseqüente ausência de manifestação de vontade. Em VILELA, Marcelo Dias Gonçalvez. *Arbitragem no Direito Societário*, Editora Mandamentos, 2004.

[36] No caso de sociedades anônimas fechadas, é possível a consulta do Estatuto Social e demais alterações na Junta Comercial competente ou até mesmo por meio de solicitação formal aos administradores da companhia. Para sociedades anônimas abertas, esse acesso pode ocorrer por meio do site da Bovespa que lista as empresas que submetem a resolução de seus conflitos à arbitragem ou por meio do acesso ao próprio site da empresa.

[37] Esse é o entendimento que auxiliou o desenvolvimento do mercado de capitais nos EUA e na Itália, sem prejudicar o acesso dos acionistas a decisões céleres e bem fundamentadas. Tão grande é a sedimentação dessa idéia no dia-a-dia do mercado de capitais no Brasil que já se discute, no âmbito da Bovespa, a reforma do Regulamento da Câmara Arbitral do Mercado para suprimir a exigência de termo de anuência às regras da arbitragem, por parte do acionista.

(iii) a fixação de custos acessíveis a todos os acionistas, inclusive os acionistas minoritários.

Ainda que observância dessas condições não impeça eventual questionamento judicial por parte de acionistas descontentes, é indubitável que elas agregam à cláusula arbitral um grau maior de seriedade e de transparência para com os acionistas.[38]

5. Os Acordos de Acionistas e a Arbitragem – Conclusões

Seja qual for a posição adotada com relação à necessidade ou não de cláusula compromissória acessória para a adesão de novos acionistas ou de acionistas dissidentes à previsão de arbitragem disposta no estatuto social da companhia, conclui-se, de forma inequívoca, ser a arbitragem meio idôneo e lícito para a resolução de conflitos societários (§ 3º do artigo 109 da Lei das SAs). Resta, agora, examinar a possibilidade de eleição de cláusula arbitral para a resolução de controvérsias decorrentes de acordo de acionistas.

Parece-nos que a questão não merece complexas indagações, mormente em razão da natureza patrimonial e, por ricochete, disponível, dos direitos regulados no seio dos acordos de acionistas.[39]

Primeiramente, é importante diferenciar as previsões estatutárias das companhias, dos acordos de acionistas existentes no seu âmbito interno. Em virtude

---

[38] A título de exemplificação, segue, abaixo, minuta de cláusula de estatuto social de companhia aberta que prevê a arbitragem como forma de resolução de conflitos societários: "A Companhia, seus acionistas, administradores e membros do Conselho Fiscal obrigam-se a resolver, por meio de arbitragem, de acordo com o ___ _____ (inserir nome da Câmara Arbitral e seu regulamento), toda e qualquer disputa ou controvérsia que possa surgir entre eles, relacionada ou oriunda, em especial, da aplicação, validade, eficácia, interpretação, violação e seus efeitos, das disposições contidas na Lei 6.404/76, em seu Estatuto Social, nas normas editadas pelo Conselho Monetário Nacional, pelo Banco Central do Brasil e pela Comissão de Valores Mobiliários, bem como nas demais normas aplicáveis ao funcionamento do mercado de capitais em geral, além daquelas constantes do Regulamento de Listagem do _____ (referir o segmento de governança corporativa do qual a empresa faz parte)". Essa minuta de cláusula foi retirada do site *www.camaradomercado.com.br*

[39] Nesse sentido, vale lembrar que o crescimento das questões societárias submetidas à arbitragem fez com que a BOVESPA criasse sua própria Câmara de Arbitragem do Mercado – CAM para dirimir conflitos dessa natureza. Para informações adicionais acesse *www.camaradomercado.com.br*. No âmbito do Estado do Rio Grande do Sul, vale mencionar a criação Câmara de Arbitragem da FEDERASUL, a qual, apesar de ainda não possuir nenhum caso julgado, já foi eleita como instituição competente para a resolução de eventuais conflitos futuros. É importante que informações dessa natureza sejam devidamente divulgadas para fins de evitar a prolação de decisões em manifesto desacordo a interpretação dada pelo Supremo Tribunal Federal à Lei 9.307/96 quando da análise de sua constitucionalidade, como se depreende da ementa abaixo: Agravo de Instrumento. Juízo Arbitral. A Cláusula Compromissória no Contrato de Locação que prevê a arbitragem não tem o condão de afastar a demanda judicial, sob pena de ferir art. 5ª, inc. XXXV, da CF. Legitimidade ativa da segunda agravada. Tem legitimidade ativa a parte que figura como interveniente garantidora das obrigações assumidas no contrato de locação objeto da demanda principal, em face da existência de contrato acessório de prestação de garantia, sendo principal devedora e responsável pelos valores avençados entre as partes. Agravo de Instrumento Desprovido. (Agravo de Instrumento Nº 70011513652, Décima Sexta Câmara Cível, Tribunal de Justiça do RS, Relator: Paulo Augusto Monte Lopes, Julgado em 01/06/2005) e

de sua natureza parassocial, os acordos não estão vinculados ao estatuto, da mesma forma que este não está vinculado àqueles.

Sendo assim, pouco importa para o acordo de acionistas se o estatuto da companhia elegeu ou não a arbitragem como meio de resolução de controvérsias, pois o acordo poderá fazê-lo, de qualquer forma.[40] O fundamento legal para a conclusão acima esposada encontra-se na própria Lei da Arbitragem (Lei 9.307/96) que autoriza, de forma ampla, a utilização da via arbitral, salvo nos casos de direito não-patrimonial e/ou não-disponível.[41]

Por outro lado, é indispensável que haja expressa manifestação das partes para submeter à arbitragem eventual litígio relacionado ao acordo de acionistas, seja por meio de cláusula compromissória arbitral[42] inserida no acordo, seja por celebração de compromisso arbitral[43] quando a disputa, de fato, surgir.

Outrossim, cabe sublinhar a possibilidade de eventual decisão arbitral em sede de acordo de acionistas ser oponível e produzir efeitos com relação a terceiros. Trata-se, na verdade, de conseqüência direta do § 1º do artigo 118 da Lei das Sociedades Anônimas, bem como da equiparação legal havida entre laudo arbitral e sentença judicial, por meio do artigo 31 da Lei 9.307/96.[44]

Nesse sentido, é irrelevante o fato de existirem algumas restrições com relação à participação na arbitragem de acionistas não signatários do pacto, já que eles não são, a princípio, litisconsórcio necessário desse processo, não causando mácula alguma a sua ausência no procedimento arbitral.[45]

Vale destacar que a companhia apesar de somente figurar na qualidade de "interveniente-anuente" quando da assinatura do acordo de acionista, poderá vir

---

[40] Vide interessante precedente jurisprudencial do Tribunal de Justiça do Estado do Rio de Janeiro: *Convenção de Arbitragem em acordo de acionistas. Ementa:* Ação Ordinária de Indenização por danos morais e materiais. Declínio de competência por iniciativa de juízo de direito de Vara Cível. Feito para Vara Empresarial. Ambas situadas na Comarca da Capital. Sentença de extinção do processo sem julgamento do mérito, sob o fundamento de aplicar-se ao caso a convenção de arbitragem. Apelação em que se sustenta não ser cabível na hipótese a aplicação da cláusula arbitral, porque a índole indenizatória escapa dos direitos costumeiros da arbitragem. Tratando-se não de mera infração contratual, mas sim, de um comportamento ilícito. Acordo de Acionistas contendo cláusula contratual expressa segundo a qual: "Qualquer disputa, controvérsia ou pretensão resultante ou relacionada com este acordo, bem como sua violação serão solucionadas, em caráter definitivo, pelo Juízo Arbitral *Ad Hoc*, nos termos da Lei nº 9.307, DE 23/09/96. Abrangência do afirmado comportamento ilícito ocorrido nessa primeira cláusula, ao tratar expressamente da violação do acordo. Recurso ao qual se nega provimento". (Apelação Cível nº 2004.001.25315, Décima Câmara Cível TJ-RJ, Rel.: Des. Orlando Secco, Julgado em 07/12/2004).

[41] Vide § 2º do artigo 4º da Lei 9.307/96.

[42] Nos termos do artigo 4º da Lei 9.307/96: "é a convenção através da qual as partes em um contrato comprometem-se a submeter à arbitragem os litígios que possam vir a surgir relativamente a tal contrato".

[43] Nos termos do artigo 9º da Lei 9.307/96: "é a convenção através da qual as partes submetem um litígio à arbitragem de uma ou mais pessoas, podendo ser judicial ou extrajudicial"

[44] Artigo 31 da Lei 9.307/96: "A sentença arbitral produz, entre as partes e seus sucessores, os mesmos efeitos da sentença proferida pelos órgãos do Poder Judiciário e, sendo condenatória, constitui título executivo".

[45] MUNIZ, Joaquim de Paiva. Arbitragem em Acordo de Acionistas. In: *Jornal o Valor Econômico*, edição de 06 de Setembro de 2006. p. E2. Não obstante esse entendimento, entendemos que seria razoável que esses terceiros fossem notificados a participar da arbitragem para fins de garantir seu direito ao contraditório e à ampla defesa, bem como diminuir as chances do ajuizamento de ação de anulação do laudo arbitral.

a ser umas das partes em eventual arbitragem para discussão de direitos e obrigações decorrentes do acordo, desde que sua participação venha a ser necessária ou benéfica para a validade e eficácia da decisão, mormente em casos decorrentes das hipóteses previstas no artigo 118 da Lei das Sociedades Anônimas.[46]

Na atual conjuntura empresarial brasileira, formada em sua grande maioria, por micro, pequenas e médias empresas, entendemos razoável entendimento que defende a aplicação da arbitragem para a resolução de litígios societários que envolvam grandes empresas, cuja espera de anos por uma decisão judicial é mais preocupante, angustiante e onerosa que o desembolso de honorários arbitrais mais elevados em troca de uma decisão ágil, especializada e geralmente mais eficaz.[47]

Nesse sentido, feitos os devidos esclarecimentos aos acionistas e respeitada a natureza da arbitragem, parece-nos perfeitamente possível, viável e vantajoso para a discussão da matéria objeto do litígio a eleição de cláusula arbitral em matéria societária, sendo o acordo de acionistas uma de suas fortes possibilidades.[48]

---

[46] MUNIZ, Joaquim de Paiva. Arbitragem em Acordo de Acionistas. In: *Jornal o Valor Econômico*, edição de 06 de Setembro de 2006. p. E2. .

[47] Para visualizar a ineficiência e a morosidade do Poder Judiciário com relação às questões societárias, em especial aquelas referentes aos acordos de acionistas, recomenda-se a leitura do acórdão conjunto da 17ª Câmara Cível do TJ/RS ao analisar os agravos de instrumento de nº 70001191741, 70001191808, 70001323997 e 70001344738.

[48] A título de exemplificação, segue, abaixo, minuta de cláusula de acordo de acionistas que prevê a arbitragem como forma de resolução de conflitos dele decorrentes: "As partes, desde já, assumem o compromisso de submeter à arbitragem, de forma definitiva, toda e qualquer divergência ou disputa relacionada ao presente instrumento, inclusive quanto à sua intepretação, execução, inadimplemento, rescisão ou nulidade, que deverá ser conduzida na _____ (inserir nome da Câmara Arbitral e seu regulamento), de acordo com os termos de seu Regulamento, com a estrita observância à legislação vigente, em especial a Lei nº 9.307/96, valendo, outrossim, a presente como Cláusula Compromissória, nos termos do artigo 4º dessa mesma Lei. Obrigam-se, para tanto, a firmar o respectivo termo de arbitragem e a acatar a sentença arbitral que vier a ser proferida, relativa a qualquer disputa ou controvérsia eventualmente surgida". Essa minuta foi retirada do site <www.camaradomercado.com.br>.

— 5 —

Os conflitos nas *joint ventures* e a arbitragem[1]

Sumário: Introdução; I – Premissas concentuais: elementos essenciais das joint ventures; II – Conflitos de interesse entre co-ventures; III – A via arbitral como melhor mecanismo de solução de controvérsias; Conclusão; Bibliografia

Introdução

No atual estágio de globalização, pode-se observar uma maior fluidez entre as trocas no mercado, acirrando a competição entre as empresas no âmbito mundial. É grande o número de empresas que necessitam buscar forças para enfrentar concorrentes cada vez mais fortes. Seja para entrar em novos mercados fora de seus países, seja para se fortalecerem internamente, as empresas se viram obrigadas a recorrer a parcerias empresariais para se manterem neste competitivo mercado e aproveitar as oportunidades. Uma das formas encontradas para tanto são as *joint ventures*, que permitem a associação entre parceiros de nacionalidades e qualidades distintas.

Joint venture é um contrato (entendido aqui como negócio bi ou plurilateral) que une duas, ou mais, empresas independentes que, para atingir seus objetivos, ajustam uma união de esforços (parceria) por um determinado ou indeterminado período de tempo – mas via de regra com um escopo pré-definido. Daí a diferença entre uma operação de *joint venture* e uma operação societária tradicional de fusão/aquisição, já que na primeira, cada uma das empresas envolvidas mantém sua autonomia jurídica e na fusão/aquisição há alteração de controle societário. Este pacto permite a associação das co-ventures para uma empreitada comum sem que elas percam sua independência jurídica bem como organizacional dos seus outros possíveis negócios.

O empreendimento é comum aos contratantes, mas os objetivos em si não são, necessariamente, iguais entre eles. Surge aí a possibilidade de conflitos entre as empresas. Por isso, esta é uma forma de associação empresarial que, para ter resultados positivos, deverá, desde o seu princípio, ser negociada com cautela em possíveis pontos de discórdia. São estes mais comuns pontos de divergência

---
[1] Co-autoria com Marcelo Borges Rodrigues – Graduado em Direito pela PUCRS Integrante do Grupo de Estudos em Arbitragem da PUCRS, 2008.

e sua forma de solução que serão tratados nesse artigo. Entretanto, antes disso, precisamos atentar para algumas premissas conceituais sobre a *joint venture* propriamente dita.

I – Premissas concentuais: elementos essenciais das *joint ventures*

Se compreendermos contrato típico, nos termos do artigo 425 do Código Civil, como aquele que não é apenas nominado,[2] mas regulado por lei, deve-se afirmar que a *joint venture* é atípica. Contudo, ainda que atípico nesse ponto de vista, este negócio é reiterado pela prática empresarial e faz parte dos usos e costumes do comércio – ditos *lex mercatoria* no âmbito do comércio internacional –, sendo daí apreendidos os seus elementos essenciais apreendidos pela doutrina jurídica. Nesse sentido, pode-se dizer que este é um contrato *intuitu personae* que organiza a parceria dos contratantes sob um manto normalmente tipificado na lei.[3] Assim, por exemplo, o acordo de *joint venture* que cria uma sociedade limitada, não é tipificado, mas este tipo de sociedade o é e está previsto em nosso Código Civil de 2002. Um contrato atípico é comumente menos formal, mas, nestes casos, os preceitos obrigatórios legislados à sociedade empresarial que é criada em razão da parceria são os mesmos da sociedade limitada feita vulgarmente. O que a *joint venture* pode vir a ser não é regulado pela lei, mas quando ela assume o contorno de uma sociedade prevista na legislação pátria, seja ela anônima, em conta de participação ou um consórcio, ela deverá respeitar e se adequar a estes limites legais. Dentro desta abertura normativa às partes contratantes, permite-se a livre contratação das partes (eis a idéia de autonomia privada ou de liberdade de contratar, posta no artigo 421 do Código Civil).

Na prática dos negócios, usualmente a *joint venture* se inicia através de um acordo de sigilo (*confidenciality deed*) seguido ou concomitante a um memorando de entendimentos ou protocolo de intenções – traduzido do inglês *Memoranda of Understanding*. O primeiro servirá para garantir que não haverá vazamento de aspectos importantes da negociação, nem dados sigilosos de nenhuma empresa envolvida no negócio.

Já o segundo terá uma função variada, envolvendo, entre outras, desde o estabelecimento de um plano ou roteiro de negociação, passando por eventuais pontos de concordância ou de divergência entre as partes e servindo até mesmo para estabelecer a lei aplicável e foro de eleição para casos de eventuais disputas surgidas nessa fase das tratativas. Cumpre esclarecer que embora o protocolo de

---
[2] VENOSA, Silvio de Salvo. *Direito Civil*: teoria geral das obrigações e teoria geral dos contratos. 6.ed. São Paulo: Atlas, v.2, 2006, p. 408

[3] Trata-se daquele fenômeno sociológico-jurídico tão bem descrito por Ascarelli a respeito da utilização de modelos legais antigos para disciplinar negócios novos. Vide em ASCARELLI, Tullio. Problemas das Sociedades Anônimas e Direito Comparado. 2ª ed. São Paulo: Saraiva, 1969.

intenções tenha a natureza jurídica de um negócio jurídico bilateral, desde que adequadamente redigido, ele não cria para as partes a obrigação de fechar o contrato definitivo ainda em tratativas – sendo esta a sua principal distinção de um contrato preliminar, o qual gera a obrigação principal de fazer o contrato definitivo, nos termos do artigo 462 do Código Civil.

O passo seguinte é a celebração do "contrato-base" ou "contrato-mãe" ou "contrato-guarda-chuva" de *joint venture*, que é já um negócio jurídico definitivo, ao contrário do memorando de entendimentos. Aquele contrato definitivo da *joint venture* é servirá como uma espécie de "carta magna"[4] que inclui os pontos essenciais e norteará os eventuais futuros "acordos satélites" ou "acordos filhote".

As cláusulas mais relevantes desse contrato-guarda-chuva, entre outras, dizem respeito aos objetivos das partes e ao escopo do negócio por ela entabulado; às obrigações que cada uma das partes assumirá com vistas ao sucesso do empreendimento comum; aos investimentos de cada uma das partes e à forma da divisão dos resultados positivos e negativos; compartilhamento e alocação de responsabilidades e riscos; forma de gestão e de divisão do poder de controle do negócio; formato legal a ser adotado pelas partes (criação de uma nova sociedade ou não); lei e forma de solução de controvérsias.

Relevante ainda considerar a classificação das *joint ventures*. Para Juan Farina[5] a *joint venture* é qualquer contrato internacional de parceria. Roberto Murta,[6] indo além, observa esse enfoque, afirmando que a *joint venture* viabiliza "a internacionalização e a integração das economias entre países". Realmente o caráter supranacional é inegável na história das *joint ventures*; contudo, não se deve esquecer que existem, também, em grande volume, *joint ventures* entre compatriotas, lembrando que, conforme afirma a doutrina, a *joint venture* foi a forma pela qual as sociedades anônimas norte-americanas conseguiam se associar às sociedades limitadas daquele país, o que era proibido por lei naquela nação.

Astolfi[7] classifica em três formas possíveis as *joint ventures* quanto à nacionalidade: a) nacional, isto é, aquela contratada entre empresas sediadas no mesmo país que executam o empreendimento comum naquele mesmo país; b) internacional, ou seja, a *joint venture* que é formalizada entre a empresa do país "A" e a outra do país "B", para execução no país "B", por exemplo; c) estrangeira; àquela onde empresas de países diferentes executam empreendimento comum em uma outra nação. Essa classificação, que muito se aproxima com a classificação dos contratos domésticos e contratos internacionais conforme do Decreto-Lei 857/69, é importante para sabermos quando o negócio envolverá o sistema jurídico (aqui

---

[4] AMARAL, Antonio Carlos Rodrigues do (coord.). *Direito do Comercial Internacional*: aspectos fundamentais. São Paulo: Aduaneiras, 2004, p. 264.

[5] FARINA, Juan. *Contratos Comerciales Modernos:* modalidades de contratación empresarial. Buenos Aires: Astrea, 2005, p. 430.

[6] MURTA, Roberto de Oliveira. *Contratos em Comércio Exterior*. São Paulo: Aduaneiras, 1998, p.158.

[7] ASTOLFI, Andrea. El contrato internacional de *joint venture*. *Revista del Derecho Comercial y de las Obligaciones*, Buenos Aires, n. 83, 1981, p. 2

entendido como direito material e processual, além das cortes de justiça de mais de um país).

Quando houver capital aplicado, ela será classificada como *equity joint venture,* e, na ausência dele, *non equity joint venture*. Ainda existe a definição doutrinária de quando é criada uma nova pessoa jurídica, sempre distinta das anteriores, caso da *corporate joint venture;* quando a *joint venture* assume contornos que prescindem de uma nova pessoa jurídica, bastando-se apenas da cooperação entre os contratantes como num consórcio por exemplo, a parceria é classificada de *non corporate joint venture*.

Portanto, a *joint venture* pode existir sem capital e sem a criação de uma nova personalidade jurídica, fruto da união entre os contratantes e ainda assim deverá observar os mandamentos legais dos eventuais tipos contratuais utilizados ou mesmo dos princípios gerais do direito contratual e/ou societário brasileiro.

Finalmente, a *joint venture* tem claro intuito de concentração empresarial e também deverá ser objeto de averiguação dos órgãos econômicos preventivamente, nos termos do artigo 54 da Lei 8.884, de 1994 (Lei Antitruste), e repressivamente, nas esteira do artigo 20 da mesma Lei, a fim de que não venha a prejudicar a ordem econômica, não obstando que esta seja meramente uma *joint venture* contratual. A ressalva da lição de Paula Forgioni[8] é pertinente, existem cartéis, principalmente os voltados à exportação, que podem ser do interesse nacional, e, além disso, existem aquelas concentrações empresariais que possuem grande força no mercado interno, mas que necessitam desse agrupamento para competir com *players* internacionais. Estas contratações podem ser organizadas através de *joint ventures*.

Existem também as *joint ventures* que buscam a concentração vertical dos elos da produção. Este é o caso do contrato entre a empresa que compra a produção de determinada matéria-prima que se associa com a fornecedora para, auxiliando na produção, conseguir reduzir custos nesta produção; ao mesmo tempo, interessa ao fornecedor uma maior conexão com o comprador para o escoamento da produção e redução de riscos inerentes ao mercado. Fundos de investimento internacionais têm buscado parceiros para investir na construção civil no Brasil, uma vez que é necessário o auxílio daqueles que conhecem o mercado regional, ao passo que estes não possuem todos os recursos necessários para a empreitada. A *joint venture* pode ainda ser entabulada pela grande empresa de tecnologia que, para reduzir custos, cria uma parceria com uma empresa menor para desenvolvimento de novas tecnologias em um país com custos de produção menor. Ainda, este pode ser o meio pelo qual a empresa busque se associar ao governo para explorar as riquezas naturais proibidas de extração aos estrangeiros. Feitas essas ressalvas conceituais, passa-se ao objeto do presente artigo.

---

[8] FORGIONI, Paula. *Os Fundamentos do Antitruste*. São Paulo: Revista dos Tribunais, 1998, p.341-342.

II – Conflitos de interesse entre co-ventures

Sem a pretensão de oferecer todas as respostas a todos os possíveis problemas – até porque como a literatura de law and economics vem demonstrando que dada a limitação da racionalidade humana e da presença de custos de transação no mercado, os contratos são necessariamente indeterminados e relacionais[9] –, podem-se elencar alguns exemplos de possíveis zonas conflituosas já previamente imagináveis dada a experiência prática acumulada na área pela doutrina jurídica, uma vez que em contratos de longa duração alguns problemas tendem a se repetir e devem por isso ser identificados e solucionados *ex ante*, na medida do possível, pelos contratantes. Como não será possível resolver todos os problemas durante a negociação do contrato, as partes devem levar a sério a escolha do mecanismo de solução de controvérsias, especialmente porque nem todos os conflitos serão definitivos; alguns conflitos pontuais poderão ser resolvidos ao longo da relação, sem traumas, se o método de resolução de disputas for eficiente.

Joint ventures são pactos que tendem a levar a um conflito de interesses no longo prazo entre os co-venturers. Estatisticamente,[10] as *joint ventures* têm duração de sete anos. O prazo da convenção desta parceria, por si só, já pode ser fonte de discordância. Mas não só isso. Ao investidor estrangeiro que tem um parceiro nacional pode não interessar uma parceria de longo prazo. Neste período, poderá ele enxergar um novo mercado como interessante e investir ele mesmo para conquistá-lo, ou ele poderá desaprovar sua experiência neste novo local, e não mais será do seu interesse permanecer investindo lá. O nacional, por sua vez, não pretende concorrer com uma empresa que possuirá todo seu conhecimento das diferenças regionais. Esse pontencial conflito de interesses poderá inviabilizar uma exploração racional e eficiente do negócio pelas partes.

Em outra situação hipotética, haverá o caso da empresa privada que investe na parceria com a empresa estatal. Normalmente tais negócios são ligados à infra-estrutura ou extração de riquezas (petróleo, ferro, etc.), e necessitam grandes aportes financeiros. Neste caso, necessitam-se anos de investimento pesado para

---

[9] FARNSWORTH, Alan. *Contracts*. 4. ed. New York: Aspen, 2004, p. 29; COASE, Ronald. *The firm, the market and the law*. Chicago: University of Chicago Press, 1988; POSNER, Richard. *Economic analysis of law*. 7. ed. New York: Aspen, 2007; COOTER, Robert; ULEN, Thomas. *Law & economics*. Boston: Addison Wesley, 2003; POLINSKY, Mitchell. *Analisis economica del derecho*. Madrid: Ariel Ponz, 1994; SHAVELL, Steven. *Foundations of economic analysis of law*, cit. Na literature sociológica do Direito, ver MACNEIL, Ian. Reflections on relational contract theory after neo-classical seminar. *Implicit dimensions of contract*. Oxford: Hart Publishing, 2003, p. 207-218; MACNEIL, Ian. Contracts: adjustment of long-term economic relations under classical, neoclassical, and relational contract law. *Northwestern University Law Review*, v. 72, n. 6, 1978, p. 854. MACAULAY, Stewart. The use and non-use of contracts in the manufacturing industry. *The Practical Lawyer*, v. 9, n. 7, Londres: Legalease, 1963, p. 13; MACAULAY, Stewart. Relational contracts floating on a sea of custom? Thoughts about the ideas of Ian Macneil and Lisa Bernstein. *Northwestern University Law Review*, v. 94, 2000, Chicago, Northwestern Law School, p. 775; MACAULAY, Stewart. The real and the paper deal: empirical pictures of relationships, complexity and the urge for transparent simple rules. *Implicit dimensions of contract*. Oxford: Hart Publishing, 2003, p. 51-102.

[10] O'BRIEN, Clare. *International Joint venture*. New York: Pracitising Law Institute, 2002, p. 60.

que o retorno seja possível, obrigando que as partes acordem em longos prazos para tais convênios, de forma a viabilizá-los (como inclusive é o caso das PPPs). Por outro lado, as concessões de serviços públicos, usualmente, são mecanismos negociais que normalmente sofrem a pressão de usuários ou governantes populistas de terem o menor tempo possível de execução contratual ou ainda ao descumprimento dos contratos. É pertinente ressaltar que este tipo de *joint venture* é muito comum em países subdesenvolvidos e, por isso, mais propensos a instabilidades políticas que possam pretender alterar estes acordos, como inclusive aconteceu na Prefeitura de Porto Alegre no início dos anos 90 e no Governo do Estado do Paraná mais recentemente (sem deixar de lado os casos da Bolívia, Equador e Paraguai na área internacional).

Não só o tempo de duração, por si só, pode gerar problemas quanto ao negócio. A longa duração dessa associação, que é da essência deste tipo, pode gerar necessidades de adaptações econômico-financeiras ao acordo inicial. O exemplo do agronegócio é muito claro quanto à possibilidade de que motivos externos ao negócio (ligados a atos de governo ou da natureza) inviabilizem a manutenção da parceria como fora prevista no acordo inicial. Uma eventual seca pode determinar a impossibilidade de retorno dos lucros como fora aventado na contratação, ou exigir maiores investimentos das partes. São os típicos casos de caso fortuito e força maior previstos no artigo 393 do Código Civil. De outra parte, é possível que os constantes aportes financeiros por partes das investidoras que buscavam criar novas patentes através deste empreendimento comum devam ser redimensionadas em razão de uma eventual crise financeira mundial, que diminua a liquidez. Para este caso seria possível determinar uma cláusula de Hardship que é assim definida por Orlando Gomes:[11] "a cláusula que permite a revisão do contrato se sobrevierem circunstâncias que alterem substancialmente o equilíbrio primitivo das obrigações das partes", propondo desde o início do contrato como se dará uma eventual renegociação.[12]

Além do aspecto tempo como gerador de potenciais conflitos de interesse, há o aspecto político e problemático do controle. Genericamente falando, a *joint venture* tem entre suas características o compartilhamento de riscos, lucros e do controle. O conceito do 50/50 é muito comum na *joint venture*, e ele explica que as decisões e resultados serão fruto necessário do consenso das partes. No entanto, este compartilhamento do poder (como em uma sociedade ou casamento, que são outras modalidades de contratos relacionais) pode vir a se tornar no futuro a razão para conflitos e, conseqüentemente, para a redução do tempo de vida útil das *joint ventures*, segundo Dobkin.[13] Existem muitas *joint ventures* que unem

---

[11] GOMES, Orlando. *Novíssimas questões de direito civil*. São Paulo: Saraiva, 1988, p. 187. In: BAPTISTA, Luiz Olavo. Dos contratos internacionais: uma visão teórica e prática. São Paulo: Saraiva, 1994, p. 143.

[12] Sobre o tema, escrevemos já em TIMM, Luciano Benetti. A manutenção da relação contratual empresarial internacional de longa duração: o caso da hardship. *Revista Trimestral de Direito Civil*, v. 27, p. 235-246, 2006.

[13] DOBKIN, James A. et al. *International Joint ventures*. Washington D. C.: Federal Publications Inc., 1986, p.2-11. "*Joint venture* are frequently characterized by a 50/50 participate in which each partner contributes 50 percent of the equity in return for 50 percent participating control. The 50/50 arrangement is common in *joint*

concorrentes, acirrando ainda mais eventuais divergências. Quando não houver consenso entre duas partes iguais, como e quem decidirá? Deverão se buscar soluções desde já sobre qual a melhor forma de solucionar quando as divergências impossibilitarem a condução tranqüila da companhia e muitas vezes a melhor alternativa seria um acordo de acionistas e ou cotistas.[14]

Existem ainda inúmeros exemplos de *joint ventures* ligadas à produção de novas tecnologias. James Dobkin[15] inclusive afirma ser através de *joint ventures* a melhor forma de associação de empresas para produção de novas tecnologias. Os direitos econômicos da propriedade intelectual são, então, outros possíveis pontos de discórdia. Na vigência da *joint venture*, caso haja uma pessoa jurídica própria, provavelmente ela será a titular das patentes. Em caso de dissolução da mesma, ela deverá enfrentar um processo de liquidação tal qual uma companhia privada qualquer, e se foi bem-sucedida o grande espólio a ser disputado pelas parceiras de outrora será pelo uso e gozo comercial das inovações tecnológicas.

Há de se questionar ainda a propriedade intelectual sobre o *modus operandi* vigente na *joint venture*. É conhecido de todos que este pode ser, inclusive, o principal ativo das empresas. O toyotismo amplamente discutido, apreciado e invejado na indústria automobilística nada mais é que a forma pela qual a empresa se organiza internamente através dos seus processos. É também óbvio que a empresa não implementará no seu empreendimento comum com outrem, cujo intuito inicial é inovar tecnologicamente, processos industriais que ela mesma sabe defasados. Estes processos durante a vigência da *joint venture* provavelmente serão utilizados pela empresas contratantes. É possível também, que o maior interesse de uma das empresas seja exatamente esse, conhecer as tecnologias da parceira. E ao término, a empresa que "aprendeu" os processos, poderá utilizar-los na sua produção? Lembra Denis Barbosa[16] que a transferência de tecnologia não implica mudança de propriedade da mesma.

Existem ainda questões referentes ao sigilo;[17] se é evidente que as partes se obrigarão ao sigilo com relação a terceiros durante a vigência da *joint venture*, como isto se dará findada a mesma? A parte que não herdará as patentes poderá se utilizar das tecnologias para continuar a desenvolver a sua? E, se poderá utilizar, poderá também comercializar aquilo que é propriedade de outrem?

---

ventures. Such a equal participation has a number of advantages. Each *joint venture*r equally at risk, and is not subservient to the other *joint venture*r as would be the case where the majority control is vested in one party. Such a sharing of interest and control raises the possibility, however, of deadlock and early termination of the *joint venture* before its objectives have been acomplished".

[14] TIMM, Luciano Benetti; TELECHEA, R. Os acordos de acionistas e o uso de arbitragem como forma de resolução de conflitos societários. *Revista Brasileira de Arbitragem*, v. 15, p. 27-42, 2007.

[15] DOBKIN, James A. *International Technology Joint ventures in the Countries of the Pacific Rim*. Washington D. C.: Butterworths, 1998, p.1-24.

[16] BARBOSA, Denis Borges. *Uma Introdução à Propriedade Intelectual*. Rio de Janeiro: Lúmen Júris, 2003, p. 988.

[17] Idem, p 672.

No tocante às *joint ventures* internacionais, estas possuem um problema adicional na questão jurídica. As obrigações e regras contratuais devem ser pactuadas e construídas pelas partes. Na ausência disso, via de regra, haverá conflitos de lei e de jurisdição.[18] Resta evidente que deverá ser objeto de pactuação entre as partes qual será o foro adequado, bem como a lei que governará eventuais disputas. Nas *joint ventures* estrangeiras existe, também, o problema do possível desconhecimento da lei de um terceiro país, onde apenas as partes possuem filial comum, mas de forma alguma planejam que suas discussões societárias sejam discutidas naquele país. Há o receio comum nas *joint ventures* internacionais, onde o nacional conhece as leis, e a parte estrangeira não, sendo ainda possível de se falar em favorecimento ao nacional por juízes. Tal medo se revela ainda maior quando a parte for uma companhia estatal; pertinente é a dúvida se estaria o Poder Judiciário daquele país disposto a onerar em quantias vultuosas o tesouro nacional para que o convênio seja corretamente cumprido. A alternância do poder político por si só não é um problema para o contratante, mas o medo do privado é de que os futuros governantes possam querer rescindir os acordos arbitrariamente, utilizando até mesmo da força estatal.

Se os problemas mais freqüentes são em certo grau previsíveis em algumas situações, a forma mais eficiente de solucioná-los não o é. As partes sofrem limitações (cognitivas, informacionais, econômicas) para prever todos os problemas e sua forma de resolução ex ante. Daí a relevância na escolha no melhor método de solução de controvérsias dessa disputa, já que há riscos consideráveis de sua ocorrência. A sua eficiente solução poderá garantir a seqüência do negócio ou pelo menos que nenhuma das partes tenha um resultado absolutamente surpreendente.

Para todos esses potenciais problemas de futuros conflitos de interesse entendemos ser a arbitragem a melhor solução a ser eleita ex ante pelas partes em comparação com o judiciário estatal (cláusula de eleição de foro).

III – A via arbitral como melhor mecanismo de solução de controvérsias

A arbitragem é mais eficiente para resolver potenciais conflitos de interesse entre as partes de uma *joint venture* porque ela permite, *a priori*, uma solução mais próxima que as próprias partes dariam, caso estivessem em condições de confiança para uma negociação privada ex post do problema. Isso porque o árbitro atua de maneira diferente de um magistrado estatal. O árbitro será escolhido pela sua expertise e experiência na área, ao contrário de juiz estatal, normalmente

---

[18] Problemas esses já identificados em TIMM, Luciano Benetti. A cláusula de eleição de foro versus a cláusula arbitral em contratos internacionais: qual é a melhor opção para a solução de disputas entre as partes. *Revista de Arbitragem e Mediação.*, v. 10, p. 20-38, 2006.

escolhido para a causa mediante critérios de distribuição aleatória a fim de garantir sua imparcialidade. Tendo mais conhecimento do negócio, o árbitro melhor complementará as lacunas do contrato, interpretando-o mais proximamente às partes e ao mercado (ou seja, aos usos e costumes como prefere dispor o artigo 113 do Código Civil brasileiro). Como as partes não conseguem antever todos os possíveis problemas e a melhor forma de resolvê-los *ex ante*, a melhor solução é garantir o modo mais eficiente de solucioná-los quando do surgimento da disputa. Veremos porque a arbitragem seria o melhor caminho.

A arbitragem é o mecanismo de jurisdição privada que surge como alternativa à jurisdição estatal, para dirimir lides entre as partes sobre direitos disponíveis. Inegavelmente questões comerciais e societárias que venham a ser avençadas nas *joint ventures* enquadram-se nestes requisitos. Isto posto, a arbitragem surge como uma alternativa do ponto de vista jurídico. No Brasil, a arbitragem é disciplinada pela Lei 9.307/96 e pela Convenção de Nova Iorque de 1958, recepcionada no Brasil no ano de 2002 via Decreto Legislativo.

O consenso é necessário para negociação inicial sobre os termos e condições contratuais, mas é evidente que no momento de um eventual litígio a confiança e o espaço de negociação das partes, pelo menos em algum aspecto, ficam distanciados. Assim, faz-se necessário que na negociação da *joint venture* já se oportunize o debate do juízo arbitral a ser escolhido e determinado em cláusula compromissória inserida desde o primeiro documento formalizado entre as partes (ou seja, memorando de entendimentos, e sobretudo no acordo base). Há de se observar a necessidade da cláusula compromissória ser cheia, isto é, suficiente para que se designe o juízo arbitral; caso ela seja vazia ou patológica[19] o problema das partes será ainda maior.

Outro cuidado importante é que só existe arbitragem se houver consenso entre partes. Com efeito, não se pode esquecer que a mesma não possui regras de conexão tal qual o juízo estatal (na esteira do Código de Processo Civil, artigos 88 e 89). Não existe presunção de arbitragem, vigorando o princípio da força relativa dos contratos;[20] por este motivo, também os contratos satélites de *joint venture*, lastreados no acordo base, devem estar também com a cláusula compromissória designando, na medida do possível, o mesmo juízo arbitral, sob pena

---

[19] A cláusula vazia é aquela que não possui a informação completa para que seja, de plano, instituído o juízo arbitral, já a patológica é cláusula que possui erros que impossibilitam a formação do juízo, tais como apontar juízo arbitral inexistente.

[20] Em que pese o STJ, em situação bastante particular, entender que aquele que apresenta contestação no juízo arbitral sem mencionar impugnação do juízo está aceitando a competência do mesmo. SEC 856 / GB SENTENÇA ESTRANGEIRA CONTESTADA 2005/0031430-2 – Relator Ministro CARLOS ALBERTO MENEZES DIREITO – Data do Julgamento 18/05/2005 – Ementa – Sentença arbitral estrangeira. Cláusula compromissória. Contrato não assinado pela requerida. Comprovação do pacto. Ausência de elementos. 1. Tem-se como satisfeito o requisito da aceitação da convenção de arbitragem quando a parte requerida, de acordo com a prova dos autos, manifestou defesa no juízo arbitral, sem impugnar em nenhum momento a existência da cláusula compromissória. 2. Descabe examinar o mérito da sentença estrangeira no presente requerimento, na esteira de precedentes do Supremo Tribunal Federal.3. Homologação deferida.

de se entender a não presença da cláusula como a ausência de vontade das partes levarem a arbitragem às lides destes contratos específicos.

É inerente à *joint venture* a diferença de interesses das partes no médio prazo. O compartilhamento do poder decisório pode ser o catalisador para que essas diferenças tranquem a empreitada em razão do impasse. Murta[21] defende que a arbitragem pode ser instituída para decidir tais questões. Caberia ao árbitro, terceiro independente e de confiança de ambos contratantes, decidir, conforme o contrato estipular. Não se deveria oferecer tal possibilidade ao juízo estatal, já que a ele faltaria tempo e expertise para resolver eficientemente o problema. O(s) árbitro(s) especialista(s) e de confiança das partes é (são) a(s) pessoa(s) indicada(s) para resolver o conflito, sem que uma longa discussão judicial transforme os parceiros em inimigos. A possibilidade de escolha dos árbitros é crucial também para os casos que envolvem tecnologias de ponta. Faz-se óbvio que o juiz não pode (nem deveria se esperar de forma diversa) dar uma resposta para o caso com a qualidade que um grupo de árbitros que conhecem o direito envolvido e a parte tecnológica conseguirão. A especialidade do árbitro a ser escolhido conforme a causa é argumento suficiente para preferir o juízo arbitral ao juízo estatal nas questões que envolvam complexidade e necessitem maior envolvimento do julgador com a causa em questão. A possibilidade de escolha de trio de árbitros é muito oportuna, permitindo um julgamento por árbitros que possuem conhecimentos distintos entre si; além daqueles que conhecem a lei permite-se a inclusão de profissionais com expertise na área em apreciação. Desta forma, não se exclui a possibilidade de laudos periciais oferecidos pelas partes, mas permite-se que se escolham julgadores que possam, de fato, apreciá-los corretamente e emitir uma decisão abalizada sobre o mérito da questão.

Habitualmente, as tecnologias inovadoras são mais valiosas quando exclusivas. O litígio entre as partes pode obrigar que questões técnicas venham aos autos para que os julgadores as conheçam. O juízo estatal é público por excelência, e tal situação pode criar graves desconfortos às partes. Em razão disso, a discrição da arbitragem é um ponto extremamente positivo, uma vez que não há nenhuma obrigação de publicização das decisões nem dos documentos utilizados para tanto. Ademais, os co-ventures podem possuir, e isto é bastante corriqueiro, capital aberto na Bolsa de Valores. Nestes casos, toda e qualquer discussão deve ser mantida com a maior privacidade possível (pois discussões sobre o dever de transparência frente ao acionista da companhia), uma vez que conflitos societários são, no mais das vezes, mal vistos pelos analistas econômico-financeiros, podendo repercutir negativamente no valor da companhia. Enquanto a publicidade do Poder Judiciário é um dever público, a confidencialidade da arbitragem é uma garantia e uma faculdade das partes que pesa a favor do instituto, conforme George Yates III.[22]

---

[21] MURTA, Roberto de Oliveira. *Contratos em Comércio Exterior*. 2.ed. São Paulo: Aduaneiras, 1998. p. 168
[22] YATES III, George T. Arbitration or Court Litigation for Private International Dispute Resolution: the lesser of two evils In: CARBONNEAU, Thomas E. *Resolving Transnational Disputes Through Arbitration*. EUA:

Como visto, a duração do tempo em que o pacto será executado é possível ser motivo de dissonância. Se o tempo do contrato pode ser uma fonte de problemas, será agravado caso seja discutido no juízo estatal. Estudos estatísticos apontam para mais de 2700[23] dias, em média, para soluções de conflitos societários no somatório dos diversos graus de recursos. Os recursos processuais da legislação brasileira permitem a eternização da lide; no juízo arbitral, em princípio, é inviável o recurso à instância superior pela própria essência do instituto, que não contempla o segundo grau de jurisdição. A celeridade que os árbitros, que possuem condição de se dedicar com exclusividade a estas causas, imprimem ao processo arbitral permite acesso a justiça em tempo hábil, e como asseverou o ilustre Ministro Vidigal,[24] a justiça promovida pelo Estado, na lentidão feita em nossa pátria, traduz-se em ineficiência e injustiça.

Em um processo judicial entre sócios que dure anos, não importa qual seja a determinação final, todos os co-venturers sairão perdendo. A sentença arbitral produz os mesmos efeitos da sentença judicial, entretanto é possível determinar previamente o limite para duração do tribunal de arbitragem, acelerando o processo e maximizando positivamente os efeitos da decisão.[25] José Garcez credita à arbitragem, ainda, maior efetividade[26] das decisões, uma vez que o cumprimento espontâneo da sentença arbitral é, percentualmente, muito mais elevado que aquele encontrado na sentença judicial.

Quando as partes, por seus motivos particulares, acharem necessário que a lei que regerá o contrato seja estrangeira, mister que o juízo seja arbitral, e que os árbitros escolhidos conheçam aquela lei. É absoluta a flexibilidade de escolha da lei aplicada pelos árbitros, permitindo, inclusive, que seja aplicado ao caso concreto a eqüidade ou a lex mercatoria. Este caso solucionará os problemas dos investidores estrangeiros com filial comum no Brasil, mas, que não gostariam de estarem atados a lei que não conheçam. No tocante à internacionalidade da arbitragem, é oportuno lembrar que o conceito de arbitragem estrangeira, conforme o art. 34,[27] parágrafo único, da Lei da Arbitragem é geográfico; isso significa que

---

University Press of Virginia, 1984, p.230-231

[23] Estudo da Fundação Getúlio Vargas aponta para processos societários no Tribunal de Justiça de São Paulo (primeira e segunda instância) com tempo de duração mínimo de 233 dias e máximo 3.993; aqueles que envolviam mercado de capitais tiveram duração de 888 dias até 5.049 dias, com tempo médio de 2.618; No Superior Tribunal de Justiça o tempo médio para Recursos Especiais de Justiça foi de 801 dias. O somatório temporal consiste em média superior a 2.700 dias. Vide Revista da Escola de Direito da Fundação Getúlio Vargas apud TIMM, Luciano Benetti; Eduardo Jobim. A arbitragem, os contratos empresariais e a Interpretação Econômica do Direito. *Direito & Justiça*, v. 33, p. 80-97, 2007.

[24] Entrevista do Ministro Edison Vidigal ao jornal O Povo, reproduzida por NEVES, Flávia Bittar. A Visão Empresarial da Arbitragem: Como a Administração de Conflitos pode Melhorar os Resultados Econômicos e Não-Econômicos do Negócio? *Revista Brasileira de Arbitragem*, n. 9, v. 2, jan-mar Porto Alegre, 2006, p.38.

[25] O art. 23 da Lei 9.307/96 afirma ser uma faculdade das partes definirem o prazo de duração da arbitragem; em caso de silêncio do contratantes a lei estipula o prazo de 6 meses.

[26] GARCEZ, José Maria Rossani. *Arbitragem Nacional e Internacional*: progressos recentes. Belo Horizonte: Del Rey, 2007, p.31

[27] Art. 34, parágrafo único, da Lei 9307/96: "Considera-se sentença arbitral estrangeira a que tenha sido proferida fora do território nacional"

mesmo que o juízo arbitral possua árbitros, partes e/ou lei estrangeira, o julgamento prescindirá de homologação junto ao STJ caso seja proferido no Brasil. Tal dispositivo permite, então, a um árbitro estrangeiro proferir uma decisão sem que ela necessite de homologação judicial (observando-se os limites lingüísticos e jurídicos), agilizando o processo arbitral feito nos limites territoriais do país, mesmo caso a lei escolhida seja estrangeira.

O problema do interesse, ainda que não expresso, do Poder Judiciário em não onerar à Administração Pública faz com que, em *joint ventures* que contratem privados e empresas estatais, a escolha de árbitro de comum acordo seja o caminho adequado para que o contrato seja respeitado, nunca em detrimento da parte "A" ou "B". Há razoável receio que a justiça promovida pelo Estado o favoreça indevidamente em um litígio. Neste sentido, Marilda Ribeiro[28] afirma que "a arbitragem é um importante atrativo aos investidores estrangeiros, sempre preocupados com a neutralidade e imparcialidade dos tribunais dos países hospedeiros para a solução dos conflitos". Leciona José Garcez[29] que no âmbito internacional há um "vetor orientado fortemente" para escolha da arbitragem como alternativa adequada para resolução de conflitos em contratos internacionais, onde em 80% ou mais dos casos, em função do intuito da comunidade internacional de negócios neutralizar a influência dos foros regionais, escolhe-se a alternativa da privatização da justiça.Não se deve esquecer que, mesmo que a empresa nacional não seja estatal, os juízes pátrios em quantidade considerável, conforme consta em estudo[30] sobre o tema, tem preferido aplicar uma justiça social desprezando a norma entre as partes contratadas e a letra da lei. Diante dessa "humanização"[31] da justiça, existe uma fuga à arbitragem como mecanismo de proteção ao *pacta sunt servanda*. Assim, a arbitragem seria uma alternativa à imprevisibilidade do julgamento estatal, obrigando as partes ao estipulado no contrato.

Os custos de uma arbitragem seria um empecilho para a preferência pelo juízo arbitral em detrimento do estatal. De fato, não é através da arbitragem que se dará o acesso à justiça da população pobre; em nenhum momento defende-se que o Estado abdique por completo da tutela jurisdicional sobre os cidadãos. Também não se defende a arbitragem como panacéia de todos os males. O alto preço da arbitragem se dá por conta de seus custos de administração do procedimento pela secretaria da Câmara eleita pelas partes e, sobretudo, pelos honorários dos árbitros; uma vez que os valores em questão sejam de soma de maior impor-

---

[28] RIBEIRO, Marilda Rosado de Sá. *Direito do Petróleo:* as *joint ventures* na indústria do petróleo. Rio de Janeiro: Renovar, 2003, p. 366.
[29] GARCEZ, José Maria Rossani. *Arbitragem Nacional e Internacional*: progressos recentes. Belo Horizonte: Del Rey, 2007, p.30.
[30] PINHEIRO, Armando Castelar *apud* MACHADO, Rafael Bicca. *A arbitragem como opção de saída para a resolução de conflitos empresariais* p.57. Disponível em:<http://tede.pucrs.br/tde_busca/arquivo.php?codArquivo=635>. Acesso em 30 set 2008.
[31] TIMM, Luciano Benetti. Aspectos Gerais: pressupostos teóricos do novo Código Civil. In: TIMM, Luciano Benetti. *O Novo Direito Civil:* ensaios sobre o mercado, a reprivatização do direito civil e a privatização do direito público. Porto Alegre: Livraria do Advogado, 2008a, p.54

tância, o tempo de uma disputa judicial poderia corroer os recursos, aumentando o custo de transação e o custo de oportunidade das partes. Diante deste fato, não há de se falar em alto custo para os co-ventures, assim como não se defenderá que a arbitragem é mais barata; o que é importante às partes é o custo-benefício dessa alternativa. Do que adianta um barato e longo processo judicial? Este sim é o argumento preponderante.

Eduardo da Silva expõe a arbitragem enquanto uma relação negocial, explicando ainda que por este dispositivo permeie uma noção de confiança.[32] Entendemos a arbitragem como fruto da liberdade de escolha da parte, mas é inegável que diante deste cenário de morosidade do Poder Judiciário, a alternativa da cláusula compromissória deve ser encarada ainda como um gesto de confiança no projeto da *joint venture*, posto que auxilie na viabilização da mesma no futuro.

Conclusão

Por fim, as *joint ventures* são instrumentos para as empresas realizarem parcerias na busca de novos mercados e produtos, aumentando seu poder e sua eficiência frente a sua concorrência. Tal ferramenta pode ser a oportunidade das empresas buscarem seus objetivos de neutralizar a concorrência, diminuir custos de produção, unir esforços em busca de novas tecnologias, aproveitar oportunidades no exterior, seja com entes privados ou públicos, dentre outros, mas é necessário que estejam os co-ventures atentos ao fato de que estes contratos de parceria de longa duração podem levar a conflitos. Não obstante, deve-se atentar que as razões que envolvem a contratação de uma *joint venture* são mercadológicas, necessitando que as decisões para os litígios possuam a velocidade e a expertise exigida por este mercado globalizado, respeitando seus usos e costumes.

Problemas ocorrerão durante o tempo de duração do negócio. Alguns problemas são previsíveis pelas partes, mas é cognitiva e economicamente impossível às partes preverem ex ante a forma mais eficiente de sua solução. Isso torna fundamental, portanto, a escolha de um adequado mecanismo de resolução de disputas *ex post*.

Dessa forma, expertise e agilidade na decisão que julga o litígio entre as partes de uma *joint venture* estimulam para que se opte, ex ante, pela via arbitral inserta em cláusula compromissória. São raras as situações ex post em que as partes conseguirão resolver suas disputas pela arbitragem sem uma cláusula arbitral previamente negociada. Quando a *joint venture* for internacional, para que se possa equilibrar a disputa sem que se acresça no risco de favorecimento ao nacional, o juízo arbitral parece ser a solução adequada, uma vez que os árbi-

---

[32] SILVA, Eduardo Silva da. *Arbitragem e Direito da Empresa*. Porto Alegre: Revista dos Tribunais, 2003, p. 160.

tros serão escolhidos em conjunto e da confiança dos co-ventures. Tal problema acentua-se quando uma das partes for o próprio governo, através de suas estatais, sendo então recomendável a inclusão da cláusula compromissória no contrato, inclusive, para os nacionais que formalizam parcerias com as empresas do Estado. Além disso, quando envolvidas em litígio, as *joint ventures* que empregam alta tecnologia demandam que os julgadores possuam os conhecimentos adequados na área, o que é possível através da livre escolha dos árbitros.

O Poder Judiciário é ineficaz para dirimir lides complexas em tempo hábil e possui características próprias, tais como a publicização de seus atos, que não se pode evitar a fim de priorizar o interesse das partes. Não se deve esquecer ainda que a escolha dos árbitros especialistas permite uma maior acuidade da decisão. Diante de tais problemas as empresas devem buscar soluções eficientes para problemas que enfrentarão no futuro; defendemos a inserção da cláusula compromissória que prevê a arbitragem como a forma adequada para designar o juízo arbitral que resolverá as lides deste tipo de contrato que necessita fundamentalmente da celeridade, neutralidade e especialização dos árbitros em julgar, o que o juízo estatal não proporcionará às partes.

Bibliografia

AMARAL, Antonio Carlos Rodrigues do (coord.). *Direito do Comercial Internacional*: aspectos fundamentais. São Paulo: Aduaneiras, 2004.

ASTOLFI, Andrea. El contrato internacional de *joint venture*. In: *Revista del Derecho Comercial y de las Obligaciones*, Buenos Aires, n. 83, 1981.

BARBOSA, Denis Borges. *Uma Introdução à Propriedade Intelectual*. Rio de Janeiro: Lúmen Júris, 2003.

COASE, Ronald. *The firm, the market and the law*. Chicago: University of Chicago Press, 1988.

COOTER, Robert; ULEN, Thomas. *Law & economics*. Boston: Addison Wesley, 2003.

DOBKIN, James A. *International Technology Joint ventures in the Countries of the Pacific Rim*. Washington D. C.: Butterworths, 1998.

DOBKIN, James A. et al. *International Joint ventures*. Washington D. C.: Federal Publications Inc., 1986, p.2-11

FARINA, Juan. *Contratos Comerciales Modernos*: modalidades de contratacion empresaria. Buenos Aires: Astrea, 2005.

FARNSWORTH, Alan. *Contracts*. 4. ed. New York: Aspen, 2004, p. 29.

FORGIONI, Paula. *Os Fundamentos do Antitruste*. São Paulo: Revista dos Tribunais, 1998.

GARCEZ, José Maria Rossani. *Arbitragem Nacional e Internacional*: progressos recentes. Belo Horizonte: Del Rey, 2007

MACAULAY, Stewart. The use and non-use of contracts in the manufacturing industry. *The Practical Lawyer*, v. 9, n. 7, Londres: Legalease, 1963.

——. The real and the paper deal: empirical pictures of relationships, complexity and the urge for transparent simple rules. In: *Implicit dimensions of contract*. Oxford: Hart Publishing, 2003

——. Relational contracts floating on a sea of custom? Thoughts about the ideas of Ian Macneil and Lisa Bernstein. In: *Northwestern University Law Review*, v. 94, 2000, Chicago, Northwestern Law School.

MACHADO, Rafael Bicca. *A arbitragem como opção de saída para a resolução de conflitos empresariais*, p. 57. Disponível em: <http://tede.pucrs.br/tde_busca/arquivo.php?codArquivo=635>. Acesso em 30 dez 2008.

MACNEIL, Ian. Contracts: adjustment of long-term economic relations under classical, neoclassical, and relational contract law. In: *Northwestern University Law Review*, v. 72, n. 6, 1978.

——. Reflections on relational contract theory after neo-classical seminar. In: *Implicit dimensions of contract*. Oxford: Hart Publishing, 2003, p. 207-218.

MURTA, Roberto de Oliveira. *Contratos em Comércio Exterior*. São Paulo: Aduaneiras, 1998.

NEVES, Flávia Bittar. A Visão Empresarial da Arbitragem: Como a Administração de Conflitos pode Melhorar os Resultados Econômicos e Não-Econômicos do Negócio? In: *Revista Brasileira de Arbitragem*, n. 9, v. 2, jan-mar Porto Alegre, 2006.

O'BRIEN, Clare. *International Joint venture*. New York: Pracitising Law Institute, 2002.

POLINSKY, Mitchell. *Analisis economica del derecho*. Madrid: Ariel Ponz, 1994.

POSNER, Richard. *Economic analysis of law*. 7. ed. New York: Aspen, 2007.

SHAVELL, Steven. *Foundations of economic analysis of law*.

RIBEIRO, Marilda Rosado de Sá. *Direito do Petróleo:* as *joint ventures* na indústria do petróleo. Rio de Janeiro: Renovar, 2003.

SILVA, Eduardo Silva da. *Arbitragem e Direito da Empresa*. Porto Alegre: Revista dos Tribunais, 2003.

TIMM, Luciano Benetti. A manutenção da relação contratual empresarial internacional de longa duração: o caso da hardship. In: *Revista Trimestral de Direito Civil*. v.27, p.235 – 246, 2006.

——. A cláusula de eleição de foro versus a cláusula arbitral em contratos internacionais: qual é a melhor opção para a solução de disputas entre as partes. In: *Revista de Arbitragem e Mediação.* , v.10, p.20 – 38, 2006.

——. Aspectos Gerais: pressupostos teóricos do novo Código Civil. In: TIMM, Luciano Benetti. *O Novo Direito Civil:* ensaios sobre o mercado, a reprivatização do direito civil e a privatização do direito público. Porto Alegre: Livraria do Advogado, 2008a.

——; Eduardo Jobim. A arbitragem, os contratos empresariais e a Interpretação Econômica do Direito. In: *Direito & Justiça*, v. 33, p. 80-97, 2007.

YATES III, George T. Arbitration or Court Litigation for Private International Dispute Resolution: the lesser of two evils In: CARBONNEAU, Thomas E. *Resolving Transnational Disputes Through Arbitration*. EUA: University Press of Virginia, 1984.

VENOSA, Silvio de Salvo. *Direito Civil:* teoria geral das obrigações e teoria geral dos contratos. 6. ed. São Paulo: Atlas, v.2, 2006.

— 6 —

Arbitragem nos contratos de franquia[1]

Sumário: Introdução; I. Do contrato de franquia e suas características; A) Pressupostos conceituais; 1. Conceito; 2. Tipos de franquia; 3. Vantagens e distinções; 4. Características; B) Requisitos legais para a formação do contrato; 1. Circular de oferta de franquia; 2. Pré-contrato; 3. Do contrato definitivo; II. Arbitragem nos contratos de franquia; A) Análise econômica da arbitragem nos contratos de franquia; B) A visão Empresarial da Arbitragem; C) Inclusão da cláusula compromissória e panorama jurisprudencial; Conclusão; Referências Bibliográficas.

Introdução

Este artigo tem como objetivo fazer uma análise da utilização da arbitragem como meio de resolução de conflitos em franqueador e franqueado nos contratos de franquia empresarial. Entendemos ser necessário este estudo visto a importância da franquia ou *franchising*, como canal de distribuição de serviços e produtos em nosso país, tendo hoje mais de 65.500 unidades em todo território nacional. Conforme dados da ABF (Associação Brasileira de *Franchising*), o faturamento desse seguimento em 2007 ultrapassou os R$ 46 bilhões, sendo que em 2001 esse número não passava de R$ 25 bilhões.

Já a arbitragem, hoje amplamente usada em contatos internacionais, há algum tempo se consolidou em nosso país como via paralela à estatal de resolução de conflitos, mostrando grandes vantagens a empresários que, em virtude de estarem insatisfeitos com a morosidade de nosso judiciário, optam por um caminho mais célere, sigiloso e menos custoso.

A franquia no formato que é conhecida hoje passa a se desenvolver no período pós Segunda Guerra, onde os combates que retornavam aos EUA tinham dificuldades de ingressarem novamente no mercado de trabalho, e viram no *business format francising* uma saída de baixos investimentos e que dispensava maiores experiências. Já a arbitragem passa a ganhar força mundialmente após o Protocolo de Genebra, de junho de 1923, e posteriormente com a Convenção de Nova Iorque, de 1958. A par dessa normativa internacional, diversas legislações

---
[1] Em co-autoria com Lucas de Souza Dias – Membro do Grupo de Pesquisas em Arbitragem e de Direito e Economia da PUCRS. Agracedemos aos Professores Fernando Fabris e Guilherme Jaeger da PUCRS, que leram os originais para a Banca de Defesa de Monografia de Conclusão de curso que foi a base para o presente artigo. Agradecemos também ao Professor Maurício Prado, que deu sugestões durante sua estadia em seminário sobre arbitragem na PUCRS em 2008 em evento promovido pela OAB/RS e CBar.

domésticas consagraram o instituto da arbitragem, de um lado; e de outro lado, muitos legisladores passaram a tratar do contrato de franquia.

Da tentativa de unir esses dois institutos nasceram alguns questionamentos como: é possível a resolução de conflitos, advindos de um contrato de franquia, através da arbitragem? Quais vantagens a arbitragem pode proporcionar para uma solução menos custosa? Podemos definir já na fase da contratação, a opção pela arbitragem em algum eventual futuro litígio? Qual a maneira mais adequada?

Para tanto, faremos uma análise da doutrina atual especializada e um panorama de decisões jurisprudenciais a respeito de nossos questionamentos. Iniciaremos através de uma análise da franquia e seu contrato, começando por sua conceituação e definição de suas múltiplas formas. Nesse ponto, usaremos como base para suas distinções os critérios quanto à forma de gestão empresarial, quanto ao âmbito do contrato e quanto à natureza do franqueado. Ainda neste capítulo, definiremos as características do contrato e seus elementos essenciais, fazendo também uma análise da Circular Oferta de Franquia, do pré-contrato de franquia.

No segundo capítulo, faremos a análise econômica da arbitragem, partindo da premissa da Análise Econômica do Direito (*Law & Economics*), mostrando também através de uma pesquisa realizada pela AAA (*American Arbitration Association*) a visão empresarial da arbitragem e suas vantagens como meio de administração empresarial. Finalizaremos com um estudo da jurisprudência atual acerca da utilização da arbitragem nos contratos de franquia.

I. Do contrato de franquia e suas características

A) Pressupostos conceituais

1. Conceito

Neste tópico, faremos um apanhado de diferentes definições de franquia, a fim de termos uma idéia completa de seu conceito, já que é fundamental na realização deste estudo. De acordo com a Lei 8.955/94, art. 2º, franquia empresarial é o sistema pelo qual um Franqueador cede ao Franqueado o direito de uso de marca ou patente, associado ao direito de distribuição exclusiva ou semi-exclusiva de produtos ou serviços e, eventualmente, também ao direito de uso de tecnologia de implantação e administração de negócio ou sistema operacional desenvolvidos ou detidos pelo Franqueador, mediante remuneração direta ou indireta, sem que, no entanto, fique caracterizado vínculo empregatício.

Para Gomes (1999, p. 467), o contrato de franquia é a operação pela qual um empresário concede a outro o direito de usar a marca de um produto seu com assistência técnica para sua comercialização. Já para Jorge Pereira Andrade

(1998), franquia é o conceito pelo qual uma empresa industrial, comercial ou de serviços, detentora de uma atividade mercadológica vitoriosa, com marca notória ou nome comercial idem (franqueadora), permite a uma pessoa física ou jurídica (franqueada), por tempo e área geográfica exclusivos e determinados, seu uso, para venda ou fabricação de seus produtos e/ou serviços mediante uma taxa inicial e porcentagem mensal sobre o movimento de vendas, oferecendo em troca todo seu *know-how* administrativo, de *marketing* e publicidade, exigindo em contrapartida um absoluto atendimento a suas regras e normas, permitindo ou não subfranquia.

Segundo Jorge Lobo (1997, p. 26), *franchising* é o contrato de cessão temporário de uso de marca, para fabricação ou venda de produtos ou serviços, que o franqueador faz ao franqueado, com ou sem exclusividade em determinada zona geográfica, mediante remuneração, que pode consistir numa taxa inicial de ingresso, num percentual sobre o faturamento, ou de ambos, com a garantia de assistência técnica, podendo, ainda, abranger, conforme o tipo de atividade, a elaboração de um projeto para construção e reforma das instalações do estabelecimento, mobiliário, cores, maquinaria etc. (*engineering*), o treinamento do pessoal do franqueado e montagem da organização contábil e administrativa (*management*), além do estudo do mercado em potencial, publicidade, vendas promocionais e lançamento de produtos (*marketing*).

Ana Cláudia Redecker (2002, p. 39) define franquia como uma forma de colaboração comercial entre empreendedores independentes, regulada por um contrato, no qual uma parte (franqueador) concede a uma ou mais pessoas físicas ou jurídicas (franqueados) o direito de utilizar a própria razão social e/ou a própria marca e, eventualmente, outros sinais distintivos, para a venda de produtos ou prestação de serviços, sobre a base de um conceito previamente desenvolvido e consolidado no mercado, com assistência técnica para sua comercialização, sem vínculo de subordinação, através do recíproco interesse, recebendo em troca uma taxa inicial e porcentagem mensal sobre o movimento de vendas.

2. Tipos de Franquia

Quanto aos tipos de franquia, verifica-se que não há na doutrina um consenso quanto às formas de classificação do sistema de franquia. Assim, adotamos o modelo usado pela Professora Ana Cláudia Redecker (2002, p. 58), que defende a sua classificação sob três aspectos: a) quanto à forma de gestão empresarial; b) quanto ao âmbito do contrato; c) quanto à natureza do franqueado.

Sobre a forma de gestão empresarial, podemos distingui-la em: franquia de marca ou de produto e franquia do negócio formatado (*business format franchising*). A franquia de marca e de produto destina-se aos contratos de venda dirigidos a empresas interessadas em comprar ou vender produtos ou serviços exclusivamente de uma mesma marca. Sendo os bens produzidos pelo franqueador ou por terceiro e repassados ao franqueado para revendê-los ao consumidor final.

Esse tipo de franquia é muito utilizado no setor automobilístico, nas engarrafadoras de bebidas e nos postos de gasolina.

A franquia do negócio formatado ou *business format franchising* é sistema pelo qual o franqueador transfere a seus franqueados toda a competência por ele desenvolvida em tudo que diz respeito à implantação e operação de um negócio de sucesso, geralmente em nível varejista.

Quanto ao âmbito do contrato, a franquia pode ser: franquia-mestre (*Master Franchising*), franquia de desenvolvimento de área (*area development Franchise*) e franquia de canto (*corner Franchise*).

A franquia-mestre é o meio de desenvolvimento de um sistema de franquia, simultaneamente em paralelo, em vários mercados, mediante a associação para exploração de uma área cuja ocupação demanda recursos que não estejam diretamente disponíveis pelo franqueador. Isso acontece Independente de seu tamanho ou do fato de implicar uma dispersão indesejada de esforços do franqueador, ocupando-se pela forma convencional de franquia unitária (Lobo, 1997).

Já na franquia de desenvolvimento de área, um franqueador contrata um franqueado para que este, por si, desenvolva os pontos de venda a serem franqueados em áreas determinadas do estado ou país. Redecker (2002, p. 62) diferencia com relação à *master* franquia, dizendo que, na franquia de desenvolvimento de área, o franqueado (área rep) não tem o direito de assinar os contratos com os franqueados; nessa modalidade, todos os contratos de franquia são estipulados diretamente entre franqueador e franqueado.

Conforme Redecker, na Franquia de Canto, um comerciante tradicional aceita dedicar-se em parte a um ângulo da superfície do seu próprio negócio para venda de produtos fabricados ou selecionados pelo franqueador. Como exemplo, temos os balcões de venda de produtos em grandes lojas. O franqueador contrata com o franqueado para a montagem e desenvolvimento do negócio em pequenos espaços, no interior de *shopping centers* ou locais de grande movimento.

Quanto à natureza do franqueado, temos a seguinte subdivisão (Leite, 1990 e Filho, A. 1990 e 1997):

- Franquia de Produtos – produção de bens pelo franqueador ou por terceiros licenciados sob supervisão plena deste, e entregue ao franqueado apenas para comercialização, de forma exclusiva. Exemplo: lojas Datelli e o boticário.
- Franquia de serviços – neste tipo, o franqueador oferece uma forma original, pessoal e diferente de prestação de serviços, em que o franqueador poderá, através dos meios colocados a sua disposição, oferecer ao consumidor final os mesmos serviços devidamente formatados, obedecendo àqueles padrões que o tronaram famoso aos olhos do consumidor. Exemplo clássico: Yázigi.
- Franquia de distribuição – neste tipo, o franqueador não produz, visto que seleciona com rigor algumas empresas diversificadas para a execução e fabrico dos produtos, sob suas marcas e/ou insígnias. Aos franqueados cabe a distribuição desses produtos por meio de seus estabelecimentos, de acordo coma formatação feita pelo franqueador para necessária homogeneização. Exemplo: postos de gasolina.

• Franquia de indústria – os bens são produzidos pelo próprio franqueado numa unidade industrial de produção própria, após o franqueador ceder-lhes, além do direito ao uso da marca, a fórmula de fabricação do produto, com a transferência do *know-why* (técnica de engenharia de produção e processo para correta e adequada construção e operação da fábrica) e do *know-how* (técnica de comercialização e distribuição dos produtos) Ex.: Pepsi e Coca-cola.

3. Vantagens e Distinções

Após a análise dos tipos de franquia, podemos facilmente nos confundir ou simplesmente não acharmos diferenças entre a franquia e outros contratos. Comum é a idéia, à primeira vista, de o contrato de franquia ter as mesmas características do contrato de concessão comercial, por exemplo. Portanto, pretendemos fazer alguns comentários sobre a natureza do instituto, e suas distinções com relação a outros contratos.

Os contratos que visam à distribuição são aqueles que se destinam a dar forma a relações entre fabricante e seu revendedor, regendo as obrigações existentes entre eles, destinados a organizar a atividade de intermediação e venda da produção, levando-a até o consumidor final. São chamados de contratos de distribuição aqueles que estabelecem a obrigação de uma das partes em promover a venda dos produtos fornecidos pela outra parte, e cuja execução implica estipulação de regras gerais e prévias destinadas a regulamentar o relacionamento duradouro que se estabelece entre os contratantes.

Segundo Humberto Theodoro Junior (1997), os contratos de franquia e concessão comercial são considerados *contratos novos,* que sucederam contratos como de agência ou representação comercial, comissão e de corretagem, em função de que, após o surgimento de novas técnicas de gerenciamento de distribuição, tais como o *marketing,* planejamento e estratégia de vendas, estes se tornaram mesmos atrativos a um fornecedor que quisesse adotar uma política de uniformização da rede.

No contrato de concessão comercial ou de distribuição (Timm, 2008), o fabricante obriga-se a vender, continuadamente a um distribuidor que, por sua vez, se obriga a comparar com vantagens especiais, produtos de sua fabricação, para posterior revenda, em determinada zona.

Todavia, o contrato de franquia não possui somente a característica de ser um canal de distribuição ou de revenda. As obrigações impostas ao franqueador distinguem a franquia da concessão mercantil. Naquele contrato, há normalmente a transferência de algum tipo de tecnologia ou de conhecimento ou gestão agregada à concessão do uso da marca notória que identifica o franqueador. Ou seja, na franquia o franqueador obriga-se a transmitir ao franqueado "uma receita de sucesso", mantendo-a atualizada, com assistência continua, fato que inexiste nos contratos de concessão comercial.

Essa transferência da "receita de sucesso" na realidade é o grande diferencial da franquia dos outros tipos de contrato, além de se caracterizar como a principal vantagem que ele pode oferecer, dentre outras, ao franqueado. Pretendemos então citar algumas vantagens que a franquia pode proporcionar tanto ao franqueado como ao franqueador baseados em Simão Filho (1997).

Quanto ao franqueado, são vantagens: a) o prestígio da rede franqueadora, que já tem uma marca e reputação fortalecida junto aos consumidores; b) um sistema já desenvolvido e testado, tornando mais tranqüilo o manejo com as operações e maior facilidade para o início da atividade; c) assistência permanente que permite ao franqueado iniciar seu negócio sem nenhuma experiência anterior.

Ao franqueador existem também vantagens comerciais: a) expansão da rede e exploração de novos mercados não sendo necessários maiores investimentos; b) notoriedade da marca, uma vez que passa a atingir maior número de pessoas, tornando-se mais conhecida e popular; c) menor responsabilidade, uma vez que distintas as pessoas jurídicas de franqueado e franqueador, ficando o primeiro com encargos trabalhistas e previdenciários de seus funcionários; d) redução de custos, já que quanto mais franqueados maior será o rateio de gastos entre os participantes, como por exemplo o custo inerente à publicidade.

4. Características

Postos alguns pressupostos conceituais, finalizaremos esta unidade com as características do contrato de franquia, visto que pode ser classificado como bilateral, sinalagmático, típico, misto, *intuitu personae*, sucessivo, consensual, oneroso e negociável ou de adesão (divergem os autores).

A franquia seria bilateral por criar obrigações permanentes entre os participantes do negócio. As partes ocupam simultaneamente a dupla posição de credores e devedores. Ele é sinalagmático porque cada contratante conhece e identifica os seus próprios proveitos. A prestação corresponde a uma contraprestação em que há uma equivalência subjetiva.

Quanto à tipicidade, existem algumas divergências na doutrina. Estamos filiados à corrente que entende ser a franquia um contrato típico visto que a Lei 8.955/94 lhe deu este caráter. *Data venia*, discordamos de autores, como Luis Barroso (1997), que lhe negam a tipicidade, sob pressuposto de se tratarem de contratos nominados e atípicos.[2] Entendemos serem sinônimos os termos nominado e típico, ou seja, contratos que têm uma estrutura de direitos e obrigações legalmente definida.

Ele seria um contrato misto ou complexo (Barroso, 1997), na medida em que ele pode portar em seu bojo a comissão mercantil, a compra e venda, o co-

---

[2] Redecker ressalta que as expressões típico ou nominado e atípico ou inominado que comumente são empregadas como sinônimos não são devidamente utilizadas. Pedro Pais de Vasconcelos esclarece que a expressão "contratos inominados" e a expressão "contratos típicos", por exemplo, não correspondem a sinônimos, eis que os contratos inominados são aqueles que não possuem um *nomen juris* na lei e a tipicidade corresponde àqueles que têm na Lei uma Regulação própria, ou seja, um modelo típico de disciplina própria.

modato, a prestação de serviços de organização, a transferência de tecnologia, o *know-how*, o *engeneering*, o *management* e o *marketing*.

A franquia é *intuitu personae* porque o contrato é elaborado com franqueado eleito por processo seletivo, em que suas características pessoais é que determinam o motivo de sua aceitação ou eleição pelo franqueador, e só por sua causa existe o contrato. A franquia é ainda um contrato sucessivo (ou de longa duração ou ainda relacional), visto que o contrato de franquia não retrata, apenas, o início da operação; ele é de trato continuado, vai reger toda a convivência entre ambas as partes.

Sendo consensual e não formal, o contrato de franquia aperfeiçoa-se, apenas, com o consentimento, de ambas as partes, para a aquisição, modificação, resguardo ou extinção dos direitos nele aventados. Isso é confirmado pelo artigo 6 da Lei de Franquias que dispõe: "tendo [a franquia] validade independentemente de ser levado a registro perante cartório ou órgão público" (art. 6° citado, *in fine*).

O contrato de franquia é oneroso, dada a sua finalidade econômica, isto é, não se trata de um contrato benéfico movido pela liberalidade de uma das partes em favor da outra. Na franquia há perseguição de lucro e um negócio praticado por empresários, tendo riscos inerentes ao negócio formatado pelas partes.

Quanto ao contrato de franquia ser de adesão ou não, existe uma divergência muito forte na doutrina. Não são apenas nas relações de consumo que existem os contratos de adesão. Em relações empresariais também pode haver este tipo de contratação. Tanto é assim que o Código Civil (que é voltado para relações privadas que não as de consumo, inclusive as empresariais) tem artigos regulando esta modalidade contratual.[3]

Por contrato de adesão entende-se aqui aquela modalidade negocial em que o contrato é fechado por mera aceitação de uma proposta feita por outro contratante com maior poder de barganha e econômico, sem possibilidade efetiva de negociação (é o famoso "pegar ou largar" do ditado popular).

Nesse sentido, Caio Mário (2004) define como contratos de adesão aqueles que não resultam do livre debate entre as partes, mas provêm do fato de uma delas aceitar tacitamente cláusulas e condições previamente estabelecidas pela outra.

Segundo Orlando Gomes (1999), o contrato de adesão caracteriza-se por permitir que seu conteúdo seja pré-constituído por uma das partes, eliminada a livre discussão que precede normalmente à formação dos contratos, tendo um das partes de aceitar, em bloco, as cláusulas estabelecidas pela outra, aderindo a uma situação contratual que encontra definida em todos os seus termos. O consenti-

---

[3] Código Civil, Art. 423. Quando houver no contrato de adesão cláusulas ambíguas ou contraditórias, dever-se-á adotar a interpretação mais favorável ao aderente.

Art. 424. Nos contratos de adesão, são nulas as cláusulas que estipulem a renúncia antecipada do aderente a direito resultante da natureza do negócio.

mento manifesta-se como simples adesão a conteúdo preestabelecido em relação jurídica.

O mesmo autor defende ainda que é circunstância fundamental para caracterização do instituto que aquele a quem é proposto não pede deixar de contratar, porque tem necessidade de se satisfazer a um interesse que, por outro modo, não pode ser atendido. Essa idéia vem defender a diferença de *contrato de adesão* e *contrato por adesão*, sendo a distinção entre os o fato de que aquele tem a característica do monopólio de fato ou de direito, de uma das partes que elimina a concorrência para realizar o negócio jurídico. Todavia, essa discussão já se encontra superada após o Código de Defesa Consumidor, sendo as duas terminologias usadas igualmente para representar esse tipo de contrato.

Carlos Roberto Gonçalves faz a seguinte distinção entre contratos de adesão e os contratos paritários ou negociáveis:

> Contratos paritários são aqueles do tipo tradicional, em que as partes discutem livremente as condições, porque se encontram em situação de igualdade (par a par). Nessa modalidade, há uma fase de negociações preliminares, na qual as partes, encontrando-se em pé de igualdade, discutem as cláusulas e condições do negócio. (Gonçalves, 2004, p. 75)

O mesmo autor define contrato de adesão como:

> Contratos de adesão são aqueles que não permitem essa liberdade, devido à preponderância da vontade de um dos contratantes, que elabora todas as cláusulas. O outro adere ao modelo de contrato previamente confeccionado, não podendo modificá-las: aceita-as ou rejeita-as, de forma pura e simples, e em bloco, afastada qualquer alternativa de discussão. (Gonçalves, 2003, p. 75)

Os autores que acreditam ser a franquia um contrato de adesão defendem a idéia em virtude de que a parte economicamente mais forte (o franqueador) impõe à outra parte (o franqueado) a sua política: métodos de venda, promoções, preços, aparência de seu pessoal, etc., tanto que tais regras são impostas como cláusulas que beneficiam e protegem o seu sistema de franquia (Simão Filho, 1990 e Lobo 1997). Por isso inclusive alguns autores preferem dizer que na franquia há dependência econômica e não estritamente adesão na sua formulação corriqueira.

Já os que defendem a idéia de ser um contrato negociável ou paritário (Fiúza, 2000) entendem que no contrato de franquia há a discussão de cláusulas, como cláusulas de exclusividade de territorial, assim como cláusulas quanto à remuneração e quanto a valores de indenização quando da denúncia do contrato, sendo que estas podem ser discutidas e modificadas. Na verdade, acreditam ser um contrato com clausulas básicas, que são postas pelo franqueador ao franqueado visando a uma uniformidade dos contratos para a constituição de uma rede de lojas homogêneas, mas que, no entanto, podem ser modificadas nas tratativas negociais.

Para o Prof. Humberto Theodoro Junior (2007), a paridade de barganha existe, defendendo que o contrato de franquia é um contrato que se trava "entre profissionais, comerciantes e empresários, pessoas que, no discernimento, e quanto à capacidade de decisão, devem ser tratadas iguais". E que, no momento de formação do contrato, só haverá desigualdade capaz de viciar o livre arbítrio do franqueado se o franqueador sonegar alguma informação essencial e relevante ao exercício do pleno juízo de conveniência do negócio.

Os economistas preferem utilizar a expressão assimetria de informações para caracterizar aquela falha de mercado na qual uma das partes detém mais informações sobre o negócio do que a outra parte. A informação assimétrica pode ser prejudicial ao mercado, uma vez que os dados podem ser passados de forma imperfeita, incompletos e diferentes. Mansfield coloca que o desenvolvimento do mercado passa a ser ineficiente e seus resultados são vulneráveis e subestimados, gerando incertezas dentro do ambiente econômico (Mansfield, 2006).

George Arkelof (1970) contribui com os trabalhos e discussões sobre a informação assimétrica, ilustrando o famoso caso dos carros usados (limões), ou seja, carros com problemas mecânicos que somente são detectados após a sua compra. Aqui encontramos o fato de haver uma assimetria nas informações, pois o vendedor tem conhecimento dos defeitos e da qualidade do produto que está vendendo. O comprador encontra-se numa situação de incerteza, obscuridade, na medida em que não dispõe da informação perfeita sobre o carro. Dentro destas circunstâncias o comprador não tem ferramentas para melhor avaliar e discernir o bem que irá adquirir. Pode-se dizer que em posição semelhante estará o franqueado, que conhece muito menos o negócio do que o franqueador.

Visando a defender essa igualdade entre os contratantes, a Lei de franquia regulou algumas formas de o franqueado ter acesso a informações relacionadas ao franqueador, para que possa analisar a franquia com dados específicos e tirar suas conclusões. A esse documento deu-se o nome de Circular Oferta de Franquia, conforme veremos no próximo ponto.

A nossa posição quanto ao contrato de franquia ser ou não de adesão é, sem dúvida, reconhecer uma situação a prioristica de assimetria de informações em favor do franqueador, que, em caso de eventuais disputas deve fazer a prova do esclarecimento do franqueado em sua Circular de Oferta de Franquia. Sobre a natureza de adesão, entendemos que a discussão deve ser feita caso a caso, a luz de cada circunstância negocial, não se devendo tomar posição apriorística. Vale dizer, se antes da assinatura do contrato realmente houve realmente o debate em relação às cláusulas, com significativa e real possibilidade de negociação, o contrato deve ser considerado paritário. Porém, se somente houve a aceitação do franqueado, este será de adesão, aplicando-se as regras do Código Civil.

B) Requisitos legais para a formação do contrato

1. Circular de Oferta de Franquia

Como ensina o professor Luiz Felizardo Barroso:

> O contrato de franquia deve ser furto das negociações que o precederam, o contrato de franquia deve consagrar a transparência, a sinceridade, a lealdade e o respeito mútuo, que presidiram as relações iniciais entre franqueador e franqueado. Cada uma das partes ao assinar o contrato de Franquia deve

compreender, claramente, o que é que a outra está investindo na relação e o que pretende extrair dela, sem falsidade ou ilusões. (Barroso, 2003)

Partindo dessas premissas de transparência e sinceridade, a lei de franquia institui em seu art. 3º a oferta circular de franquia, um documento onde o franqueador transmite o seu conceito de negócio aos candidatos e os detalhes do sistema de franquia permitindo que o futuro franqueado tenha uma noção abrangente do sistema de franquia.

Segundo Redecker (2008, p. 80), a oferta circular de franquia tem sua origem no instrumento de *disclosure*, que surgiu nos Estados Unidos, na década de 30, quando, após a queda na Bolsa de Valores de New York, lançou-se o *Securities Act* de 1933, com o objetivo de obrigar as empresas a fornecerem ao público investidor as informações necessárias para que o acionista em potencial pudesse fazer a sua opção, com plena ciência da sua situação financeira. Tal princípio impregnou-se em todo o mercado de capitais do mundo, servindo de padrão de conduta paras empresas que dele participassem.

Na franquia, tal procedimento foi introduzido nos Estados Unidos em 21 de outubro de 1979, quando entrou em vigor a *Franchising and Business opportunity ventures trade regulations rule,* mais conhecida como *Full Disclosure Rule.* Em essência, a *Full Disclosure Rule* obriga o franqueador, que se prepara para iniciar o recrutamento de candidatos a franqueados, a revelar-lhes todas as informações acerca do negócio, de modo que lhes permita exercer sua opção com todo conhecimento de causa e total liberdade. Tais informações serão descritas no denominado *basic disclousure document,* que para nós se trata da Oferta Circular de Franquia.

Fundamental a regulamentação legal desse documento para a redução das informações assimétricas entre o franqueador e o franqueado, ou seja, o franqueado muitas vezes carente de experiência comercial e ansioso por ingressar nessa cadeia já estabelecida com êxito no mercado, muitas vezes deixa-se seduzir pelas ofertas incompletas e enganosas nas quais se superestima a rentabilidade e as vantagens da franquia e se ocultam as perdas.

Dessa forma, a Circular de Oferta de Franquia deve ter uma linguagem clara, acessível, onde o candidato pode (e deve) solicitar a os seus futuros franqueados alguns elementos ou procedimento, como ensina Luiz Felizardo Barroso (2002, p. 44):

- que lhes apresente um histórico de sua empresa, de seus negócios correlatos e, até, de suas vidas pessoais;
- que lhes exiba seus balanços e suas demonstrações financeiras dos últimos três anos;
- que lhes apresente a situação do registro de sua marca perante o INPI;
- que lhes trace um perfil do franqueado ideal que desejam, para que os franqueados em potencial possam enquadrar-se nele;
- que lhes prestem informações fidedignas de como está sua franquia no mercado, situações macro e microeconômicas, inclusive quanto à concorrência;

- que lhes diga quais os investimentos necessários à implantação do negócio e qual o capital de giro adequado, inclusive para seus sustento pessoal, até que a franquia comece a dar lucros.
- que lhes informem sobre quais os valores envolvidos, inclusive na aquisição do ponto, aproximadamente é claro, mas tendo em vista a região e a área necessárias à exploração do negócio, isto é, o tamanho da loja;
- também, quais os direitos e obrigações dele franqueador e quais os que esperam os franqueados em potencial;
- e, igualmente, quais as conseqüências que advirão se os franqueados em potencial quiserem deixar o negócio (isto porque ninguém deve entrar em negócio algum sem saber como e quanto lhe custará dele sair);
- quais as conseqüências que advirão da rescisão do contato, de parte a parte e qual o valor das multas previstas;
- para finalizar, todo franqueado em potencial deve solicitar a seu futuro franqueador que lhe forneça um modelo de contrato, a fim de que possa analisá-lo, prévia e cuidadosamente, em presença de seu advogado.

2. Pré-Contrato

Depois de analisada a circular de oferta pelo franqueado, e finda a parte de seleção e aceite pelo franqueador, estes poderão optar pela instituição de um pré-contrato[4] para que tanto o franqueador como o franqueado possam amoldar-se ao sistema operativo. Esse instrumento deverá ser firmado inicialmente, com validade limitada no tempo, que possibilita avaliar a capacitação do interessado para com o sistema operacional, possibilitando a este, por sua vez, a avaliação dos aspectos operacionais do pacote de *franchise* que está adquirindo. Isso reduz a possibilidade de insatisfação das partes em relação ao negócio empreendido.

Luiz Felizardo Barroso chama atenção para a importância do pré-contrato na negociação de cláusulas contratuais:

> Sendo o contrato de franquia um contrato de quase adesão, ou mais propriamente um contrato de cláusulas postas, o pré-contrato, ou o contrato preliminar, poderá ser útil na medida em que ele permitirá irem sendo negociadas certas cláusulas ou condições, que venham a diferir do contrato padrão, sem que se tenha que mutilá-lo, ou acompanhá-lo de inúmeras *side letters*, com as peculiaridades de cada franqueado, negociadas individualmente. (Barroso, 2002, p. 238)

Após passado o período de testes abrangidos pelo *pré-franchise*, o instrumento definitivo será assinado.

3. Do Contrato definitivo

Terminada a fase inicial de negociações, passando-se à fase de elaboração do contrato, perceberemos que este não tem um modelo universal, porém apresenta elementos básicos ou essenciais que o caracterizam. Barroso (2007, p. 62) ressalta que o prazo de duração é um desses elementos, podendo ser determinado

---

[4] Art. 462 do Código Civil. (O contrato preliminar, exceto quanto à forma, deve conter todos os requisitos essenciais ao contrato a ser celebrado.)

ou indeterminado. Sendo que se for feita a opção por um contrato de prazo determinado (mais usual) dever-se-á ter o cuidado para que nunca seja inferior ao do retorno do investimento feito na franquia.

Outro elemento característico são as condições financeiras representadas pela retribuição pecuniária que faz o franqueado ao franqueador, por meio do pagamento de taxas. São taxas básicas: o *Initial Fee* que seria a taxa para ingresso no sistema; e taxas periódicas que são os *royalties,* geralmente em percentual sobre o faturamento do franqueado, e taxas de publicidade e/ou *marketing*.

Essencial também a cláusula que regula a transferência ou cessão do *know-how,* sendo que o seu conteúdo variará em relação à natureza do produto ou serviço que se queira oferecer, podendo constituir não somente na cessão da licença de uma patente, na transmissão de um *know-how,* fórmula ou procedimento secreto, ou uso de um nome, marca ou modelo.

Quanto à exclusividade, Adalberto Simão Filho divide tal elemento em exclusividade territorial e de provisionamento (1997, p. 71).

A exclusividade territorial tem como grande interessado o franqueado, uma vez que ela delimitará o acesso de outros integrantes da rede à zona concedida. Protege-se, dessa forma, a possibilidade de uma concorrência danosa sobre o franqueado e racionaliza-se o processo distributivo, evitando até a saturação de pontos e mercado, quando bem aplicada. Já na exclusividade de provimento, o franqueado obriga-se a adquirir e revender os bens provisionados por seu franqueador. Tendo como primeira vista a de ser uma cláusula abusiva, na realidade é uma forma eficaz de padronização de serviços e produtos da rede de franquias.

E por último, o término do contrato, que se dará pela rescisão ou resolução ou pela resilição (via denúncia unilateral ou distrato). Será caso de rescisão, quando for iniciativa de uma das partes e resultar de inadimplemento de uma das cláusulas do contrato ou da lei.[5] Resilição ocorrerá em situações de extinção contratual como resultado da vontade da(s) parte(s).[6]

II. Arbitragem nos contratos de franquia

A) Análise econômica da arbitragem nos contratos de franquia

Neste capítulo, abordaremos as possíveis vantagens da arbitragem no contrato de franquia, do ponto de vista econômico, adotando a perspectiva da análise econômica do Direito (*Law & Economics*) como metodologia. Mostraremos que essa opção poderá diminuir os custos de transação, minimizando as perdas das

---

[5] Vide o caso de resolução no artigo 474 do Código Civil.

[6] Vide o caso de distrato no artigo 472 do Código Civil e de denúncia no artigo 473 do mesmo Código.

partes e maximizando seus lucros. Inicialmente, é necessário tecer algumas notas quanto à análise econômica do direito e a importância dos custos de transação.

Ronald Coase, em obra intitulada *The Nature of the Firm*, e mais tarde em *The Problem of Social Cost*, chamou atenção para importância dos custos de transação. Nesse sentido, Podemos definir como custos envolvidos em uma transação econômica todos os custos que o indivíduo incorre, em função dos relacionamentos que deve manter com os demais integrantes do sistema produtivo.

> Os custos de transação compreendem, portanto, os custos com a realização de cinco atividades que tendem a ser necessárias para viabilizar para viabilizar a concretização de uma transação. Primeiro, a atividade pela busca pela informação sobre regras de distribuição de preço e qualidade de mercadorias; sobre insumos de trabalho e a busca por potenciais compradores e vendedores, assim como de informação relevante sobre o comportamento desses agentes e a circunstância em que operam. Segundo, a atividade de negociação, que será necessária para determinar as verdadeiras intenções e os limites de compradores e vendedores na hipótese de a determinação dos preços serem endógena. Terceiro, a realização e a formalização dos contratos inclusive o registro nos órgãos competentes, de acordo com as normas legais. Quarto, o monitoramento dos parceiros contratuais como intuito de verificar se aquelas formas contratuais estão sendo devidamente cumpridas, e a proteção dos direitos de propriedade contra a expropriação por particulares ou o próprio setor público. Finalmente, a correta aplicação do contrato, bem como cobrança de indenização por prejuízo às partes faltantes ou que não tiverem seguido corretamente suas obrigações contratuais, e os esforços para recuperar controle de direito de propriedade que tenham sido parcial ou totalmente expropriados. (Pinheiro & Saddi, 2005, p. 61).

Pugliese e Salama (2008, p. 06) usam como exemplo de custos de transação os relacionados à solução de eventuais conflitos decorrentes de uma relação contratual. Quando analisa a conveniência e oportunidade de celebração de um contrato, o indivíduo leva em consideração, dentre outros fatores, os custos (i) de monitoramento do cumprimento do contrato pela outra parte (e.g. confirmação de pagamento das parcelas, ou aferição da qualidade do produto prometido) e (ii) a eficácia dos remédios oferecidos pela lei e pelo contrato para o caso de inadimplemento das obrigações assumidas. Quanto maiores os custos, menor o interesse do indivíduo em tomar parte no negócio jurídico.

Assim, devemos identificar qual alternativa poderá ser menos grave para agentes econômicos: será o ingresso de ação perante o Poder Judiciário ou seria menos custoso utilizar-se da arbitragem?

Fator importante para a diminuição dos custos de transação, e conseqüentemente economia para as partes, é a especialização dos árbitros. Uma das vantagens da arbitragem é a possibilidade de utilização de árbitros que tenham familiaridade com a matéria objeto da controvérsia. Ao contrário do juiz estatal, o árbitro pode ter formação específica em área técnica que interessa diretamente ao objeto da arbitragem. É razoável supor, por exemplo, que o árbitro com anos de experiência na indústria petrolífera possa aferir com maior precisão os termos técnicos da contratação para exploração ou transporte de petróleo, além dos usos e costumes nos negócios da indústria petrolífera. A expectativa de que os contratos sejam interpretados por especialistas diminui os custos das partes relativos à negociação de contratos. Dizem os autores em comento:

> A especialização permite, assim, a redução dos erros nas decisões arbitrais. Em tese, apesar de todos os procedimentos estarem sujeitos a erros, a probabilidade de o árbitro especializado decidir de forma equivocada, por não conhecer a matéria discutida, é menor. A redução da probabilidade de erro na decisão reduz o risco da relação contratual, tornando o contrato mais atrativo para as partes e todo o mercado. (Pugliese e Salama, 2008, p. 08)

Outro fator que pode diminuir os custos de transação é a agilidade do procedimento arbitral, uma vez que não está sujeito à rigidez dos processos judiciais, não se submete ao regime dos infindáveis recursos a instâncias superiores, e os árbitros, não raro, contam com a infra-estrutura necessária para que suas decisões sejam tomadas com grande rapidez.

Na prestação jurisdicional estatal, o tempo de espera por uma decisão definitiva gera alto custo para as partes que ficam privadas dos bens ou direitos litigiosos durante todos os anos que precedem o efetivo cumprimento da decisão transitada em julgado. Esse problema mostra-se muito mais custoso em um contrato de trato sucessivo, como o de franquia. Nesses contratos, com vimos, é fundamental a boa relação entre as partes, e longas disputas judiciais podem acabar com a atividade empresarial.

O sigilo no processo arbitral apresenta uma grande vantagem em relação à prestação estatal, no entanto nos contratos de franquia, podemos dizer que essa é uma característica importantíssima na diminuição dos custos de transação, porque a transmissão do *know how* é fator fundamental para caracterização desses contratos.

Em outra oportunidade, defendemos, além do *know how,* a importância do segredo comercial nas relações comerciais de cooperação:

> Chamamos atenção para o fato que o segredo comercial abrange distintos assuntos, entre muitas outras coisas, técnicas e estratégias de captação de clientes, modelos de projeções de rendimentos ou de lucros, aspectos particulares de projetos de investigação e desenvolvimento, aspectos particulares de atividades desenvolvidas por uma empresa ativa no comércio, salvo quando a respectiva informação for obrigatória por razões de segurança pública, saúde pública, defesa do ambiente, defesa do consumidor, ou por outros fins legalmente relevantes, as fórmulas ou receitas para preparação de produtos, os avanços conseguidos por uma entidade em qualquer área mas que ainda não se encontrem compreendidos nos conhecimentos comuns entre os especialistas desse ramo, os desenhos de novos produtos ou de protótipos, outra informações internas da empresa, ainda não públicas, relativas à atividade produtiva objetivamente considerada, que não devam ser tornados públicos por força de regras jurídicas e cuja comunicação possa provocar lesão patrimonial na entidade a que respeitam, ficarão protegidas mediante a recusa do acesso à informação, por configurarem segredos comerciais, industriais ou sobre a vida interna das empresas. (Timm & Jobim, 2007, p. 80-97)

Imaginemos que quando as partes vão recorrer ao Poder Judiciário, vários fatos surgem no decorrer do processo. Claramente, alguns fatos trazidos aos autos (informações) podem mostrar-se imensamente custosos se tornados públicos. Entendemos, porém, que a principal vantagem da arbitragem como meio de diminuição de custos de transação está no aumento da previsibilidade. Nesse ponto, consideramos fundamentais as considerações do Prof. Armando Castelar Pinheiro (2005, p. 03) que, em seu texto *Direito e Economia num Mundo Globalizado: Cooperação ou Confronto?*, faz um estudo das relações de cooperação e confronto entre direito e economia, e em particular a relação entre o desempenho do judiciário e o funcionamento da economia, analisando sobretudo os diferentes canais através dos quais o desempenho da justiça afeta o comportamento dos agentes econômicos e, indiretamente, o desenvolvimento econômico.

Defende Pinheiro que um sistema que funciona bem deve ostentar quatro propriedades: baixo custo[7] e decisões justas, rápidas[8] e previsíveis, em termos de conteúdo e de prazo.

Quanto à previsibilidade, define:

> As decisões são previsíveis quando a variância *ex-ante* do ganho líquido de custos é pequena. Note-se que essa variância é formada tanto pela variância do resultado em si (i.e., perde ou ganha), como do tempo necessário para se alcançar uma decisão. Ambas representam fatores indesejáveis e atuam para desencorajar o recurso ao judiciário. A previsibilidade é alta quando a capacidade de se vencer se aproxima de zero ou um e a variância do tempo gasto para se tomar a decisão é pequena. Os tribunais podem ser imprevisíveis porque as leis e/ou contratos são escritos precariamente, porque os juízes são incompetentes ou mal informados, ou porque as partes se mostram inseguras em relação ao tempo que será necessário aguardar até que uma decisão seja tomada. Métodos alternativos de resolução de conflitos podem ser preferidos, conseqüentemente, não só porque são mais rápidos, mas também porque os árbitros podem estar mais bem preparados para interpretar a questão em disputa. (PINHEIRO, 2003, p. 03)

Quanto à justiça e a não-neutralidade:

> Um sistema de resolução de conflitos caracteriza-se como justo quando a probabilidade de vitória é próxima a um para o lado certo e a zero para o lado errado. A parcialidade é claramente ruim, e difere da imprevisibilidade porque distorce o sentido da justiça de uma forma intencional e determinista. Os tribunais podem ser tendenciosos devido à corrupção, por serem politizados (favorecendo a certas classes de litigantes, como membros da elite, trabalhadores, devedores, residentes, etc.), ou por não gozarem de independência frente ao Estado, curvando-se à sua vontade quando o governo é parte na disputa. (...) A não-neutralidade do magistrado tem duas conseqüências negativas importantes do ponto de vista da economia. Primeiro, os contratos se tornam mais incertos, pois podem ou não ser respeitados pelos magistrados, dependendo da forma com que ele encare a não neutralidade e a posição relativa das partes. Isso significa que as transações econômicas ficam mais arriscadas, já que

---

[7] O custo esperado de recorrer ao judiciário (ou a outras formas de resolução de disputas) não depende apenas das taxas pagas à justiça, mas também das despesas incorridas durante o processo de litígio, da probabilidade de se vencer (probabilidade que pode ela própria depender do quanto é gasto) e de como os custos do litígio são distribuídos entre quem ganha e quem perde a causa. Custas judiciais elevadas, advogados caros e um sistema judicial com problemas de corrupção tendem a encorajar as partes a usarem mecanismos alternativos de resolução de disputas ou simplesmente a não iniciarem um litígio.)

[8] Quando a justiça é lenta, o valor esperado do ganho ou da perda das partes será tão mais baixo quanto maior for a taxa de juros. O insucesso em se produzir decisões com presteza é freqüentemente citado como um importante problema dos sistemas judiciais em todo o mundo. Isto, por sua vez, causa dois tipos de problemas inter-relacionados. Por um lado, a morosidade reduz o valor presente do ganho líquido (recebimento esperado menos os custos), significando que o sistema judicial só em parte protege os direitos de propriedade. Em economias com inflação alta, se os tribunais não adotarem mecanismos de indexação adequados, o valor do direito em disputa pode despencar para zero com bastante rapidez. Pode haver, assim, uma tensão entre conciliar justiça e eficiência, quando se procura ao mesmo tempo alcançar decisões rápidas, bem informadas, que permitam amplo direito de defesa e que ao mesmo tempo incorram em custos baixos.)

não necessariamente "vale o escrito", o que faz com que se introduzam prêmios de risco que reduzem salários e aumentam juros, aluguéis e preços em geral. (Pinheiro, 2003, p. 03)

Nesse ponto, gostaríamos de frisar que não consideramos os nossos Tribunais tendenciosos em relação à corrupção ou dependência, mas percebemos que se mostram preocupados e atentos à "justiça social", que pode se mostrar assim uma imparcialidade. Segundo Pinheiro, há também uma divergência fundamental sobre o dilema justiça social e segurança jurídica. Para a economia, a justiça social deve ser buscada essencialmente através da redistribuição da receita de impostos, notadamente através das políticas públicas nas áreas de educação, saúde, habitação, etc. Os magistrados brasileiros, porém, acreditam que a busca da justiça social justifica sacrificar a segurança jurídica, sendo a grande maioria deles de opinião que "O juiz tem um papel social a cumprir, e a busca da justiça social justifica decisões que violem os contratos". Em proporção minoritária, mas também significativa, grande número de magistrados também acredita que a busca da justiça social justifica decisões que violem as leis.

Visto isso, concluímos então que na arbitragem a imparcialidade dos árbitros, que se despem do caráter social atentando somente para as cláusulas do contrato e regras escolhidas pelas partes, acontece uma maior previsibilidade de decisões o que claramente diminui os custos de transação.

B) A visão empresarial da arbitragem

Como vimos no ponto anterior, a arbitragem pode ser uma ótima opção como meio alternativo para resolução de conflitos de forma a diminuir os custos envolvidos. Todavia, essa opinião não é composta somente por doutrinadores como veremos nesse ponto.

Com base em uma pesquisa realizada nos Estados Unidos pela *American Arbitration Association* (AAA), Flavia Bittar Neves (2006, p. 31), mostra a visão empresarial da arbitragem defendendo ser a arbitragem mais que uma ferramenta de solução de controvérsias, uma verdadeira estratégia empresarial.

A pesquisa realizada no meio empresarial americano tinha o objetivo de analisar as atitudes e experiências relacionadas à prática dos métodos extrajudiciais de solução de controvérsias, conhecidas pela sigla ADRs (Alternative Dispute Resolution), e classificou as empresas conforme sua propensão ao uso das ADRs em três níveis: a) *Most "dispute-wise"*, empresas que usam freqüentemente as ARDs; b) *Moderate "dispute-wise"*, empresas que fazem uso eventual das ADRs; e c) *Least "dispute-wise"* – empresas que raramente resolvem confjitos através de ADRs.

No intuito de chegar aos seus resultados, a pesquisa enfocou duas questões específicas: a) É possível identificar as empresas que adotam as ADRs para solucionar conflitos? Quais seriam suas características? b) existe alguma relação entre o mecanismo usado pelas empresas para solucionar seus conflitos e a produção de resultados comerciais positivos (de natureza econômica e não-econômica)?

Os resultados foram que empresas classificadas com *most "dispute-wise"* apresentam o seguinte perfil: a) sólido relacionamento comercial com *stakeholders* (consumidores, fornecedores, empregados e sócios), descrevendo-o como excelente ou muito bom, seguindo a tendência de modernização das organizações do século XXI; b) apreciam e valorizam a especialidade, imparcialidade e rapidez dos meios alternativos de solução de conflitos; e c) apresentam departamentos jurídicos com baixo orçamento e administram seus custos internos com alto grau de eficiência (enquanto as empresas que pouco usam as ADRs apresentam altos custos com departamento jurídico).

A pesquisa concluiu também que os principais benefícios associados ao gerenciamento inteligente de conflitos por meio do uso das ADRs referem-se à redução de custos com serviços (internos e externos), à melhora dos relacionamentos comerciais da empresa com seus *stakeholders, bem como à* economia de tempo e melhor utilização dos recursos financeiros da empresa.

Constatou-se, então, que nas empresas que usam freqüentemente as ADRs (*Most "dispute-wise"*), mesmo onde há maior número de advogados internos contratados, o dispêndio como o departamento jurídico é menor em comparação ao das empresas que raramente usam as ADRs (*least "dispute-wise"*). Em virtude disso, conclui-se que o uso das ADRs pelas empresas é fator contributivo para a gestão mais eficiente de seus departamentos jurídicos.

Constatou-se, também, que empresas classificadas como *Most "dispute-wise"* são mais propensas a declarar seu relacionamento com consumidores, parceiros comerciais, fornecedores, funcionários e demais *stakeholders* como excelente ou muito boa, demonstrando que a construção e a preservação dos relacionamentos comerciais da empresa com seus *stakeholders* é um importante objetivo alcançado pelo gerenciamento inteligente de conflitos por meio do uso das ADRs.

C) Inclusão da cláusula compromissória e panorama jurisprudencial

Como vimos, a arbitragem pode fornecer grandes vantagens ao franqueador e franqueado em caso de um eventual litígio. Vimos também que a opção pela cláusula compromissória inserida no contrato mostra-se mais vantajosa do que o compromisso arbitral. Pretendemos, nesse ponto, analisar como a cláusula compromissória deve ser instituída no contrato de franquia e seus possíveis efeitos.

Até o advento da Lei 9.307/96, a cláusula compromissória não tinha o caráter vinculante, senão a mera promessa da intuição da arbitragem em um possível litígio, conforme visto anteriormente. Porém, mesmo após a Lei 9.307/96, a cláusula compromissória não goza ainda de total "credibilidade" entre alguns de nossos tribunais. Essa descrença acentua-se ainda mais, quando o contrato envolvido trata-se de contrato de adesão, como é considerado por alguns, o contrato de franquia, em razão de entenderem não haver possibilidade de oposição da inclusão da cláusula compromissória. Partindo dessa premissa, faremos uma análise jurisprudencial da cláusula compromissória em contratos como de representação comercial e promessa de compra e venda, que se encontram nesse grupo de contrato onde a jurisprudência mostra maior resistência.

Assim, iniciaremos nossa análise, com um acórdão do STJ o qual se manifestou, mostrando-se favorável à efetividade da cláusula compromissória mesmo nos processos anteriores à Lei 9.307/96:

> As partes celebraram contrato de representação comercial (fls. 154/159) em outubro de 1955, pelo qual a recorrente, empresa brasileira, teria exclusividade na venda dos equipamentos farmacêuticos produzidos pela recorrida, WILHELM FETTE GMBH, empresa alemã. Naquela oportunidade, convencionaram que *"todas as dúvidas oriundas deste contrato serão dirimidas por um ou mais juízes arbitrais da Câmara de Comércio Internacional de Paris, pelo direito alemão, até sua solução final"*. (RECURSO ESPECIAL Nº 712.566 – RJ (2004/0180930-0)).
>
> O cerne da controvérsia é saber se a cláusula arbitral convencionada antes da entrada em vigor da Lei de Arbitragem tem incidência obrigatória, afastando a possibilidade de solução judicial do conflito. O Tribunal de Justiça do Rio de Janeiro entendeu que a Lei 9.307/96, em razão de sua retroatividade mínima, teria legitimado a disposição contratual que previu a cláusula arbitral. A recorrente defende que a cláusula arbitral, firmada antes da Lei de Arbitragem, não tem incidência obrigatória.

Em seu voto, a Ministra Nancy Andrighi defendeu que, desde 1923, com a celebração do Protocolo de Genebra (diga-se de passagem, já revogado pela adesão do Brasil à Convenção de Nova Iorque de 1958), já não se fazia distinção, em relação ao efeito coativo, entre cláusula e compromisso arbitral e apontou dois caminhos possíveis para solucionar a controvérsia em discussão: (i) analisar a possibilidade de aplicação das inovações processuais trazidas com a Lei de Arbitragem e (2) debater a viabilidade da incidência das regras estabelecidas pelo Protocolo de Genebra de 1923. E assim encerrou:

> Por fim, para corroborar com a fundamentação apresentada, ressalte-se que a inserção de cláusula arbitral nos contratos internacionais constitui prática freqüente, sendo, muitas vezes, condição essencial para a celebração da avença. Neste contexto, portanto, a solução do conflito arbitral representa a manifestação de vontade das partes e está estritamente vinculada à observância do princípio da boa fé que deve animar, também, os contratos internacionais, sob pena, inclusive, de ser imputado à empresa brasileira prática de ato desleal por descumprimento do que foi pactuado. Com isso, seja em razão da natureza processual da norma, seja por se tratar de contrato internacional, deve ser mantido o posicionamento adotado pelo Tribunal de origem que, acolhendo preliminar de convenção de arbitragem, extinguiu o processo sem julgamento do mérito. Forte em tais razões, conheço parcialmente do recurso especial, pois o dissídio foi demonstrado de forma adequada, contudo, nego-lhe provimento.

Todavia, a Lei 9.307/96 em seu art. 4º, § 2º estipulou alguns requisitos para a validade da cláusula compromissória em relação aos contratos de adesão:

> Art. 4º A cláusula compromissória é a convenção através da qual as partes em um contrato comprometem-se a submeter à arbitragem os litígios que possam vir a surgir, relativamente a tal contrato.
>
> § 1º A cláusula compromissória deve ser estipulada por escrito, podendo estar inserta no próprio contrato ou em documento apartado que a ele se refira.

§ 2º Nos contratos de adesão, a cláusula compromissória só terá eficácia se o aderente tomar a iniciativa de instituir a arbitragem ou concordar, expressamente, com a sua instituição, desde que por escrito em documento anexo ou em negrito, com a assinatura ou visto especialmente para essa cláusula.

Conforme Carmona (2004, p. 107), o legislador quis claramente favorecer o contratante economicamente mais fraco, a fim de evitar que a outra parte possa impor, nas condições gerais do contrato (às quais oblato adere em bloco) também a solução de eventual controvérsia através de arbitragem (cláusula compromissória).

Passou-se então a entender necessários tais requisitos para validade da cláusula. Assim, manifestação de nosso Tribunal, que mantém uma postura receosa em relação à arbitragem em contrato de representação comercial (hoje agência, na esteira do artigo 710 do Código Civil), que é bastante análogo ao de franquia:

APELAÇÃO CÍVEL. RECURSO ADESIVO. AÇÃO DE COBRANÇA. REPRESENTAÇÃO COMERCIAL. RESCISÃO. CLÁUSULA COMPROMISSÓRIA. JUÍZO ARBITRAL. EXTINÇÃO DO PROCESSO. Ineficácia da cláusula compromissória no caso, que envolve contrato de representação comercial, onde há dependência a ponto de justificar legislação específica, em parte protetiva da representante. O próprio 4ª, § 2º, da Lei 9.307/96 permite reconhecer ineficácia na situação. Sentença que extinguiu o processo com base no art. 267, VII, do CPC, desconstituída. Apelo provido, prejudicado o recurso adesivo.

Assim segue o voto:

Trata-se de ação acerca dos efeitos da rescisão de contrato de representação comercial, cujo instrumento contém cláusulas instituindo a arbitragem para resolver todas as controvérsias a respeito da contratação. Entendendo que a convenção obriga as partes e impede o conhecimento do litígio, o Juiz extinguiu o processo com base no art. 267, VII, do CPC. A jurisprudência acerca do tema é divergente, embora a tendência seja aceitar a opção pelo juízo arbitral como limite à jurisdição (REsp 712.566). Mas a Lei 9.307/96 estabelece condições para a validade da "cláusula compromissória", que, por exemplo, é ineficaz em contratos de adesão submetidos ao CDC (REsp 819.519). Penso que a escolha pelo procedimento arbitral deve ser muito clara, e em contexto que não indique imposição. O caso concreto envolve contrato de representação comercial com empresa multinacional, onde é evidente a imposição de condições, verdadeira adesão. Diante disso, conforme art. 4º, § 2º, da mencionada Lei, a eficácia dependeria do aderente tomar a iniciativa de instituir a arbitragem. Também não houve visto especial em cláusula destacada, como previsto nessa norma. Logo, no caso concreto considero ineficaz a cláusula compromissória, pelo que procede o apelo, restando prejudicado o recurso adesivo, que visava majorar os honorários de sucumbência. Ante o exposto, dou provimento à apelação, para desconstituir a sentença extintiva. Nº 70020255709 Des. Paulo Roberto Félix (RELATOR)

A citação do TJRS de precedente do STJ (REsp 819.519) não é precisa, pois neste último trata-se exclusivamente dos contratos onde haja relação de consumo:

PROMESSA COMPRA E VENDA IMÓVEL. NULIDADE SENTENÇA. INEXISTENTE. CLÁUSULA DE ARBITRAGEM. ABUSIVIDADE. REEXAME DE PROVAS. SÚMULAS 5 E 7. – A extinção do processo por falta de complementação de custas processuais só pode ser decretada após a intimação pessoal da parte. Precedentes. – É nula a clausula de convenção de arbitragem inserta em contrato de adesão, celebrado na vigência do Código de Defesa do Consumidor. – Não se considera força maior o inadimplemento pelo atraso na entrega da obra pela empresa devido a inadimplemento dos outros promitentes compradores. – O inadimplemento de outros compradores não constitui força maior para justificar atraso na entrega de imóvel a comprador em dia com a amortização do preço. RECURSO ESPECIAL Nº 819.519 – PE (2006/0030668-2)

Estamos diante de um contrato de promessa de compra e venda de imóvel, celebrado entre uma Construtora e uma pessoa física, tratando de relação de consumo entre as partes. Para a Lei 8.078/90, (Art. 54) contrato de adesão é "aquele cujas cláusulas tenham sido aprovadas pela autoridade competente ou estabelecidas unilateralmente pelo fornecedor de produtos ou serviços, sem que o consumidor possa discutir ou modificar substancialmente seu conteúdo". Ora, nos contratos de promessa de compra e venda de imóveis, o consumidor não discute o conteúdo do contrato: ou adere ou não adquire o bem pretendido. Na hipótese, a cláusula contratual que impôs a arbitragem foi declarada abusiva, nos termos dos artigos 4º, I e 51, IV e VII do CDC, em especial este último inciso, que considera nula cláusula contratual que torna compulsória a arbitragem. A construtora impôs como condição para celebração do contrato, a aceitação dessa cláusula compromissória, não houve liberdade de opção em relação a ela.

Porém, em um acórdão datado em 1º de julho de 2008, do Tribunal de Justiça do Rio de Janeiro, o Desembargador Sergio Lucio de Oliveira e Cruz entendeu que mesmo em um contrato de promessa de compra e venda (de adesão e na vigência do Código de Defesa do Consumidor portanto), desde que observados os requisitos do art. 4, § 2º, da lei 9.307/96, é válida a cláusula compromissória:

AÇÃO DE RESCISÃO CONTRATUAL, CUMULADA COM INDENIZATÓRIA. Escritura de promessa de compra e venda em que as partes estabeleceram convenção de arbitragem. Cláusula compromissória de natureza obrigatória. É incompetente o juiz de direito para dizer da existência, validade e eficácia da convenção de arbitragem, competência que, nos termos do artigo 8º, parágrafo único, da lei nº 9.307, de 23 de setembro de 1996, é do próprio juiz arbitral. Cláusula que, ao contrário do posto na sentença, não tem, obrigatoriamente, de ser instituída em documento apartado, podendo ser no próprio corpo do contrato, atendidos os requisitos do artigo 4º, § 2º, da lei de regência. Obrigatoriedade de as partes submeterem seu litígio ao juízo arbitral, conforme manifestação de vontade posta no ato da contratação. A lei de arbitragem é posterior à lei consumerista, não excluindo sua aplicação às relações dessa natureza, não podendo o intérprete criar restrições onde a lei não cria. Extinção do processo sem apreciação do mérito, na forma prevista no artigo 267, VII, do Código de Processo Civil. Provimento da apelação, prejudicado o recurso adesivo. (Apelação Cível nº 2008.001.30250)

Seguem, assim, algumas partes do voto, do ilustre desembargador:

O contrato é lei entres as partes, sendo aplicável o princípio da *pacta sunt servanda*.

Na escritura de fls. 40/7, na cláusula 47, estabeleceram as partes convenção de arbitragem, para resolver qualquer divergência que pudesse entre elas ocorrer.

Em primeiro lugar, dispõe a Lei nº 9.307, de 23 de setembro de 1996, que regulamenta a arbitragem no País:

Art. 8º. A cláusula compromissória é autônoma em relação ao contrato em que estiver inserta, de tal sorte que a nulidade deste não implica, necessariamente, a nulidade da cláusula compromissória. Parágrafo único. *Caberá ao árbitro decidir* de ofício, ou por provocação das partes, as questões *acerca de existência, validade e eficácia da convenção de arbitragem* e do contrato que contenha a cláusula compromissória". (Grifamos).

Como se vê, não compete ao Judiciário dizer da validade da cláusula, mas sim ao próprio árbitro nomeado.

Logo, só por isso nula já é a sentença, que declarou a nulidade da cláusula de arbitragem, sem que para isso tivesse o juiz de direito competência. Além disso, a mesma lei estabelece:

"Art. 4º. A cláusula compromissória é a convenção através da qual as partes em um contrato comprometem-se a submeter à arbitragem os litígios que possam vir a surgir, relativamente a tal contrato.

§ 1º A cláusula compromissória deve ser estipulada por escrito, podendo estar inserta no próprio contrato ou em documento apartado que a ele se refira.

§ 2º *Nos contatos de adesão, a cláusula compromissória só terá eficácia se o aderente tomar a iniciativa de instituir a arbitragem ou concordar, expressamente, com a sua instituição, desde que por escrito em documento anexo ou em negrito, com a assinatura ou visto especialmente para essa cláusula".*

Neste caso, há um contrato tipicamente de adesão, com cláusulas padronizadas, a ele meramente aderindo o comprador. Aqui, a cláusula compromissória não está lançada em documento em separado, mas no próprio corpo do contrato, no verso de sua folha 14 (fls. 78v do livro cartorário). Como se verifica do texto da lei parágrafo segundo, parte final), contudo, ao contrário do que foi dito na sentença, a cláusula não tem, obrigatoriamente, de constar de documento anexo, podendo ser inserida no próprio corpo do contrato. É o que autoriza a lei e o Judiciário não pode fazer exigência que a lei não faz. Vindo no corpo do contrato, é necessário, nos termos da regra estampada no parágrafo 2º citado, que seja destacada em negrito, com assinatura ou "visto" especialmente para ela. Aqui, além de ter sido destacada em negrito (conf. fls. 46v), ela foi, também, grifada em itálico e sublinhada. Leiam-se seus termos:

"Na forma da Lei Federal nº 9.307/96, os contratantes, por intermédio desta cláusula compromissória, destacada em negrito e em itálico, especificamente visada pelos contratantes, que se comprometem a submeter a arbitragem os litígios que possam vir a surgir, relativamente a este contrato..."

Em seguida, elegem o árbitro, expressamente nomeando o Centro Brasileiro de Mediação e Arbitragem.

O autor, ora recorrente adesivo, é pessoa instruída, titular do cargo analista judiciário, para o qual é exigida formação universitária, conhecendo o direito, não podendo alegar ignorância. Válida, portanto, a cláusula compromissória, que deve ser cumprida.

E em relação ao contrato de consumo:

A lei de arbitragem, de 23 de setembro de 1996, posterior, portanto, à lei consumerista, não exclui de sua incidência as relações dessa natureza, sendo defeso ao intérprete criar restrições onde a lei não cria. O consumidor está suficientemente defendido pelas exigências de clareza na instituição da cláusula e o árbitro é obrigado, ao julgar, a aplicar a lei de consumo, o que foi suficiente para o legislador, que, se quisesse, teria excluído as relações dessa natureza, mas não o fez. Causa espécie a resistência que nossos juristas têm à aplicação da lei de arbitragem, instrumento moderno de resolução de conflitos e que, ao contrário, deve ser incentivado no País, como o é nos países desenvolvidos.

Muito se tem discutido na doutrina a utilização da arbitragem em contratos de consumo, porém, não sendo este o caso da franquia, não nos ateremos muito a essa discussão.

Em se tratando especificamente do contrato de franquia, não encontramos maiores dificuldades para a utilização da cláusula compromissária, como exemplifica acórdão que segue:

Cláusula compromissória – contrato de franquia – situação que impede a opção pelo Poder Judiciário – prevalência do "pacta sunt servanda" – recurso não provido.

Não está a merecer reparos a r. sentença recorrida, que bem resolveu e dirimiu a controvérsia. Ao contrário do alegado pelo apelante, a presença da cláusula compromissória no contrato entabulado entre as partes é circunstância impeditiva ao ajuizamento de demanda visando à discussão quanto ao inadimplemento da avença, perante o Poder Judiciário. Isso porque a lei nº 9.397/96, que instituiu o juízo arbitral, admitiu parcial e especificamente a quebra do monopólio estatal na solução de conflitos oriundos de avenças firmadas entre partes capazes e que versem sobre direitos disponíveis. Admitiu, assim, que as partes renunciassem ao direito de ação perante um dos poderes da República, encaminhando a juízo particular a resolução do impasse surgido em decorrência do pacto firmado. Convém que se ressalte que o requisito fundamental a permitir essa exceção é a presença da cláusula compromissória, estipulada de forma livre e consciente por ambos os contratantes.

No caso dos autos, cuida-se de um contrato de franquia cuja cláusula 17a traz expressa previsão de pacto compromissório, assentando-se que toda e qualquer controvérsia será resolvida através de arbitragem, conforme estipulação ali estabelecida. Acertada, portanto, a extinção decretada. Apelação Cível n° 7.107.252-1. TJSP

Podemos concluir então que a cláusula compromissória já tem força suficiente para afastar a competência do juiz mesmo em casos de contratos de adesão, e até, em contratos de consumo. Daí que mesmo se se caracterizar o contrato de franquia como de adesão, a arbitragem não poderia ser excluída a priori como método adequado de solução de controvérsia entre as partes. Se a caracterização da franquia for a de um contrato paritário, menos razão ainda para óbice à utilização da cláusula compromissória.

Porém, como defendemos acima, em se tratando do contrato ser ou não de adesão, é preciso analisar caso a caso, sendo necessário observar, no caso específico, se em tal contrato houve ou não negociações de cláusulas. Tais análises fáticas inclusive deveriam ser feitas exclusivamente pelo árbitro na hipótese de existência de compromissória, dado o princípio *kompetenz-kompetenz* e dado o princípio da independência desta mesma cláusula.

Segundo o art. 8° da Lei 9.307/96, o próprio árbitro deve analisar sua competência e a validade da cláusula compromissória:

Art. 8º A cláusula compromissória é autônoma em relação ao contrato em que estiver inserta, de tal sorte que a nulidade deste não implica, necessariamente, a nulidade da cláusula compromissória.
Parágrafo único. Caberá ao árbitro decidir de ofício, ou por provocação das partes, as questões acerca da existência, validade e eficácia da convenção de arbitragem e do contrato que contenha a cláusula compromissória.

Como dito, essa idéia está baseada no princípio da *Kompetenz-Kompetenz* que, segundo Carmona (Carmona, 2004, p. 160), é a competência do árbitro para decidir sobre sua própria competência, resolvendo as impugnações que surjam acerca de sua capacidade de julgar, da extensão de seus poderes, da arbitrabilidade da controvérsia, enfim, avaliando a eficácia e a extensão dos poderes que as partes lhe conferiram tanto por via de cláusula compromissória, quanto por meio de compromisso arbitral. Nesse sentido, decisão da justiça do estado do Rio Janeiro:

AÇÃO DECLARATÓRIA DE NULIDADE DE CONVENÇÃO DE ARBITRAGEM. Alegada invalidade de cláusula compromissória por estar inserida em contrato de adesão. Extinção do processo sem julgamento de mérito. Reconhecimento do princípio da competência-competência (art. 8°, parágrafo único, da Lei 9.307/96).

De fato, após análise dos autos, verifica-se que há cláusula compromissória inserta no contrato de prestação de serviço profissionais objeto da presente ação.

Em nosso ordenamento jurídico, o instituto da arbitragem é regulado pela Lei 9.307/96. De acordo com esse diploma legal, ao árbitro escolhido pelas partes compete primeiramente se pronunciar sobre a existência, validade e eficácia da convenção de arbitragem (parágrafo único do art. 8°). Sendo assim, não cabe ao Poder Judiciário se pronunciar sobre tal questão antes de prolatada sentença arbitral. Na verdade, segundo a lei de arbitragem, cabe ao Judiciário, posteriormente, apreciar tal tema somente após a prolação da sentença arbitral, se provocado por meio de ação própria verificar e, eventualmente, decretar a sua nulidade (art. 32 c/c o 33). (Processo 2004.209003666-3 – 2ª Vara Cível do Foro Regional da Barra da Tijuca – Rio de Janeiro – Juiz de Direito Carlos Fernando Potyguara Pereira.)

Desse modo, eventuais nulidades deverão ser discutidas a posteriori, mediante o controle judicial via ação de nulidade nas hipóteses previstas na Lei 9307/96.

Conclusão

Concluímos então que franquia empresarial é importante canal de distribuição de produtos e serviços em nosso país, tendo como definição simples se tratar de um sistema pelo qual um franqueador cede ao franqueado o direito de uso de marca, associado ao direito de distribuição de produtos ou serviços e, também, ao direito de uso de tecnologia de implantação e administração de negócio ou sistema operacional desenvolvidos ou detidos pelo franqueado, recebendo em troca determinada remuneração.

Vimos também se tratar de um sistema com muitas formas, entretanto podendo ser distinguido, segundo nosso ponto de vista, quanto à forma de gestão empresarial, quanto ao âmbito do contrato e quanto à natureza do franqueado. Sendo que podemos caracterizar o seu contrato como bilateral, cumulativo, típico, misto, *intuitu personae*, sucessivo, consensual, oneroso e negociável ou de adesão dependendo do caso concreto.

Concluímos, ainda, que a arbitragem como meio alternativo de resolução de conflitos pode ser a melhor opção para o contrato de franquia. Esta diminui os custos de transação envolvidos, visto a especialização dos (que podem ter uma formação específica em área técnica que interessa diretamente ao objeto), agilidade do procedimento arbitral – isto porque, por exemplo, não se submete ao regime dos infindáveis recursos a instâncias superiores, fator muito prejudicial à relação entre franqueador e franqueado – e o sigilo do procedimento, este fundamental tendo em vista a característica de transferência de *know-how*.

Além disso, percebemos que empresas que optam pela arbitragem mostram um sólido relacionamento comercial com seus intervenientes, como franqueados e franqueadores além de uma redução considerável de custos internos. Entendemos também que a cláusula compromissória é a melhor opção para a instauração da arbitragem visto que já inserida no contrato pode trazer maiores benefícios do que o compromisso arbitral.

Com análise jurisprudencial, mostramos que a arbitragem vem se consolidando em nosso país, e que a cláusula compromissória é opção bastante usada e aceita por nossos Tribunais. Tentamos nos focar nos casos mais atuais possíveis e que continham conteúdo chave para a compreensão de nossas idéias. A opção por acórdãos com relação de contratos de adesão baseia-se na posição que estes podem explorar a maior resistência dos nos tribunais, de modo que em contratos onde não há essa característica, a validade da cláusula compromissória não instiga maiores discussões. Finalizamos defendo que em se tratando de qualquer discussão sobre a validade da cláusula compromissória nos contratos de franquia, sendo essa inserida no contrato de adesão ou não, deverá ser analisada pelo árbitro escolhido com base no princípio da *Kompetenz-Kompetenz*. Eventuais nulidades deverão ser discutidas a posteriori, mediante o controle judicial via ação de nulidade nas hipóteses previstas na Lei 9.307/96.

Referências bibliográficas

ANDRADE, J. P. *Contratos de franquia e leasing: lei nº 8.955, de 15-12-94 resolução nº 2.309, de 28-8-96, lei nº 9.307, de 23-9-96*, São Paulo: Atlas, 1998.

ARKELOF, George. The market for lemons. *Quarterly of Economics*, n. 84, p. 488-500, ago. 1970.

BARROSO, L. F. *Franchising – modificações à Lei Vigente Estratégia e Gestão*, Editora Forense, Rio de Janeiro, 2003.

———. *Franchising e Direito*. São Paulo: Atlas, 1997.

CARMONA, C. A. *Arbitragem e Processo, um comentário à Lei nº 9.307/96*. 2ª ed. São Paulo: Atlas, 2004.

FIUZA, C. *Direito civil curso completo*. Belo Horizonte: Del Rey, 2004.

GOMES, O. *Contratos*. 18ª ed. Rio de Janeiro: Forense, 1999.

GONÇALVES, C. R. *Direito Civil Brasileiro*. São Paulo: Saraiva, 2004.

LEITE, R. C. *Franchising na criação de novos negócios*. São Paulo: Atlas, 1990.

LOBO, J. *Contrato de "Franchising"*. Rio de Janeiro: Forense, 1997.

MANSFIELD, Edwin; YOHE, Grary. *Microeconomia – Teoria das Aplicações*. Tradução da 11ª ed. Rio de Janeiro: LTC 2006.

MATIELLO, F. Z. *Código civil comentado*. São Paulo: LTR, 2000.

———. *Código civil comentado*. São Paulo: LTR, 2005.

MILMAN, F. *Franchising: lei nº 8955, de 15 de dezembro de 1994*. Porto Alegre: Livraria do Advogado, 1996.

NERY JUNIOR, Nelson; ANDRADE NERY Rosa Maria de. *Código Civil anotado e legislação extravagante*. São Paulo: Revista dos Tribunais, 2003.

NEVES, Flavia Bittar. A Visão Empresarial da Arbitragem: Como a Administração de Conflitos pode Melhorar os Resultados Econômicos e Não-Econômicos do Negócio? In: Revista brasileira de Arbitragem, nº 9, São Paulo: Editora IOB, 2006.

PEREIRA, C. M. S. *Instituições do Direito Civil*. Volume III. 11ª de. Rio de Janeiro: Forense, 2004.

PINHEIRO, Armando Castelar. *Direito e Economia num Mundo Globalizado*: Cooperação ou Confronto? 2003.

———; SADDI, Jairo. *Direito, economia e mercados*. Rio de Janeiro: Elsevier, 2005.

PUGLIESE, A. C. F e SALAMA, B. M. *A Economia da arbitragem*: Escolha racional e geração de valor, 2008. Disponível em <www.works.bepress.com.br>. A cesso em 20/10/2008.

REDECKER, A. C. *Franquia Empresarial*. São Paulo: Memória Jurídica, 2002.

SIMÃO FILHO, A. *Franchising – Aspectos Jurídicos e Contratuais*. 2ª ed. São Paulo: Atlas, 1997.

SILVA, E. S da. *Arbitragem e direito da empresa: dogmática e implementação da cláusula compromissória*. São Paulo: Revista dos Tribunais, 2003.

THEODORO JÚNIOR, Humberto; MELLO, Adriana Mandim Theodoro de. Responsabilidade civil na denúncia dos contratos de distribuição, franquia e concessão comercial: apontamentos. In: *Revista Magister de Direito Empresarial, Concorrencial e do Consumidor*, Magister, nº 15, jun-jul, 2007.

TIMM, Luciano Benetti. O *novo Direito Civil*. Porto Alegre: Livraria do advogado, 2008.

———; JOBIM, Eduardo. A Arbitragem, os Contratos Empresariais e a Interpretação Econômica do Direito. In: *Direito & Justiça*, Porto Alegre, vol. 33, nº 1, p. 80-97, junho, 2007.

Capítulo III

Arbitragem nos contratos internacionais

— 7 —

A cláusula de eleição de foro *versus* a cláusula arbitral em contratos internacionais: qual é a melhor opção para a solução de disputas entre as partes?

Sumário: Introdução; 1. Jurisdição das cortes norte-americanas em litígios internacionais; 2. O modelo europeu de jurisdição internacional; 3. A jurisdição internacional de tribunais domésticos; 4. Cuidados na redação de uma cláusula de eleição de foro; 5. A cláusula compromissória (arbitral); 6. Por que a parte em busca de segurança e de previsibilidade deve preferir a cláusula arbitral em contratos internacionais?; 7. Referências bibliográficas.

Introdução

Já que se pretende tratar de cláusulas de eleição de foro e arbitral em contrato internacional, é interessante verificar o próprio conceito de contrato internacional com que se trabalha. Na doutrina jurídica, é aquele contrato que contém um elemento de estraneidade, ou seja, aquele fator jusprivatista que conecta uma determinada relação negocial a mais de um ordenamento jurídico estatal (normalmente o local de domicílio das partes contratantes, ou o local de execução do contrato) (Baptista, 1994; Basso, 2002; Strenger, 1986).

Em comércio exterior, o contrato internacional é aquele que envolve um fluxo internacional de mercadorias, ou seja, uma operação de importação ou exportação (envolvendo, portanto, atividades de despacho aduaneiro na fronteira ou no porto, ou mesmo no aeroporto de um país) (Murta, 1995).

A legislação brasileira admite esses dois critérios, ao definir os contratos que podem ser estipulados em moeda estrangeira – justamente pelo seu caráter inequivocamente internacional – no Dec.-Lei 857/69, em seu art. 2º:

Art. 2º [...]

I – aos contratos e títulos referentes à importação ou exportação de mercadorias;

II – aos contratos de financiamento ou de prestação de garantias relativos às operações de exportação de bens de produção nacional, vendidos a crédito para o exterior;

III – aos contratos de compra e venda de câmbio em geral;

IV – aos empréstimos e quaisquer outras obrigações cujo credor ou devedor seja pessoa residente e domiciliada no exterior, excetuados os contratos de locação de imóveis situados no território nacional;

V – aos contratos que tenham por objeto a cessão, transferência, delegação, assunção ou modificação das obrigações referidas no item anterior, ainda que ambas as partes contratantes sejam pessoas residentes ou domiciliadas no país.

A cláusula de eleição de foro não se confunde com a cláusula de eleição de lei aplicável ao conflito nem, tampouco, com a cláusula arbitral. É bem verdade que todas elas emanam da autonomia da vontade ou da autonomia privada, mas têm implicações práticas absolutamente distintas.

A cláusula de eleição de foro (*choice of forum*) é cláusula inserta em um contrato, a qual determina a escolha pelas partes de qual tribunal terá jurisdição sobre um eventual litígio envolvendo o contrato. A sua limitação deriva de regras procedimentais dos países em jogo. A eleição do foro não pressupõe a aplicação da lei material do país do tribunal eleito. Na ausência de uma cláusula específica de eleição de lei aplicável ao litígio (ou na proibição da autonomia da vontade em alguns países), poderá resultar na aplicação das normas conflituais do país do fórum eleito, para solucionar o conflito aparente de normas no espaço e, conseqüentemente, um sistema legal indesejado pelas partes.

É interessante, ao escolher o foro, atentar para a organização judiciária do país (e do Estado) eleito, pois de nada adiantará, por exemplo, escolher as cortes dos Estados Unidos, que, sabidamente, distribuem suas competências entre os Estados Federados.

Se a escolha de um foro não significará, por implicação necessária, a escolha do sistema jurídico do país-sede do tribunal eleito – ainda que haja certo grau de conexão entre elas –, ela implicará a aplicação da lei processual do foro (*lex fori*).

Já a cláusula de eleição de lei (*choice of law*) é a escolha do sistema legal que será utilizado pelo julgador para solucionar a lide. Diz respeito ao direito material ou substancial eleito, já que as regras de processo são, via de regra, do foro eleito. Poderá ser o sistema de um país das partes envolvidas, o de um terceiro país ou, ainda, um direito verdadeiramente internacional – *lex mercatoria*, princípios do Instituto Internacional de Unificação do Direito Privado (Unidroit), Convenção Sobre Compra e Venda Internacional de Mercadorias (CISG).

A eleição do foro é um problema de direito processual internacional (conflito internacional de jurisdicional) – tratados, convenções e normas processuais domésticas dos países, como o Código de Processo Civil brasileiro (CPC) – e a eleição da lei é um problema de conflito de leis no espaço (direito internacional privado em sentido estrito) – tratados, convenções e normas conflituais domésticas como a Lei de Introdução ao Código Civil brasileiro (LICC).

A cláusula compromissória (ou arbitral), por sua vez, é a escolha do árbitro ou da instituição arbitral para julgar a lide. É de se salientar que, dependendo da redação do contrato, a escolha de um tribunal de um país pode anular a cláusula compromissória, o que, normalmente, é indesejado pelas partes.

A primeira questão que se coloca é se vale a pena redigir uma cláusula de eleição de foro em comparação com não redigir um contrato por escrito (ou redigi-lo sem a previsão de um tribunal competente para julgar o possível futuro litígio)?

A resposta é positiva para a primeira asserção na maioria das vezes, para prevenir e alocar riscos de normas domésticas sobre competência/jurisdição internacional, se se compara essa situação com a ausência de qualquer previsão. Ou seja, não colocar a cláusula no contrato, ou mesmo não assinar o contrato, não significará que a parte contratante não ficará sujeita às cortes de outros países (por exemplo, poderá ficar sujeita à jurisdição norte-americana, se tiver *contatos mínimos* com aquele país, ou poderá ficar sujeita à jurisdição de um tribunal europeu, se celebrar contrato com empresa lá sediada). Por outro lado, poderá ser mais vantajosa a opção por uma cláusula arbitral, como se verá mais adiante.

No que diz respeito à atração de jurisdição das cortes estrangeiras independentemente de qualquer previsão contratual, existem, no direito comparado ocidental, dois grandes modelos de atribuição de jurisdição internacional sobre partes não domiciliadas em seu país e que podem afetar partes brasileiras que se envolvam no comércio internacional: o norte-americano e o europeu, além, evidentemente, do modelo nacional, que pode também atrair o litígio e deve ser levado em conta por empresas transnacionais que aqui desenvolvem negócios.

Assim, a cláusula de eleição de foro diminui o risco de "captura" por uma jurisdição "perigosa", como a norte-americana (devido aos seus altos custos, elevados honorários profissionais, *punitive damages,* etc.) ou mesmo a européia (pelo menos em casos de contratos cíveis e empresariais), embora, no Brasil, a doutrina e a jurisprudência ainda sejam, por vezes, titubeantes e mesmo contraditórias, como se buscará demonstrar neste artigo. Antes disso, será visto o direito comparado sobre a jurisdição de tribunais estrangeiros, à qual poderão ficar sujeitas partes brasileiras independentemente de previsão contratual.

A segunda questão abordada é se a cláusula de eleição de foro é preferível à redação de uma cláusula compromissória, de modo que o artigo termina com uma comparação entre vantagens e desvantagens entre a cláusula de eleição de foro e a cláusula compromissória nos contratos internacionais, concluindo-se pela preferência pela última.

1. Jurisdição das cortes norte-americanas em litígios internacionais

O modelo dos Estados Unidos da América (EUA) é baseado nas concepções de *minimum contacts* e de *public comity.*

A *Supreme Court* assentou os critérios básicos para a jurisdição geral sobre pessoas não residentes nos Estados da Federação (*general personal jurisdiction*) – a jurisdição sobre coisas toma o nome de *in rem jurisdiction* – no caso International Shoe (International Shoe Co. *versus* Washington, 326 U. S. 310), *mininum contacts, fair play and substantial justice*:

Personal jurisdiction is proper when a nonresident defendant has certain minimum contacts with the forum such that the maintenance of the suit does not offend traditional notions of fair play and substancial justice (326 U. S. 316).

Esses critérios de atribuição de jurisdição foram transplantados para casos internacionais, tais como em Helicopteros Nacionales de Colômbia (Helicol) *versus* Hall e em World-Wide Volkswagen.

Em síntese, definiu a *Supreme Court* que seriam *minimum contacts* aqueles *through which a person purposefully avails himself of the privilege of conducting activities within the forum State* (Hanson *versus* Denckla, 357 U. S. 235).

Esses *minimum contacts* ocorrem quando *proximately result from the actions by the defendant himself that create substantial connection with the forum state*, ou quando a parte envida esforços *purposefully directed at the state*.

No *leading case* Helicopteros Nacionales de Colômbia, a Suprema Corte definiu os critérios de jurisdição internacional sobre estrangeiros.

Eis os fatos do caso (como é *praxe* expor a doutrina derivada dos precedentes no sistema do *common law*). Um helicóptero da empresa Helicol (sediada em Bogotá) caiu no Peru. Entre os falecidos, estavam quatro cidadãos norte-americanos, que eram empregados da *Joint Venture* WSH, sediada no Texas e que operava no Peru, por meio do consórcio. Essa empresa fez um contrato com uma empresa estatal peruana e contatou a Helicol para fornecer os helicópteros ao projeto. Houve negociações no Texas, mas o contrato foi assinado no Peru, designado como local de residência de todas as partes contratantes. Houve ainda treinamento do pessoal e aquisição de peças e helicópteros no Texas. Depois da queda de um helicóptero da empresa Helicol, os sobreviventes e os herdeiros de quatro cidadãos norte-americanos ingressaram com uma ação indenizatória na Corte de Houston, no Texas.

Decidiu a Suprema Corte se os contatos de Helicol com o Texas seriam suficientes para atrair a jurisdição desse Estado, ainda que a causa de pedir da ação não guardasse relação com qualquer atividade naquele fórum, nem a Helicol tivesse sede social, ou agência, ou filial naquele mesmo estado?

A decisão tomada foi a de que não há jurisdição das cortes do Texas sobre o litígio, por não haver contatos mínimos e pelo fato de a ação não ter como causa de pedir qualquer ato praticado ou relacionado com o Estado diretamente.

A partir de então, ficou assentada, em primeiro lugar, uma divisão entre jurisdição geral (*general jurisdiction*) e jurisdição específica (*specific jurisdiction*). A primeira significa jurisdição de uma corte sobre qualquer questão ligada à pessoa (domicílio, incorporação de uma sociedade, contatos substanciais, contínuos e sistemáticos) em que a causa não guarde relação direta com o contato; a segunda está ligada apenas ao contato da parte com o fórum (uma franquia montada em um local através de parceiros locais, por exemplo, Burger King Corp. *versus* Rudzewickz, 471 U. S. 462; atos culposos praticados no local).

Infelizmente, não existem testes mecânicos, líquidos e certos, havendo muita fluidez e margem para discricionariedade judicial, e a parte que não redige uma cláusula de eleição de foro ficará sujeita a posições de tribunais daquele país, o que, somado ao modo de funcionamento daquele ordenamento jurídico, agrega bastante imprevisibilidade (*stare decisis doctrine*).

Em Burger King, a Suprema Corte estabeleceu o teste para a jurisdição *in personam* específica. No caso, que não é ainda internacional (mas interestadual), ela estendeu a jurisdição da Corte Estadual da Flórida a uma empresa sediada em Michigan que celebrou contrato de franquia, na Flórida, com a Burger King também sediada na Flórida, cuja discussão dizia respeito a esse contrato.

Nesse caso, ficou assentado que:

> Where the defendant deliberately has engaged in significant activities within a State, [...] or has created continuing obligations between himself and residents of the forum, [...] he manifestly has availed himself of the privilege of conducting business there and because his activities are shielded by the benefits and the protection of the forum's laws it is presumptively not unreasonable to require him to submit the burdens of litigation in that forum as well (Burger King, 471 U. S. 475).

Ou seja, a parte somente escaparia do foro alheio à sua sede se, e somente se, seus contatos com aquele foro fossem raros, fortuitos ou atenuados (*seldom, fortuitous or attenuated*) (Burger King, 471 U. S. 462).

Em casos de responsabilidade civil (*torts*), esses requisitos dos contatos mínimos estariam preenchidos com a colocação dos produtos na cadeia do comércio nacional ou internacional, com a expectativa de que eles seriam vendidos no fórum.

No *leading case* World-Wide Volkswagen, a Suprema Corte entendeu que a mera previsibilidade de que o produto vendido poderia entrar em contato com pessoas do foro não seriam contatos suficientes para submeter um não-residente ao fórum. "The foreseeability that is critical to due process analysis [...] is that defendant's conduct and connection with the forum state are such that he could reasonably anticipate being haled into court there".

No caso Asahi, a Suprema Corte aplicou o teste dos contatos dados pela doutrina da cadeia do comércio a um caso verdadeiramente internacional.

Esse caso merece uma análise mais detalhada pela sua relevância da matéria em exposição. Quanto aos fatos do caso, Asahi é uma empresa sediada no Japão e produtora de equipamentos automobilísticos, sem qualquer escritório, distribuidor ou presença física nos EUA. CSR é uma empresa de Taiwan que montava as motocicletas com parte dos equipamentos adquiridos da Asahi e as colocava no mercado norte-americano. Gary Zurcher, cidadão norte-americano, sofreu um acidente com sua Honda na Califórnia. Zurcher ajuizou ação indenizatória contra ambas empresas, Asahi e CSR, numa corte da Califórnia.

O que foi decido pela Suprema Corte é se a fabricação de equipamentos fora dos EUA, mas que, previsivelmente, poderiam chegar ao seu mercado, seriam contatos suficientes para atribuir jurisdição de uma corte californiana a uma empresa japonesa? A decisão tomada foi a de que não.

Nesse caso, a Supreme Court refinou o teste o *steam of commerce doctrine*, entendendo que, além da colocação do produto no mercado, deveria haver uma firme intenção de atender ao mercado do fórum: *an intent or purpose to serve the market in the forum state* (480 U. S. 102). Além disso, agregou uma análise de *fair play and substantial justice*, entendendo que seria demasiado submeter a empresa japonesa a uma corte californiana sem substanciais interesses do fórum.

Esse propósito apareceria nos seguintes casos: (a) formatação dos produtos para atender aquele mercado do fórum; (b) publicidade naquele fórum; (c) estabelecimento de canais de distribuição para atender consumidores do fórum; (d) estabelecimento de agentes para atender consumidores no fórum.

A facilidade do estabelecimento de jurisdição sobre um caso pelas cortes norte-americanas atrai diversos estrangeiros não residentes em busca de indenizações milionárias – fato que se convencionou a chamar de *forum shopping*. Trata-se de processos que poderiam ser ajuizados em outros locais, mas que a parte demandante prefere arriscar nos Estados Unidos. Por exemplo, diversos brasileiros vítimas de acidente aéreo envolvendo empresa nacional de aviação ajuizaram ações na Califórnia, sede do fabricante da turbina supostamente defeituosa. Brasileiros também têm ingressado nos autos da falência de fabricantes de seios de silicone.

Para enfrentar esse problema do *forum shopping* as cortes dos EUA criaram mecanismos para balancear o interesse público e a *public comity* com os interesses privados dos autores (*forum non conveniens*). A idéia dessa doutrina é assegurar que o processo seja conveniente aos litigantes e aos interesses da Justiça. O teste que a Justiça norte-americana faz para saber se existe outro foro adequado é: (a) se houve cláusula de eleição de foro ou submissão tácita a outra jurisdição; (b) se existe outra corte disponível e mais apropriada (testemunhas, documentos, etc.) (Rodgers, 2003, p. 205 e s.).

Outro aspecto interessante do processo internacional nos EUA é que tribunais norte-americanos podem conceder *anti-suit injuctions*, que são ações mandamentais que comportam liminares (*preliminary injuctions*) para coibir a parte não-residente processada nos EUA de ingressar com ações em tribunais do seu país, com risco de pesadas multas e mesmo de *contempt of court*. Isso é importante, porque alguns advogados brasileiros podem aconselhar as empresas a fazerem cláusulas de eleição de foro para algum tribunal norte-americano, levando em consideração o enfraquecimento dessa cláusula em alguns tribunais domésticos (certos de que poderiam, ainda assim, ingressar com ações no Brasil), mas essa estratégia pode colidir com esse remédio desenvolvido na *common law* norte-americana dos *anti-suit injunctions* (Levy, 2003, p. 163 e s.).

2. O modelo europeu de jurisdição internacional

Outro modelo de estabelecimento de jurisdição é o europeu, que está embasado na Convenção de Bruxelas de 1968.

A regra geral de jurisdição é a do domicílio – a parte deve ser demandada no tribunal de seu domicílio (art. 2°) –, salvo para casos envolvendo a discussão de direitos reais relativos a bens imóveis – foro do local da coisa –, atos constitutivos societários – foro da incorporação –, atos registrais da propriedade industrial – fórum da sede do órgão registral (art. 16). Afora isso, estabelece regras de jurisdição especial para não residentes serem processados fora de seu domicílio:

a) tribunal do local do cumprimento do contrato civil ou empresarial – art. 5º, 1;

b) tribunal do local da execução da prestação de serviços no caso de contrato individual de trabalho – art. 5º, 1;

c) tribunal onde o evento danoso aconteceu – art. 5º, 3;

d) tribunal de localização da filial, agência ou estabelecimento comercial pelos seus atos – art. 5º, 5;

e) tribunal do domicílio do consumidor ou da empresa – art. 14.

A Convenção, em seu art. 21, tem regra específica sobre a litispendência. Dispõe que, em havendo discussão das mesmas partes sobre a mesma *cause of action*, a primeira corte acionada deve ter a prevalência sobre o caso para acertar jurisdição, devendo a outra corte suspender o processo e mesmo declinar da jurisdição, uma vez definida a jurisdição pela primeira corte acionada.

3. A jurisdição internacional de tribunais domésticos

A competência internacional da jurisdição brasileira é fixada, fundamentalmente, no CPC (arts. 88 a 90) – direito interno, portanto. Note-se que o fato de o tribunal nacional ter jurisdição sobre o caso não significa que aplicará a lei doméstica do ponto de vista do direito material; o tribunal nacional, em verdade, aplicará a norma conflitual brasileira, atualmente a LICC, para aplicar o direito ao caso concreto e, no futuro, provavelmente a Convenção do México de 1994 – *V Conferência Interamericana Sobre Direito Internacional Privado* (CIDIP V) – e a *Convenção sobre Compra e Venda Internacional de Mercadorias* (CISG) de Viena de 1980.

O art. 88 do CPC trata da competência concorrente, e o art. 89 trata da competência exclusiva.

Na competência concorrente, a Justiça brasileira tem competência para processar e julgar um caso internacional (envolvendo uma parte não residente), sem que isso exclua a eventual competência de tribunais estrangeiros para conhecer da mesma causa (inclusive, ao mesmo tempo, diante da inexistência de litispendência em nível de processo civil internacional).

São quatro as hipóteses de jurisdição concorrente.

Primeira, quando o autor é estrangeiro (cuidado com a caução do art. 835 do CPC), mas o réu é aqui domiciliado (quer ele seja estrangeiro, quer nacional), que é a regra geral da jurisdição, baseada na territorialidade (TJRS. 9ª Câm. Cív. ApCív 70.005.193.941, 23.03.2005).

Segunda, quando qualquer uma das partes é domiciliada fora do País, mas o contrato (internacional) é parcialmente cumprido ou executado no Brasil – hipótese de jurisdição específica (1º TACivSP, ApCív 880.965-6). O domicílio do réu é aquele definido de acordo com os arts. 70 e ss. do CC e que tratam do domicílio residencial e do profissional.

Terceira, a jurisdição das cortes brasileiras tem implicações também sobre as pessoas jurídicas com filiais ou agências no Brasil, sendo os tribunais domésticos competentes para atos ou fatos relacionados a esses entes jurídicos (CPC, art. 88, parágrafo único). A jurisprudência do Tribunal da Guanabara e do 1º TACivSP expandiram a competência dos tribunais nacionais frente a pessoas jurídicas sediadas no exterior com relação a atos ou fatos praticados no Brasil por intermédio ou representação de qualquer forma de sua agência ou filial (Tribunal da Guanabara, Reclamação 7.511, citado por Franceschini (2002, p. 105); 1ºTACivSP, AgIn 949.804-4). A jurisprudência do Supremo Tribunal de Justiça (STJ) foi até além no direito do consumidor, para admitir a responsabilidade da marca notória, ou seja, de uma filial ou agência brasileira, em responder por atos de outras empresas do grupo acontecidos no exterior que desfrutam da mesma marca (STJ, REsp 63.981-SP, confirmada pelo AR 2.931-SP, o chamado *case* Panasonic).

Quarta, quando uma das partes não é domiciliada no país, mas o ato ou fato ilícito tiver sido praticado em nosso território.

Evidentemente, nesses casos, a citação do não-domiciliado no país terá que ser feita mediante rogatória ativa (ou seja, pelo Ministério da Justiça) ou passiva (mediante controle prévio do STJ), sob pena de sérios riscos de não-homologação na Justiça estrangeira ou nacional.

A viabilidade de concorrência de jurisdição pode provocar, na prática, uma "corrida maluca", pois somente a homologação da sentença estrangeira pelo órgão competente jurisdicional nacional (o STJ) pode gerar o efeito de coisa julgada, e, portanto, interromper uma ação idêntica no Brasil (TJRS, ApCív 70.008.853.731, 8ª Câm. Cív.01.07.2004).

Essa "corrida maluca" é estimulada pela inexistência do instituto da litispendência no Processo Civil Internacional (CPC, art. 90).

Na competência exclusiva, a justiça brasileira deve processar e julgar todas as ações pessoais e reais que tratem de imóveis aqui situados; também é sua exclusividade tratar da sucessão *causa mortis* de bens aqui localizados (a jurisprudência do STF admite que partilhas sejam realizadas no exterior, desde que não alcancem imóveis aqui localizados; de outro lado, a jurisprudência não admite competência da justiça nacional para partilhar bens do inventário localizados fora do território brasileiro).

Existem ainda duas situações não disciplinadas em lei que causam tormenta à jurisprudência. A primeira delas é a competência internacional da justiça brasileira para decretar a separação ou divórcio de cônjuges situados um no Brasil e outro no exterior (independentemente de sua nacionalidade). A doutrina e a jurisprudência mais abalizada admitem essa situação, entendendo que o ordenamento jurídico nacional reconhece esse direito aos que aqui domiciliam, independentemente do domicílio do consorte (TJRS, ApCív 70.001.547.918, rel. Des. José Giorgis).

É defensável, embora não seja unânime (especialmente se se levar em conta a opinião dos processualistas), que as regras do art. 88 do CPC – o art. 89 é norma de ordem pública e, portanto, indisponível – poderão, eventualmente, ser afastadas por submissão voluntária à jurisdição estrangeira, a qual pode ser expressa ou tácita. Será expressa, quando redigida cláusula de eleição de foro em contrato internacional; será tácita, quando o réu aqui domiciliado comparecer perante a Justiça estrangeira e produzir defesa, sem alegar exceção do foro.

Existem regras excepcionais ao Código de Processo Civil, como o Código de Defesa do Consumidor (art. 101), Consolidação das Leis do Trabalho (art. 651), Lei 8.666/93, dentre outras.

Existe também o Protocolo de Buenos Aires para casos civis e comerciais de pessoas de Direito Privado domiciliadas no Mercosul. O Protocolo, além de reconhecer a autonomia da vontade para eleição de foro, permite ao autor acionar o réu em seu domicílio, no local de cumprimento do contrato (como nossa legislação processual) e inova ao permitir ao autor acionar em seu domicílio, se já tiver cumprido sua obrigação.

A conclusão parcial é a de que, muitas vezes, a ausência de um contrato escrito não isentará a parte domiciliada no Brasil de responder a processos no exterior. Por isso, no mais das vezes, valerá a pena a parte fazer um contrato internacional por escrito e nele prever o foro adequado (salvo se houver a alternativa de uma cláusula arbitral, preferível à eleição de foro, por razões adiante elencadas). No entanto, isso não pode ser feito negligentemente, sob pena de não se atingir o efeito adequado, que é garantir o foro mais apropriado às partes.

4. Cuidados na redação de uma cláusula de eleição de foro

Primeiro, o aspecto inicial é cuidar da legislação brasileira. A cláusula de eleição de foro em contratos internacionais está sujeita aos mesmos controles daquela do direito nacional: deve ser escrita e aludir explicitamente o negócio jurídico por ela abrangido (CPC, art. 111, e Protocolo de Buenos Aires), devendo ser evitada em contratos por adesão não paritários (ou seja, em que há grande desnível de poder de barganha entre as partes). E já é bastante conhecida a jurisprudência do Superior Tribunal de Justiça no que diz respeito às cláusulas abusivas insertas em contrato de adesão, como aquelas cláusulas de eleição de foro que visam apenas dificultar o acesso da parte à justiça.

Além disso, a eleição de foro não pode ferir a ordem pública, nem constituir fraude à lei, nem afastar foro inderrogável (competência exclusiva da justiça nacional, art. 89 do CPC, art. 101 do CDC, art. 651 da CLT, por exemplo) (De Nardi, 2002, p. 146 e s.).

A par disso, a jurisprudência do Superior Tribunal de Justiça (STJ, REsp. 251.438-RJ, 4ª T., rel. Barros Monteiro) e de diversos tribunais estaduais, como o Tribunal de Justiça do Rio de Janeiro (TJRJ, ApCív 3.058/2003, 11ª Câm. Cív.), o Tribunal de Justiça de São Paulo (TJSP, Câmara Especial, AgIn 3.124-0, 17.11.1983), o Tribunal de Justiça do Paraná (TJPR, AgIn 76.753.100, 10.08.1999) e também de algumas Câmaras do extinto 1º Tribunal de Alçada de São Paulo (1º TACivSP, ApCív 835.916-8; AgIn 610.580-8) e do extinto Tribunal de Alçada do Rio Grande do Sul (TACRS, AgIn 196.040.638, 6ª Câm. Cív., 23.05.1996) não admitem a exclusividade da cláusula de eleição de foro aposta ao contrato internacional, admitindo processar e julgar determinada matéria quando acionado o tribunal doméstico, ainda que a cláusula remeta a foro estrangeiro.

A argumentação que sustenta esse posicionamento reside na doutrina processualista abalizada de José B. de Mesquita (1998),[1] que defende que os particulares não podem criar ou estabelecer jurisdição ou competência, sendo esta uma atribuição da legislação diante do monopólio estatal da jurisdição e do aspecto de soberania daí derivado. Nessa linha de pensamento, entende-se que os arts. 88 e 89 do CPC são normas de ordem pública inderrogáveis. Dessa forma, as cortes nacionais sempre mantêm inafastável a sua competência concorrente, a despeito da eleição de foro estrangeiro.

Em contraposição, existem também julgados do Tribunal de Justiça do Rio Grande do Sul (TJRS, AgIn 70.005.228.440, 19ª Câm. Cív., rel. Luís Augusto Coelho Braga, julgado em 08.04.2003), do extinto 1º Tribunal de Alçada Cível de São Paulo (1º TACivSP, ApCív 733.139-1) e, direta ou indiretamente, do Tribunal de Justiça do Rio de Janeiro (ApCív 5.097/94, de 06.12.1994; AgIn 7.195/2001) admitindo a exclusividade da eleição de foro, sendo esse o posicionamento que parece mais adequado ao comércio internacional e da segurança por ele exigido. Se assim não fosse, qual seria o sentido de se redigir uma cláusula de eleição de foro? Todo o desgaste de discussão da cláusula (o que os economistas modernamente chamariam de *custos de transação*) seria em vão.

Portanto, aquele posicionamento que não reconhece a exclusividade do foro de eleição não está de acordo com a solução do direito processual internacional

---

[1] No mesmo sentido, ver Soares (2002, p. 259).

comparado (tanto dos EUA quanto da União Européia, como se verá mais adiante) e se mostra equivocado, podendo vir a ser modificado com a entrada em vigor do Protocolo de Buenos Aires (pelo menos, quando estiver envolvida uma parte que integre o Bloco), já que essa normativa internacional pressupõe a exclusividade da jurisdição, quando houver a cláusula de eleição de foro (De Klor, 2003, p. 169).

O posicionamento do Supremo Tribunal Federal a respeito não é expresso, mas apontaria uma preferência pelo respeito à cláusula de eleição foro. Diz-se isso porque, segundo a jurisprudência do STF, caso a parte domiciliada em território nacional seja citada em foro estrangeiro eleito contratualmente, dele não poderá se furtar, sob pena de revelia (STF, SE 4.415). Entretanto, se não houver cláusula de eleição de foro, pode o domiciliado no Brasil rejeitar a sua sujeição à jurisdição estrangeira mediante argüição de exceção – o que pode ser feito quando for aqui citado por rogatória, não precisando constituir advogado estrangeiro para fazê-lo lá (STF, Carta Rogatória 4.983). Claro que poderá a justiça estrangeira não acolher esse entendimento, mas a decisão daquele país não será reconhecida aqui. A par disso, a submissão voluntária não se confunde com a submissão necessária ou obrigatória, que ocorre quando o nacional pratica um ato no exterior pelo qual está sendo processado (caso em que a competência é mesmo da jurisdição exterior).

Segundo, deve-se escolher um foro conveniente. Os tribunais domésticos não aplicam a teoria do *forum non conveniens* do sistema do *common law*, mas parte significativa da doutrina nacional defende que o tribunal eleito pelas partes deve ter algum contato com a relação jurídica entabulada pelo contrato, não sendo válida a remissão a um tribunal "neutro", sem qualquer contato razoável com o foro escolhido (Fraceschini, 2002, p. 105).[2] Nesse sentido, a eleição de foro deve respeitar algum critério de conexão reconhecido pela legislação nacional (domicílio de uma das partes, local de execução do contrato, etc.). Segundo essa linha de pensamento, não se deve admitir a eleição de foro pela *expertise* de um determinado tribunal estrangeiro no julgamento de uma matéria, como as cortes de Londres em matéria marítima, por exemplo, se não guardar relação com o contrato firmado (como seria se uma empresa argentina firmasse um contrato com uma empresa nacional, com foro para Nova Iorque ou Londres).

Por isso, essa doutrina entende que os tribunais nacionais não deveriam admitir jurisdição sobre caso com qual não guarde relação nenhuma nos termos dos arts. 88 e 89 do CPC. Nem, tampouco, deveriam admitir julgar um processo cuja sentença seja de eficácia duvidosa em outro país, porque dificilmente será homologável ou executável (*efetividade do processo*).[3]

Esse posicionamento é reforçado pela letra do Protocolo de Buenos Aires, que estabelece que o foro eleito deve ser razoável, ou seja, guardar relação com os elementos de conexão do mesmo Protocolo (art. 4º e art. 1º, *b*).

[2] Na mesma linha, ver Soares (2002, p. 259).
[3] Ver Soares (2002).

Curiosamente, essa mesma doutrina admite a eleição de um local de arbitragem neutro às partes (?!), não havendo justificativa para dar tratamento diverso à cláusula de eleição de foro. Se as partes podem optar por um tribunal arbitral situado em local neutro ou com grande *expertise* em uma determinada matéria (como a Liverpool Cotton Association para questões ligadas ao comércio internacional de algodão ou a Câmara Arbitral do Café e Pimenta do Havre), por que não poderiam fazê-lo para tribunais estatais estrangeiros?

Esse entendimento que não admite a eleição de um tribunal neutro se afigura equivocado e mesmo ultrapassado, sendo que, no próprio EUA, se admite como fórum conveniente aquele eleito pelas partes, independentemente se ele mantenha ou não contato com a relação jurídica estabelecida entre as mesmas (Rodgers, 2003, p. 205 e s.). Existem mesmo autores latino-americanos que defendem que a vontade (salvo casos de evidente disparidade de poder de barganha contratual, como nas relações de consumo) é elemento de conexão suficiente para tornar o foro eleito razoável ou conveniente (Arroyo, 2003, p. 154). Ele revela o desconhecimento da prática do comércio internacional, onde, normalmente, será melhor às partes serem julgadas por um foro neutro, já que o fórum de uma das partes pode afigurar-se suspeito para a parte domiciliada no outro país.

Terceiro, outro aspecto a ser analisado é se há contratos coligados que possam atrair um contrato com cláusula de eleição de foro para outras jurisdições, não sendo infreqüente se encontrarem, na prática, contratos coligados à mesma finalidade com cláusulas de eleição de foro diversas e mesmo contraditórias (se se tratar de um contrato internacional acessório a um contrato principal doméstico, como no precedente citado do STJ, ele poderá ser atraído para a jurisdição do contrato principal).

Quarto, deve-se avaliar se existem filiais, sucursais, agências ou agentes da empresa estrangeira que celebrou o contrato internacional com foro de eleição para justiça estrangeira, pois a presença indireta no território nacional pode atrair a jurisdição das cortes nacionais pela *teoria da aparência* para contratos que tenham contato com o Brasil (por exemplo, contratos de exportação ou importação que foram intermediados por agentes brasileiros de uma companhia estrangeira).

Quinto, há que se cuidar também o direito estrangeiro. De nada adianta escolher um foro, se o país do tribunal eleito não aceitar jurisdição sobre a matéria, ou se o ordenamento jurídico da empresa co-contratante não admitir a eleição de foro (por exemplo, o Uruguai é bem rígido nesse sentido e a Argentina também o era até há pouco tempo atrás, mesmo os EUA já foram rígidos antes da década de 70 do século XX).

Nos EUA, admite-se a eleição de foro – Brehmen *versus*. Zapata Off Shore Company (407 U. S. 1 e Carnival Cruise Lines *versus* Shute (499 U. S. 585).

No *leading case* Brehmen *versus* Zapata, a *Supreme Court* enfrentou um caso envolvendo uma empresa norte-americana sediada em Houston contra uma empresa alemã que fora por ela contratada para fazer um transporte internacional de uma mercadoria. As partes formalizaram contrato escrito, no qual havia uma cláusula de eleição de foro para a *London Court of Justice*. Ignorando a referida cláusula, Zapata ingressou com uma ação nos EUA contra a empresa alemã transportadora. A Suprema Corte extinguiu o feito e concluiu pela validade da cláusula de eleição de foro, nos seguintes termos:

> The expansion of American business and industry will hardly be encourage if, notwithstanding solemn contracts, we insist on a parochial concept that all disputes must be resolved under our laws and in our courts. [...] in an era of expanding world trade and commerce, the absolute aspects of the doctrine of the Carbon Black case have little place and would be heavy hand indeed on the future development of international commercial dealings by Americans. We cannot have trade and commerce in world markets and international waters exclusively on our terms, governed by our laws and resolved in our courts. [...] such clauses are prima facie valid and should be enforced unless enforcement is shown by the resisting party to be unreasonable under the circumstances. [...] This approach is substantially that followed other common law countries including England. [...] It accords with ancient concepts of freedom of contract and reflects an appreciation of the expanding horizons of American contractors who seeks business in all parts of the world.
>
> There are compelling reasons why a freely negotiated private international agreement, unaffected by fraud, undue influence or overweening bargaining power should be given full effect. [...] It cannot be doubted for a moment that the parties sought to provide for a neutral forum for the resolution of any disputes arising (the contract).[...] The elimination of all such uncertainties by agreeing in advance on a forum acceptable to both parties is an indispensable element in international trade, commerce and contracting.

Já no *leading case* Cruise Line, a Suprema Corte teve a oportunidade de se manifestar sobre a eleição de foro em contratos de consumo. Ela acabou por aceitar como válida a eleição de foro impressa, em letra pequena (como as demais cláusulas), no verso do bilhete da passagem do cruzeiro marítimo. Tratava-se de uma ação indenizatória movida por uma consumidora de um cruzeiro que escorregou no *deck* do navio. Ela embarcou em Los Angeles, e o acidente aconteceu em águas mexicanas. O contrato elegia o foro da Florida, sede da ré.

Na Europa, também se admite, pela Convenção de Bruxelas, art. 17:

> If the parties, one or more of whom is domiciled in a Contracting State, have agreed that a court or the courts of a Contracting State are to have jurisdiction to settle any disputes which have arisen or which may arise in connection with a particular legal relationship, that court or those courts shall have exclusive jurisdiction.

No Mercosul, igualmente se concorda com a eleição de foro pelo Protocolo de Buenos Aires (embora com as restrições já comentadas sobre a razoabilidade ou conveniência do fórum escolhido).

Sexto, outro cuidado é se a decisão do tribunal eleito será homologável e/ou executável no país onde estão localizados os ativos. Via de regra, em matéria de reconhecimento de sentenças estrangeiras, a legislação, no direito comparado, costuma evitar que o tribunal doméstico avalie o mérito da decisão alienígena em processo de homologação, resguardando apenas a sua ordem pública. No Brasil, esses requisitos aparecem no art. 15 da LICC, associando a esse controle da ordem pública (aqui chamada de *juízo de delibação*) alguns requisitos formais (tradução juramentada, cópia autenticada e consularizada, comprovação do trânsito em julgado).

O Brasil recentemente alterou a competência para homologação de sentenças e de laudos arbitrais estrangeiros via EC 45/2004, passando essa matéria para o âmbito de atuação do Superior Tribunal de Justiça (STJ), e não mais do Supremo Tribunal Federal (STF). O STJ emitiu a Resolução 09/2005, e já homologou sentenças e laudos arbitrais estrangeiros.

São novidades da Resolução 09/2005, do STJ: a possibilidade de rogatórias de medidas liminares em processos cautelares movidos no exterior (art. 7º) e medidas de urgência a serem concedidas pelo relator do processo de homologação de sentença estrangeira (art. 4º).

No que diz respeito à homologação de sentença estrangeira, é relevante observar o Protocolo de Las Leñas, sobre cooperação judiciária no âmbito do Mercosul. Esse Protocolo isentaria a parte de homologar a decisão de tribunais dos Estados-Parte, havendo a possibilidade de execução direta via Carta Rogatória (CR), o que foi efetivamente aplicado pelo STF, com algumas nuances, na CR 8.240/98.

Sétimo, outro importante aspecto é atentar para a clareza na redação da cláusula. Sobre isso, deve-se ver a sugestão de Weintraub, grande professor de processo civil internacional da Universidade do Texas (Weintraub, 1997, p. 52):

> Any action arising from or in any way related to this transaction shall be brought only in the state courts in the first judicial district of the state of New York and both parties agree that they shall not seek forum non conveniens dismissal of any action so brought and shall not seek removal to federal court or, if removal is effected despite this agreement, they shall not move for transfer from the federal district in New York to which the case has been removed. This forum-selection agreement applies no matter what the form of action, whether in rem, in personam, or any other, and no matter what the theory of the action, whether tort, contract, or any other, or whether based on any statute, rule or regulation, now existing or hereafter enacted.

Compreendidas as regras sobre jurisdição nacionais e estrangeiras, bem como as vantagens e implicações de uma cláusula de eleição de foro, cumpre agora explicar a cláusula compromissória e fazer uma comparação entre ambas cláusulas de solução de disputas a seguir.

5. A cláusula compromissória (arbitral)

Se o contrato internacional foi definido na introdução como aquele que contém um elemento de estraneidade (ligação com mais de um ordenamento jurídico), arbitragem internacional é aquela em que a sentença arbitral é proferida fora do território nacional, e arbitragem doméstica é aquela em que a sentença arbitral é lançada no Brasil (Lei 9.307/96, art. 39).

Em um contrato internacional, pode haver tanto uma arbitragem internacional como uma arbitragem doméstica. Pragmaticamente, esta última modalidade oferece a vantagem de prescindir de uma ação de homologação perante o STJ (da mesma forma que uma sentença de um juiz estatal em comparação com um juiz estatal estrangeiro). Com efeito, a sentença arbitral nacional vale como título executivo judicial, podendo ser executada perante o Poder Judiciário brasileiro sem a necessidade de uma homologação prévia. Caso a parte estrangeira fique relutante (por questões de neutralidade de um árbitro brasileiro ao julgar interesses de empresas nacionais), pode-se, inclusive, fazer uma arbitragem nacional com um árbitro de nacionalidade estrangeira. Pense-se, por exemplo, em um contrato internacional firmado entre empresa brasileira e empresa argentina, no qual se faz constar uma cláusula compromissória de arbitragem a ser realizada, no Brasil, com um árbitro uruguaio ou chileno. Por outro lado, deve ser ponderado que às empresas brasileiras pode interessar o oposto, ou seja, fazer a arbitragem no país de seus parceiros, justamente para evitar o processo homologatório ao qual teria que recorrer, caso fizesse a arbitragem no Brasil.

A arbitragem, como ressabido, é uma forma privada de solução de controvérsias que escapa à jurisdição estatal. Contudo não deixa de ser heterocomposição da lide por um terceiro imparcial, o árbitro, que é, por lei, juiz de fato e de direito. Tão antiga quanto a filosofia grega e o direito romano clássicos, a arbitragem recuperou seu fôlego no século XX, em virtude da globalização, do desenvolvimento e da ampliação do comércio internacional (e mesmo da *lex mercatoria*).

De especial relevo para sua institucionalização nos sistemas legais domésticos foi a Convenção de Nova Iorque de 1958, da qual a maioria dos países integrantes da ordem econômica mundial são signatários. Inequivocamente, ela é uma forma concorrente da jurisdição estatal e acaba ocupando espaços ou lacunas deixadas por esta última (seja pela sua falta de especialidade, seja, mesmo, por sua morosidade). Tanto isso é verdade, que a cláusula compromissória tem efeitos positivos (dar competência ao tribunal arbitral) e negativos (retirar competência dos tribunais estatais).

A cláusula compromissória ou cláusula arbitral, perante a legislação brasileira, é uma espécie do gênero convenção arbitral, que é o acordo de vontades que submete uma lide presente ou futura ao juízo arbitral. A convenção tanto pode ser uma cláusula compromissória (art. 4º da Lei 9.307/96) ou um compromisso arbitral (art. 11 da Lei 9.307/96). A distinção entre elas é a de que, no primeiro caso, se opta pela via arbitral antes de surgido o litígio; ao passo que, no segundo caso, a opção pela arbitragem se dá após o surgimento do conflito (lide). É recomendável que as partes optem pela cláusula compromissória, aproveitando que ainda existe confiança mútua, já que, por vezes, o desentendimento das partes provoca a "perda do encanto" do relacionamento, sendo difícil a composição para se chegar ao compromisso arbitral, especialmente nos casos em que uma das partes tem claro que não tem razão e que precisa ganhar tempo com a discussão do litígio.

A cláusula compromissória pode ser cheia ou vazia. Ela é cheia nas hipóteses em que é redigida com todos os elementos para a instituição da arbitragem: língua, local da arbitragem, instituição arbitral, regulamento, previsão sobre o ônus de sucumbência. A cláusula é vazia, quando ela aponta a preferência das partes pela via arbitral, sem, no entanto, viabilizar a instituição imediata da arbitragem, devendo a parte prejudicada recorrer ao Judiciário nos termos do art. 7º da Lei 9.307/96, caso a outra parte fique recalcitrante. Mais perigosamente, a cláusula compromissória pode ser patológica, o que acontece quando as partes elegem uma instituição arbitral inexistente ou mesmo em conflito com a jurisdição estatal.

Recomenda-se que, na hipótese de opção pela cláusula cheia, as partes escolham instituições idôneas, com regulamento já testado em tribunais estatais, algum ementário "jurisprudencial" e com árbitros previamente cadastrados – chamada de arbitragem institucional ou controlada. Além disso, aspectos que não devem ser ignorados são as taxas de administração do processo cobradas pela instituição cogitada, bem como os honorários dos seus árbitros.

Outro ponto importante na redação da cláusula compromissória é decidir se será um árbitro singular ou um painel composto por três árbitros que julgará o litígio. Esta última deliberação, de um lado, traz maiores encargos financeiros às partes, mas, por outro, diminui os riscos de uma decisão imprevisível.

Quando o negócio jurídico envolver contatos com empresas sediadas em países regidos pelo *common law* – normalmente, orientadas por advogados dessa jurisdição –, pode ser o caso da eleição de regras sobre a produção de provas (como as da International Bar Association), devido a possíveis desentendimentos dos advogados originados de culturas jurídicas distintas sobre os limites e o método de colheita da prova. Por exemplo, os norte-americanos têm o instituto da *pre trial discovery,* não usual nos países do *civil law.* Em casos de arbitragem em contratos internacionais, os advogados de empresas norte-americanas poderão querer produzir provas de acordo com seu sistema legal, e essa discussão arrisca consumir o processo arbitral.

A cláusula compromissória pode ou não ser acompanhada de uma cláusula de eleição de foro. Quando não há ressalvas na redação da cláusula de eleição de foro sobre os seus limites, grandes são os riscos, no direito nacional e comparado, de um tribunal estatal aceitar jurisdição sobre o caso, entendendo que a eleição sem ressalvas, tanto da via arbitral como da estatal, significaria a intenção das partes em abrir alternativas à parte prejudicada em caso de conflito de interesses. E, mesmo que assim não fosse, a eleição das duas formas de solução de controvérsias sempre abriria a chance de a parte que pretende boicotar a arbitragem buscar a obtenção de uma medida *anti suit*, para suspender a sua instauração.

Evidentemente que interpretações diversas são possíveis – e até mais corretas –, ou seja, no sentido de que a eleição de foro, mesmo que sem ressalvas para determinadas questões, quando escrita concomitantemente a uma cláusula arbitral, deveria ser interpretada restritivamente, dado que a cláusula arbitral tem o efeito negativo de excluir a jurisdição estatal. Nesse diapasão, a eleição de foro pelas partes diria respeito ao foro competente para discussões relativas ao próprio procedimento arbitral, tais como sua validade ou então para questões ligadas a tutelas de urgência ou ao processo de execução do laudo arbitral. Contudo, a tarefa de redigir cláusulas em contratos internacionais não é uma tarefa acadêmica, mas sim prática, de modo que riscos interpretativos devem ser evitados.

Diante dessas considerações, o mais adequado é que, se as partes optarem pela combinação das duas cláusulas em questão, deixem claro que a competência do Poder Judiciário é exclusiva para medidas cautelares pré-arbitrais (ou preparatórias no jargão processual), ou para a execução da sentença. Contudo nem isso é recomendado como regra geral, pois a eleição de um tribunal estatal para a proposição de medidas cautelares pode ser frustrante às partes, ao prendê-las a um foro de determinado país para a obtenção de uma tutela de urgência, como um arresto ou um seqüestro de bens. Isto porque a medida pode ter de ser cumprida em outro país, diferente do foro eleito (onde haveria, por exemplo, ativos de uma empresa), e a parte acabaria dependendo de uma carta rogatória para tanto, a qual, normalmente, tem uma tramitação lenta – isso quando o país destinatário aceitar cumprir liminares em sede de rogatórias.

6. Por que a parte em busca de segurança e de previsibilidade deve preferir a cláusula arbitral em contratos internacionais?

Em primeiro lugar, porque existem convenções internacionais e leis-modelo altamente reconhecidas sobre arbitragem, pacificando as discussões sobre a cláusula arbitral e o seu reconhecimento – como é o caso da Convenção de Nova Iorque de 1958 e da V Conferência Interamericana Sobre Direito Internacional Privado, bem como da Lei Modelo da *United Nations Commission on International Trade Law* (Uncitral), do Instituto Internacional de Unificação do Direito Privado (Unidroit) –, o que não acontece com a cláusula de eleição de foro, que "escorrega" ainda na tentativa de formulação de uma convenção em Haia sobre jurisdição internacional, desde 1992, com poucos avanços.

Em segundo lugar, deve-se preferir a arbitragem, porque a cláusula compromissória evita a discussão da jurisdição concorrente das cortes nacionais baseada no art. 88 do CPC, havendo diversos precedentes do STF reconhecendo a validade de laudo arbitral estrangeiro com a exclusão de qualquer outro foro de discussão do contrato, com o requisito que não se ofenda o art. 89 do CPC. (*RTJ* 138/466 e também SEC 378-1)

Em terceiro lugar, deve-se preferir a arbitragem à jurisdição estatal, porque a escolha de um tribunal poderá significar a aplicação das normas conflituais do país-sede, que, eventualmente, pode não aceitar a autonomia da vontade para a escolha da lei (como o Uruguai e o Brasil, por exemplo), ao passo que a arbitragem internacional, normalmente, garante a escolha da lei pelas partes (e mesmo a solução por eqüidade).

Em quarto lugar, deve-se preferir a cláusula compromissória pela facilidade do procedimento das câmaras arbitrais. A jurisdição estatal dependerá de cartas rogatórias, que são lentas, dependem de cooperação judicial entre países. A citação em processos arbitrais tende a ser mais simples, como cartas com aviso de recebimento, conforme as previsões dos regulamentos das principais câmaras arbitrais.

Por fim, a arbitragem permite a eleição de árbitros conhecedores do direito internacional e da *lex mercatoria,* evitando que tribunais estatais pouco experimentados no assunto tenham que enfrentar questões que fogem ao seu dia-a-dia (como contratos de *joint ventures,* transferências de tecnologia, cartas de crédito, *incoterms* etc.).

7. Referências bibliográficas

ARROYO, Diego. Aspectos generales del sector de la jurisdicción internacional. In: —— (Org.). *Derecho internacional privado de los Estados del Mercosur.* Buenos Aires: Zavalia, 2003.

BAPTISTA, Luiz Olavo. *Dos contratos internacionais* – Uma visão teórica e prática. São Paulo: Saraiva. 1994.

BASSO, Maristela. *Contratos internacionais do comércio.* 3. ed. Porto Alegre: Livraria do Advogado, 2002.

DE NARDI, Marcelo. Eleição de foro: uma visão brasileira. In: RODAS, João Grandino (Org.). *Contratos internacionais.* 3. ed. São Paulo: Revista dos Tribunais, 2002.

FRACESCHINI, José Inácio. A lei e o foro de eleição. In: RODAS, João Grandino (org.). *Contratos internacionais.* 3. ed. São Paulo: Revista dos Tribunais, 2002.

DE KLOR, Adriana Dreyzin et al. Dimensiones convencional e institucional de los sistemas de juridicción internacional de los Estados mercosureños. In: ARROYO, Diego (Org.). *Derecho internacional privado de los Estados del Mercosur.* Buenos Aires, Zavalia, 2003.

LEVY, David. Anti-suit injunctions in multinational cases. In: LEVY, David (Org.). *International Litigation.* Nova Iorque: American Bar Association, 2003.

DE MESQUITA, José Inácio Botelho. Da competência internacional e dos princípios que a informam. In: *Revista de Processo,* n. 50. São Paulo: Revista dos Tribunais, 1998.

MURTA, Roberto de Oliveira. *Contratos em comércio exterior.* São Paulo: Aduaneiras, 1995.

RODGERS, Anne M. Forum non conveniens in International Cases. In: LEVY, David (Org.). *International litigation.* Nova Iorque: American Bar Association, 2003.

SOARES, Marta Gonçalves da Silva. A cláusula de eleição de foro em contratos internacionais. In: *Revista da Faculdade de Direito da UFRGS,* v. 22. Porto Alegre: Sulina, 2002.

STRENGER, Irineu. *Contratos internacionais do comércio.* São Paulo: Revista dos Tribunais, 1986.

— 8 —

Arbitragem no comércio internacional: análise do caso Alon/Aib *versus* Converse inc.

Sumário: Introdução; I – Premissas Teóricas; A) Aspectos Conceituais; B) Histórico do Instituto; C) Histórico legislativo da arbitragem no Brasil; D) Comparação da arbitragem com o poder judiciário estatal; E) Classificação; F) Convenção Arbitral; II – Da análise do acórdão propriamente dito; A) Dos fatos da causa; B) Da decisão do TJRS; C) Da "ratio decidendi".

Introdução

O objetivo do presente artigo é comentar importante precedente do Tribunal de Justiça do Rio Grande do Sul (TJRS) que admitiu a constitucionalidade da cláusula arbitral inserta em um contrato internacional firmada por um grupo de empresas nacionais (AIB Serviços e Comércio Ltda., Alon Brasil Comércio e Distribuição de Calçados Ltda. e Alon Internacional S.A.) frente a uma empresa norte-americana (Converse INC.). Trata-se de um importante *leading case* que acaba por admitir, na esteira da jurisprudência do Supremo Tribunal Federal (STF), a utilização de cláusula arbitral inserta em contrato livremente firmado entre as partes. Este artigo busca comentar e analisar criticamente este acórdão (Segunda Parte), o que se fará tendo em vista premissas teóricas lançadas na Primeira Parte.

Eis a ementa de decisão que será aqui analisada:

CONTRATO INTERNACIONAL DE LICENCIAMENTO. RESCISÃO UNILATERAL. PEDIDO DE MANUTENÇÃO DO CONTRATO. ELEIÇÃO DE JUÍZO ARBITRAL. LIMITE À JURISDIÇÃO. INEXISTÊNCIA DE AFRONTA AO ART. 5º, XXXV, DA CF. PEDIDO JURIDICAMENTE IMPOSSÍVEL FRENTE À LIMITAÇÃO CONVENCIONADA PELAS PRÓPRIAS PARTES.

Com efeito, devendo ser cumprida no Brasil a obrigação contratual, é competente para examinar eventual demanda, conforme os arts. 12 da LICC e 88 do CPC, a autoridade judiciária brasileira. Mas a admissão da competência da Justiça brasileira significa, apenas, que o caso há de ser examinado, ainda que seja para reconhecer o limite à jurisdição frente à cláusula arbitral.

Cabe a cada estado definir o alcance de sua própria jurisdição e o brasil, ao editar a Lei 9.307/96, Acabou por instituir uma limitação à intervenção judicial na arbitragem privada. E, não se pode deixar de consignar, não há qualquer inconstitucionalidade nesta lei, como já afirmou o Supremo Tribunal Federal na SE nº 5.206/Espanha.

A leitura da cláusula firmada pelas partes não deixa dúvidas de que todas as questões pertinentes ao contrato devem ser dirimidas pelos árbitros eleitos, inclusive, evidentemente, a questão que diz com a manutenção ou não do contrato no período de pendência do juízo arbitral. Destarte, por expressa convenção das partes, não cabe ao judiciário examinar o cabimento da postulação da autora, e isto, como já mencionado, por ser a livre expressão da vontade das partes, envolvendo apenas questões patrimoniais privadas, não afronta de forma alguma o art. 5º, xxxv, da constituição federal.

Apelação desprovida, por maioria, vencido o presidente que desconstituía a sentença. (Apelação Cível nº 70011879491, 9ª Câmara Cível, TJ/RS, Rel. Des. Marilene Bonzanini Bernardi).

I – Premissas Teóricas

As premissas conceituais para o exame do acórdão serão divididas em: A) aspectos conceituais da arbitragem; B) histórico do instituto; C) histórico da legislação arbitral no Brasil; D) comparação da arbitragem com o Poder Judiciário estatal; E) classificação da arbitragem; e F) convenção arbitral. Essas premissas conceituais são importantes já que, dentro de nossa tradição jurídica, os tribunais evitam fazer doutrina jurídica, ao contrário dos *leading cases* das cortes de países da *common law*. Em nossa tradição, os julgadores, com raras exceções, limitam-se a citar as autoridades, como fundamento da decisão, incorporando a doutrina jurídica no corpo do acórdão e tomando-a, no mais das vezes, como um dado do problema. O acórdão a ser analisado não é diferente. Ele julgou a lide, sem adentrar em alguns aspectos doutrinários controvertidos sobre o tema, que foram tomados como pressupostos, os quais merecem aqui esclarecimento antes de se adentrar no exame crítico do julgamento. Cabe então explicitar alguns conceitos que devem ser trazidos preliminarmente para que o impacto do acórdão seja medido em toda a sua dimensão.

A) Aspectos Conceituais

A compreensão do caso julgado pelo Tribunal depende um conceito preliminar de arbitragem. O TJ não definiu expressamente a arbitragem, mas afirmou: "cabe a cada Estado definir o alcance de sua própria jurisdição, e o Brasil, ao editar a Lei 9.307/96, acabou por instituir uma limitação à intervenção judicial na arbitragem privada". Percebe-se que, indiretamente, posicionou-se o Tribunal pelo entendimento que vê a arbitragem como um exercício privado de jurisdição, tanto que afirmou que cabe ao Estado definir "a sua jurisdição". Logo, admitiu uma outra modalidade de jurisdição que seria a privada, a qual não poderia sofrer intervenção estatal inclusive.

Nesse sentido, arbitragem (nacional ou internacional) é uma espécie de exercício não estatal de jurisdição, ou seja, é uma espécie de julgamento dos conflitos (lides) emergidos de relações contratuais patrimoniais por um ente privado (o árbitro), que, por sua vez, substitui a figura do juiz estatal.[1] Por conta disso,

---

[1] ALVIM, J. Carreira. *Teoria Geral do Processo*. 8ªed. Rio de Janeiro: Forense, 2003, p. 80 e ss. ARAÚJO, Nadia de. *Direito Internacional Privado*. Rio de Janeiro: Renovar, 2003. RECHSTEINER, Beat. *Direito Inter-*

deve-se ter em mente que esta concepção de arbitragem, como exercício de jurisdição, corresponde a uma quebra de um tradicional paradigma da teoria geral do processo (para não dizer dogma) de monopólio estatal da jurisdição. Por isso a decisão em exame é importante, já que ela reconheceu a legitimidade ao exercício privado da jurisdição não como uma forma "alternativa", mas como uma forma principal de solução de controvérsias – que se coloca ao lado do direito de ação perante os tribunais nacionais e que não pode sofrer sua intervenção.

E é justamente nesse sentido que a arbitragem se diferencia da mediação. Com efeito, a arbitragem não se confunde com os chamados métodos alternativos de solução de disputas (as *Alternative Dispute Resolutions*), pois estas abarcam todas as técnicas de solução amigável de disputas, pressupondo a possibilidade de se estabelecer um consenso das partes envolvidas por meio da intermediação da figura do mediador ou conciliador. Nessa esteira, as opiniões dos mediadores não vinculam as partes, ao contrário das sentenças arbitrais, as quais têm o mesmo valor legal de uma sentença judicial. E por isso, as técnicas de mediação ou de autocomposição não se confundem com as técnicas da arbitragem, que são tipicamente de heterocomposição da lide.[2] Tanto isso é verdade que, como se verá a seguir, a cláusula arbitral julgada pelo TJRS tinha previsão tanto de mediação, quanto de arbitragem.

Quanto à natureza jurídica, a arbitragem é um instituto híbrido, pois envolve tanto as questões atinentes ao direito material (requisitos da convenção de arbitragem, limites à autonomia privada e à liberdade individual) e também questões de direito processual (procedimento, requisitos, etc.).[3] O TJRS não se posiciona a respeito desse assunto. Contudo, os dois aspectos foram referidos no acórdão em alvitre, que fez alusão ao procedimento arbitral perante a *American Arbitration Association (AAA)* e à cláusula arbitral inserta no contrato, sendo sobre esta última a análise mais detida da *vexata questio*.

B) Histórico do Instituto

Naturalmente o acórdão analisado não faz um estudo histórico da arbitragem. Freqüentemente diz-se que a arbitragem é uma novidade. No entanto, já na "Retórica" de Aristóteles, encontra-se referência à arbitragem como forma mais justa ou mesmo eqüânime de julgamento de litígios. Com efeito, dizia o estagirita:

> ... dissemos que há duas espécies de atos justos e injustos (uns fixados pela escrita e outros não), ocupamo-nos dos que as leis registram; mas dos que as leis não registram ... correspondem a uma omissão da lei particular e escrita. Pois o equitativo parece ser justo e é eqüitativa a justiça que ultrapassa a lei escrita. Ora se equidade é o que acabamos de dizer, é fácil ver quais são os atos eqüitativos e quais não

---

nacional Privado. São Paulo: Saraiva, 2003.

[2] Para técnicas de negociação, ver STONE, Douglas *et all. Conversas difíceis*. Rio de Janeiro: Elsevier Editora, 2004.

[3] Ver, por todos, SILVA, Eduardo Silva da. *Arbitragem e direito da empresa*. São Paulo: Revista dos Tribunais, 2003.

o são...também desejar que a ação se resolva mais pela palavra do que pela ação. E ainda querer mais o recurso a uma arbitragem do que ao julgamento dos tribunais; pois o árbitro olha para a equidade, mas o juiz apenas para a lei; e por esta razão se inventou o árbitro, para que prevaleça a equidade.[4]

Este depoimento de Aristóteles dá conta de que havia, à era clássica grega, o recurso à arbitragem, a qual, inclusive, gozava de maior prestígio com ele do que a jurisdição estatal.

O direito romano antigo, em todas as suas fases, foi farto em aceitar a participação dos *arbiter* na administração da justiça, seja no procedimento *per actiones* em que o pretor fixava a *litiscontestatio,* e o árbitro julgava a lide, como em determinados éditos pretorianos aparecem fórmulas dirigidas a arbitros e finalmente nos interditos também há referência aos árbitros como responsáveis por uma mitigação da rigidez do *ius civile* romano.[5]

No direito medieval existem inúmeras referências ao procedimento arbitral, inclusive como forma de manter a convivência entre romanos e bárbaros invasores.[6]

A formação do estado moderno trouxe consigo a concentração, nas mãos do rei, da distribuição da justiça, afastando-se a jurisdição privada como forma de resolver os conflitos sociais. A consolidação das democracias na modernidade apenas retirou dos reis o poder jurisdicional para entregá-lo a um outro poder estatal, o chamado Poder Judiciário, sem que o procedimento arbitral recuperasse o vigor outrora reconhecido.

Foi somente no século XX, com o desenvolvimento do comércio internacional que a arbitragem voltou a cena, recuperando o seu prestígio, graças, fundamentalmente ao Tribunal de Arbitragem da Câmara de Comércio Internacional (ICC – sediada em Paris), fundado em 1923.

A decisão do TJRS coloca nossa jurisprudência à altura dos novos tempos, à era da globalização e da internacionalização da economia, que necessita de mecanismos jurídicos para enfrentar novos problemas.[7] A arbitragem, apesar de não ser nova, pode ser útil nesse sentido. A história pelo menos mostra que o instituto já funcionou muito bem e que pode servir ainda como importante mecanismo de solução de controvérsias.

---

[4] ARISTÓTELES. *Retórica*. Trad. Manuel Alexandre Júnior, Lisboa, Imprensa Nacional-Casa da Moeda, 1998, p. 95.

[5] CRUZ E TUCCI, José Rogério; AZEVEDO, Luis. *Lições de História do Processo Civil Romano*. São Paulo: Editora Revista dos Tribunais, 1996, p. 94.

[6] CARMONA, Carlos Alberto. *Arbitragem e Processo*: Um Comentário à Lei. São Paulo: Malheiros, 1998.

[7] FARIA, José Eduardo. *Direito e globalização econômica*. São Paulo: Malheiros, 1998. CASTELLS, Manoel. *A sociedade em rede*. V. 01. São Paulo: Paz e Terra, 1999. Em sentido um pouco diverso, mas constatando igualmente uma nova realidade econômica e social: TEUBNER, G. *O Direito como autopoiese*. Lisboa: Fundação Calouste Gulbenkian, s/d. TEUBNER, G. After legal instrumentalism? Strategic models of post-regulatory law. In: *Dilemmas of the Law in the Welfare State*. TEUBNER, G. (org.). *Berlin, Walter de Gruyter*, 1988, p. 299. E na esteira da pós-modernidade, dentro de uma linha bem diferente da teoria dos sistemas, Erik Jayme compilados nos Cadernos do Programa de Pós-Graduação em Direito – PPGDir./UFRGS, vol. I, nº I, mar. 2003, especialmente na p. 60 e ss.

C) Histórico legislativo da arbitragem no Brasil

O acórdão em análise soube captar a importância da Lei 9307/96, a atual Lei de Arbitragem (LA). Não se fez um histórico de nosso direito positivo, como por vezes fazem os tribunais norte-americanos. Até por isso vale a pena explicar, se o instituto da arbitragem é tão antigo, por que somente agora ele tem se colocado na casuística dos tribunais? Desde a época colonial reconhece-se, legislativamente, a arbitragem (Ordenações Filipinas, Livro III, Título 16). Na época imperial, a própria Constituição de 1824, em seu artigo 160, permitia que litígios de natureza civil fossem solvidos por meio de árbitros nomeados pelas partes. Dispositivo repetido nas Constituições seguintes até a de 1946, que acabou por aludir à impossibilidade de afastamento da via judiciária. Por sua vez, o Código Comercial tinha dispositivos sobre aplicação da arbitragem em questões comerciais, cujo teor foi alterado pelo Decreto 3900 de 1967, que relativizou a força do compromisso arbitral (mera promessa). O compromisso arbitral foi regulado Código Civil de 1916 e alterado pelo Novo Código Civil (art. 852). O juízo e procedimento arbitrais foram regulados pelo Código Processual de 1939 e repetido sem grandes modificações pelo CPC/1973. Em essência, por esta legislação então em vigor, havia a necessidade de que o laudo arbitral fosse homologado perante o Poder Judiciário.

Foi a Lei 9.307/96 (LA) que trouxe significativas alterações ao direito material e processual da arbitragem, buscando dar novo impulso ao recurso da arbitragem (tornando a cláusula arbitral obrigatória e fazendo com que o laudo arbitral tivesse o mesmo valor de uma sentença judicial). O STF, no julgamento da SEC 5.206, votou pela constitucionalidade de diversos dispositivos da LA, reforçando ainda mais o compromisso do Judiciário com este instituto. O TJRS fez menção em sua *ratio decidendi* tanto à citada LA, quanto ao *leading case* do STF, demonstrando atualização dos julgadores em matéria relativamente nova nos tribunais domésticos. Em adição, o Brasil ratificou a Convenção de Nova Iorque de 1958 sobre arbitragem (Dec. 4.311, de 23/07/2002), que poderia ter sido citada pelo TJRS, mas acabou sendo omitida.

Portanto, o acórdão examinado, como se verá, cita esta LA e lhe dá inteira vigência, inclusive reconhecendo o precedente do STF acerca da constitucionalidade da LA. Poderá o TJRS em próximos casos, explorar ainda o texto da Convenção ratificada pelo Brasil sobre o mesmo tema (mas que não altera substancialmente o conteúdo da LA).

D) Comparação da arbitragem com o poder judiciário estatal

O TJRS não entrou no mérito da comparação entre a jurisdição estatal e a jurisdição privada. Poderia tê-lo feito até como um fundamento para o reconhecimento da legalidade da cláusula arbitral. São comumente elencáveis como pontos favoráveis da arbitragem frente à jurisdição estatal: a) celeridade (a LA fala em um máximo de seis meses para o conflito ser resolvido); b) sigilo (terceiros não têm acesso ao procedimento das partes); c) especialidade do árbitro, que não precisa sequer ser bacharel em Direito. Poder-se-ia ainda listar o menor formalismo do procedimento.

Os norte-americanos costumam dizer que a arbitragem é menos custosa do que a jurisdição estatal, mas isso não pode ser levado ao pé da letra.[8] Com efeito, não se pode dizer que a arbitragem seja necessariamente menos custosa para as partes; estritamente falando, ela é mais cara (basta que se vejam os honorários dos árbitros dos grandes tribunais arbitrais e as taxas de administração das melhores câmaras arbitrais). Contudo, para muitas empresas, a espera por um julgamento definitivo que levará anos para ser resolvido pode ser economicamente mais prejudicial do que pagar relativamente caro para uma rápida e qualificada solução da lide (vale dizer, o custo-benefício da arbitragem seria positivo), o que pode até salvar o relacionamento comercial.

São por todos estes motivos que as partes redigem a cláusula arbitral e renunciam o direito de ação a um tribunal estatal. Portanto, a atitude de discutir essa mesma cláusula perante o Poder Judiciário pode configurar má fé processual e obstaculização da justiça, pois poderá constituir um mecanismo de fuga da agilidade do procedimento arbitral.

E) Classificação

No caso em exame, as partes elegeram a *American Arbitration Association (AAA)* para dirimir controvérsias. Há incidentalmente ainda referência aos Estados Unidos como local da arbitragem, o que leva à conclusão de que se trata de uma arbitragem internacional. Segundo a nossa legislação, a arbitragem tanto pode ser feita no Brasil (nacional) como no exterior (internacional), com a diferença que os laudos estrangeiros deverão ser homologados no tribunal doméstico competente (no caso, o STJ após a Emenda Constitucional nº 45, de 2004). Como regra, o local da arbitragem deve ser regulado na cláusula arbitral e deve levar em conta onde será executado o laudo, para escapar justamente de um processo homologatório. De outra parte, a cláusula arbitral deve ser o mais detalhada possível ("cláusula cheia"), para evitar perda de tempo na instauração da arbitragem, se possível abarcando tudo o que for necessário para a instauração do procedimento (tais como árbitro, língua, procedimento, ou então remetendo para um Tribunal Arbitral e suas regras). No caso do acórdão examinado, a cláusula arbitral remetia aos Estados Unidos como local da arbitragem, portanto, uma arbitragem internacional que dependerá, para execução dos brasileiros no Brasil, de homologação perante o STJ.

De outra parte, a arbitragem pode ser a) institucional ou controlada (como é o caso do Tribunal da ICC) ou b) meramente *ad hoc* (nomeando-se um árbitro

---

[8] CLOUD, Sharon. Mitsubishi and the arbitrability of antitrust claims: Did the Supreme Court throw the baby out with the bathwater?. In: *Valderbilt Journal of Transnational Law*, vol. 18, p. 341, 1986.

para o julgamento da lide). Nas primeiras, uma instituição, de preferência pessoa jurídica e especializada, assume a responsabilidade da mecânica arbitral e estabelece normas de procedimento, a serem seguidas pelas partes e constam de seus regulamentos. A ela cabe, normalmente, escolher os árbitros ou pelo menos aprovar aquele indicado pelas partes. A segunda significa a nomeação de um árbitro especificamente para o caso. A vantagem da primeira seria uma padronização de decisões (A ICC publica o *International Court of Arbitration Bulletin*), uma maior garantia, proporcional à história e ao prestígio da instituição. A vantagem da segunda seria a maior celeridade ou mesmo flexibilidade do procedimento. No acórdão em questão, as partes optaram por uma arbitragem institucional (o Tribunal da AAA)

F) Convenção Arbitral

A Convenção é o gênero do qual a cláusula e o compromisso arbitrais são espécies. Só tem cabimento para pessoas capazes e se versar sobre direitos disponíveis:

a) cláusula arbitral: é a promessa constante do instrumento contratual, antes de ocorrido o litígio, de que todo o litígio dele derivado será resolvido pela arbitragem (é regulada no art. 4º da LA); a cláusula arbitral pode ser 1) vazia ou 2) cheia – será vazia se não contiver os elementos para instituição da arbitragem e será cheia se os tiver, indicando quais regras devem ser seguidas, seja por i) descreve-las; ii) confiar ao árbitro fazê-la ou ainda iii) submeter-se às regras de uma instituição.

b) compromisso arbitral: é o compromisso firmado entre as partes que permite a instauração da arbitragem, estabelecendo o procedimento e demais elementos indispensáveis (está regulado nos artigos 9º e seguintes da LA), podendo ser extra ou judicial.

No acórdão examinado, a convenção arbitral foi estabelecida por meio de uma cláusula arbitral citada pelo próprio TJRS como será visto a seguir.

Examinadas estas premissas para a correta compreensão do caso judicial em análise, passemos ao seu exame.

II – Da análise do acórdão propriamente dito

A) Dos fatos da causa

A crítica ao acórdão do TJRS poderia ser iniciada justamente pelo laconismo em relação aos fatos da causa, que acaba por trazer dificuldades à exata compreensão do acórdão. Apesar do grande volume de processos que assolam nossas cortes, deve-se criar uma cultura de se explorarem mais os fatos no voto, que devem aparecer com maior grau de detalhes. Eis aí uma lição que podemos aprender com os tribunais de *common law*, especialmente se se está diante de um *leading case* que será estudado e citado por advogados, juízes e professores como precedentes de casos análogos.

Feita essa ressalva, conforme o relatório do processo, AIB Serviços e Comércio Ltda., Alon Brasil Comércio e Distribuição de Calçados Ltda. (existe ainda uma terceira sociedade que não pôde ter sua nacionalidade identificada pela referência no relatório) são empresas constituídas sob as leis do Brasil e aqui sediadas, que firmaram contrato de licenciamento com a Converse INC, sociedade constituída em estado da federação norte-americana. As empresas brasileiras sentiram-se prejudicadas pelo fato do contrato de licenciamento em questão não ser renovado pela sociedade norte-americana. O contrato internacional firmado entre as partes litigantes tinha cláusula arbitral, que remetera para julgar qualquer litígio emergente do contrato a Câmara de Arbitragem da AAA (arbitragem internacional e controlada, portanto). Eis o teor da cláusula em questão, aqui citada apenas para fins ilustrativos (segundo o acórdão do TJRS):

> Arbitragem. As partes tentarão chegar a um acordo em relação a todas as controvérsias e disputas decorrentes de forma amistosa, imediata e justa. Qualquer controvérsia ou disputa decorrente ou referente direta ou indiretamente a este Contrato, incluindo, entre outros, transações em conformidade com o mesmo, aos direitos e obrigações das partes envolvidas, à capacidade ou autoridade das partes, ao cumprimento ou violação do mesmo e à rescisão, renovação ou não-renovação do mesmo, não capaz de uma resolução amistosa satisfatória dentro de trinta (30) dias após notificação escrita enviada por uma parte à outra...

B) Da decisão do TJRS

Não obstante aquela cláusula arbitral e de um procedimento arbitral iniciado nos Estados Unidos, pretenderam as empresas gaúchas, perante o Poder Judiciário nacional, a manutenção do contrato até julgamento definitivo do procedimento arbitral. O TJRS extinguiu o processo sem julgamento do mérito, acolhendo a hipótese de incompetência do Poder Judiciário para processar e julgar o feito por conta da cláusula arbitral. Com efeito, proclamou o TJRS:

> Cabe a cada Estado definir o alcance de sua própria jurisdição, e o Brasil, ao editar a Lei 9.307/96, acabou por instituir uma limitação à intervenção judicial na arbitragem privada. E, alcançado este ponto, não se pode deixar de consignar que não há qualquer inconstitucionalidade nesta lei, como já afirmou o Supremo Tribunal Federal na SE nº 5.206/Espanha. Isto porque – como bem ressaltou o Procurador Geral da República Geraldo Brindeiro em seu parecer naquele processo -, *o que o princípio da inafastabilidade do controle jurisdicional estabelece é que: "a lei não excluirá da apreciação do Poder Judiciário lesão ou ameaça a Direito". Não estabelece que as partes interessadas não excluirão da apreciação judicial suas questões ou conflitos. Não determina que os interessados deverão sempre levar ao Judiciário suas demandas.*

Com essa decisão, o Tribunal de Justiça do Rio Grande do Sul se aproximou das decisões dos tribunais superiores do país (por exemplo, REsp 712.566, Rel. Min. Nancy Andrighi) e deu a correta interpretação para o direito constitucional de ação, que não pode estar acima da própria liberdade do indivíduo de dispor deste direito em favor de uma forma de jurisdição privada (naturalmente quando estiver em jogo direitos disponíveis).

A bem da verdade, com esta decisão o Tribunal de Justiça se perfilou aos tribunais mais modernos do mundo em matéria de direito internacional, aqueles tribunais mais experientes em litígios internacionais, como são, por exemplo, a Suprema Corte dos Estados Unidos (*Mitsubishi Motors Corp v. Soler Chrysler-Plymouth, Inc*)[9] e a Câmara dos Lordes inglesa (*Pioneer Shipping Ltd. v. B.T.P. Tioxide Ltd.*)[10]-[11]

C) Da "ratio decidendi"

Em verdade, por detrás do debate jurídico constitucional e processual, já enfrentado e discutido pela nossa Corte Suprema e confirmado pelo TJRS, escondem-se princípios mais importantes do direito do comércio internacional que foram referidos pelo Tribunal do Rio Grande do Sul, mas que poderiam ser mais explorados, dada a sua importância para a exata compreensão da questão e que justificam ainda mais o posicionamento adotado no voto do acórdão examinado. Nessa esteira, afirmou o TJRS:

> Destarte, por expressa convenção das partes, não cabe ao Judiciário examinar o cabimento da postulação da autora, e isto, como já mencionado, por ser a livre expressão da vontade das partes, envolvendo apenas questões patrimoniais privadas, não afronta de forma alguma o art. 5º, XXXV, da Constituição Federal.[12]

Esses princípios dizem respeito à liberdade contratual e do *pacta sunt servanda* consagrados direta ou indiretamente tanto na Convenção de Viena de 1980 sobre a Compra e Venda Internacional de Mercadorias, na Convenção Interamericana de Direito Internacional Privado do México de 1994 (CIDIP V) e mesmo nos princípios contratuais do comércio internacional do UNIDROIT (versão 2004), além da própria ordem jurídica doméstica (inclusive o artigo 5º da Constituição Federal). Esse princípio, portanto, como decidido pelo TJRS, está acima do direito de acionar um tribunal estatal, que mesmo sendo um direito constitucional, cede diante de outros direitos constitucionais: o de liberdade e o de livre iniciativa.[13]

---

[9] 105 S. Ct. 3346 (1985).

[10] [1981] 2 All E.R. 1030, [1981] 3 W.L.R. 292 (House of Lords).

[11] Ver por todos WEINTRAUB, Russell. *International litigation and arbitration*. Durham: Carolina Academic Press, 2ª ed., 1997, p. 489 e ss. Também PIETROWSKI, Jill. Enforcing International Commercial Arbitration Agreements. In: *American University Law Review*, 1986, p. 31.

[12] Neste sentido, também, a lição de Nelson Nery (*Código de Processo Civil Comentado e legislação processual civil em vigor*, Editora RT, 3ª ed, 1997, p. 1295): "A arbitragem não ofende os princípios constitucionais da inafastabilidade do controle judicial, nem do juiz natural. A Lei de Arbitragem deixa a cargo das partes a escolha, isto é, se querem ver sua lide julgada por juiz estatal ou por juiz privado".

[13] Cf. Apelação Cível nº 70007157498, TJRS, 6ª Câmara Cível, Rel. Des. Carlos Alberto Alvaro de Oliveira, de onde extrai: "Mais ainda, a autonomia privada, garantida constitucionalmente no ordenamento jurídico brasileiro, a exemplo de outros sistemas, impõe essa liberdade de escolha, que a autora pretende transmudar em ato ilícito, passível de indenização. Como bem acentua Francesco Galgano" (*apud* Ana Prata, *A Tutela Consti-*

Curiosamente, esta decisão em comento do TJRS aparece justamente no momento em que, paralelamente, no âmbito do direito contratual doméstico, esses princípios ligados à autonomia privada são identificados, pela maioria dos doutrinadores, com o liberalismo econômico e se encontrariam relativizados por outros princípios de natureza solidária insculpidos na Constituição Federal (arts. 1º e 3º) e no Código Civil (arts. 157, 187, 421, 422 e 478), os quais refundariam todo o direito privado, ensejando uma maior intervenção estatal nos contratos em favor do bem comum (ou dos interesses coletivos).[14]

A justificativa para isso não é encontrável no acórdão a não ser a referência ao direito positivo (a LA e *leading case* do STF). Esta é outra crítica que se pode fazer, ou seja, por que o tribunal não quis intervir em cláusulas contratuais insertas em contratos internacionais que permitem à renúncia à jurisdição estatal? A simples referência ao direito positivo não basta; é preciso que o tribunal justifique a aplicação da lei. Esse posicionamento, ainda que em *obter dicta* deve aparecer até para indicar uma tendência dos julgadores para casos futuros, a fim de que os jurisdicionados possam prever julgamentos futuros sobre a mesma questão.

Tentando suprir esta lacuna e estimulando a discussão dos fundamentos do direito positivo, pode-se trazer à lume o argumento normalmente utilizado pela doutrina jurídica especializada. Com efeito, os juristas têm defendido que, no âmbito do comércio internacional (salvo naturalmente as relações de consumo), como há o envolvimento de empresas e, portanto, de profissionais empresários, o interesse coletivo em jogo não é identificado com os interesses de qualquer uma das partes individualmente que negociaram o contrato, mas sim com o ideal de livre iniciativa e de desenvolvimento econômico (desenvolvimento do comércio internacional do país).[15]

Talvez instintivamente (porque a *ratio decidendi* não aparece inteiramente explicitada no acórdão em comento), o TJRS tenha percebido que a intervenção estatal nos contratos internacionais pode ser mais prejudicial à coletividade do que benéfica. Vale dizer, existiria um conteúdo econômico fundamental para o cumprimento da cláusula arbitral inserta em contratos internacionais intuído pelo Poder Judiciário: a segurança jurídica como mecanismo de desenvolvimento do comércio internacional. Segurança não apenas porque baseada na liberdade de contratação que tem proteção constitucional, mas também porque prevista na ordem jurídica internacional e na *lex mercatoria*.

---

tucional da Autonomia Privada, Coimbra, Almedina, 1982, p 198-199), em lição perfeitamente aplicável entre nós, "A liberdade de iniciativa econômica é liberdade dos privados de dispor dos recursos materiais e humanos; é, em segundo lugar, liberdade dos privados de organizar a atividade produtiva e, conseqüentemente, é liberdade dos privados de decidir o que produzir, quando produzir, como produzir, onde produzir (...) pressupõe, de forma mais geral, a liberdade contratual, sendo o contrato, fundamentalmente, o instrumento mediante o qual o empresário, por um lado, obtém a disponibilidade dos recursos a utilizar no processo produtivo e, por outro, coloca o produto no mercado (...)".

[14] NEGREIROS, Teresa. *Teoria do Contrato*. Rio de Janeiro: Renovar, 2002.

[15] CLOUD, Sharon. Mitsubishi and the arbitrability of antitrust claims: Did the Supreme Court throw the baby out with the bathwater? In: *Valderbilt Journal of Transnational Law*, vol. 18, p. 341, 1986.

De fato, a arbitragem é um mecanismo que dá aos contratantes segurança jurídica, estimulando as relações comerciais internacionais, pois garante a cada uma das partes que ela não será julgada por um tribunal estatal que desconhece a *lex mercatoria* e que poderia ter a mesma nacionalidade da parte *ex adversa*. Além disso, estabelece um mecanismo rápido e efetivo de solução de controvérsias, que aplicará a legislação eleita pelos próprios agentes econômicos. Esse ambiente institucional favoreceria as trocas e estimularia o desenvolvimento econômico do Brasil.

Nesse sentido, estudos recentes têm demonstrado a total interdependência entre o Direito e a Economia e como as instituições jurídicas podem contribuir para o desenvolvimento do capitalismo. Economistas têm demonstrado que um sistema judicial rápido e eficiente no cumprimento de contratos e no respeito à propriedade é gerador de desenvolvimento econômico.[16]

Se essa suposição aqui ventilada for verdade, ter-se-ia a quebra de outro paradigma ou mesmo dogma processual, ou seja, de que o processo deve ser julgado a luz de qual das partes tem razão no caso concreto, sem se atentar para as conseqüências (fundamentalmente econômicas) da decisão.

Em conclusão, agiu bem o TJRS ao reconhecer a vigência da cláusula arbitral, respeitando a vontade das partes e a integridade do contrato internacional, muito embora ele não tenha justificado sua decisão para além do direito positivo – e poderia tê-lo feito demonstrando explicitamente o comprometimento do Poder Judiciário com o desenvolvimento do comércio internacional brasileiro. De qualquer sorte, decisões como esta favorecem o investimento estrangeiro no país, dão garantia institucional às relações de troca internacionais e contribuem para a previsibilidade do sistema jurídico brasileiro quando está em jogo o comércio internacional. O resultado de tudo isso é um incentivo a um maior número de negócios feitos por nacionais e estrangeiros, permitindo e garantindo a inserção internacional das empresas domésticas.

---

[16] ZYLBERSZTAJN, Décio; SZTAJN, Raquel. *Direito e Economia*. São Paulo: Campus, 2005. TIMM, Luciano (org.). *Direito e Economia*. São Paulo: THOMSON/IOB, 2005.

Arbitragem no comércio internacional: análise do caso TFL Itali S.P.A. *versus* Coraquim Indústria de Produtos Químicos Ltda. – do TJ/RS[1]

Sumário: Introdução; I – Premissas Teóricas; A) Aspectos conceituais da arbitragem; B) Paralelo da arbitragem com o poder judiciário estatal; C) Classificação e convenção arbitral; II – Crítica do acórdão propriamente dito; A) Dos fatos da causa; B) Da decisão do TJRS; C) Da "ratio decidendi"; D) Pontos nevrálgicos da decisão do TJRS; (a) Impropriedades terminológicas. Relatório e Voto do Acórdão; (b) Protocolo de Genebra – Revogado pela Convenção de Nova Iorque (1958); (c) Aceitação da cláusula compromissória. Desnecessidade de manifestação expressa; (d) Cláusula compromissória vazia x cheia x patológica x escalonada ou seqüencial. Arbitragem Institucional x "ad hoc"; E) Conclusão.

Introdução

O objetivo do presente artigo é comentar recente decisão do Tribunal de Justiça do Rio Grande do Sul (TJRS) que admitiu, na esteira do entendimento pretoriano do Superior Tribunal de Justiça (STJ), a força vinculante da cláusula arbitral inserta em um contrato internacional firmada por uma empresa nacional (Coraquim Indústria de Produtos Químicos Ltda.) frente a uma empresa italiana (TFL Itali S.P.A). Este artigo busca comentar e analisar criticamente este acórdão (Segunda Parte), o que se fará consoante premissas teóricas lançadas na Primeira Parte.

Eis a ementa de decisão que será aqui analisada:

APELAÇÃO CÍVEL. DIREITO PRIVADO NÃO ESPECIFICADO. AÇÃO DE COBRANÇA. CONTRATO DE DISTRIBUIÇÃO DE MERCADORIAS. COMPRA E VENDA. CLÁUSULA DE ARBITRAGEM. AFASTAMENTO DA JURISDIÇÃO BRASILEIRA EM FAVOR DA JUSTIÇA ITALIANA EM MILÃO.
1. CLÁUSULA ARBITRAL. A matéria é intrínseca à amplitude que o princípio da autonomia da vontade adquiriu no direito brasileiro – ao ponto de, inclusive, em não havendo ofensa às normas de ordem pública, afastar a jurisdição brasileira para a apreciação de casos em que as partes contratantes, fazendo uso dessa autonomia, elegeram foro especial (e estrangeiro) para solucionar as controvérsias que eventualmente surgirem do contrato celebrado.
A arbitragem pressupõe, segundo o enfoque aqui dado à questão, relações jurídicas internacionais. Em outras palavras, para que dessa forma seja delineada, é necessário existir algum elemento de es-

---

[1] Co-autoria com Luz Gustavo Meira Moser – Advogado. Pós-graduando em Direito Internacional pela UFRGS. Extensão em Mediação e Arbitragem (FGV) e Georgetown University CLE. Graduado em Direito pela UFRGS.

traneidade, algum componente atípico na relação que a torne sujeita às regras de Direito Internacional Privado – ou subjetiva (ter as partes domicílio em países diferentes); ou objetivamente (local de cumprimento da obrigação).

Ao mesmo tempo em que consagra a autonomia da vontade, o ordenamento jurídico, por outro lado, impõe restrições com base nas normas de ordem pública – que não podem vir a ser derrogadas ainda que por consentimento mútuo. Esbarram, portanto, as cláusulas estipuladas contratualmente, inclusive no tocante à arbitragem, nas chamadas normas imperativas.

No caso, considerando que a cláusula foi estabelecida entre partes capazes e não hipossuficientes; por escrito; de forma expressa tanto quanto à sua existência quanto ao seu alcance; sem ofensa à ordem pública; encaixando-se nas hipóteses de manifestação da autonomia da vontade; tendo por objeto direitos patrimoniais disponíveis (compra e venda de mercadorias), não cabe ao Judiciário examinar a postulação da parte autora – o que, de forma alguma, caracterizaria ofensa ao disposto no art. 5º, XXXV, da Constituição Federal.

Hipótese de extinção do feito sem julgamento do mérito, forte no art. 267, inciso VII, do Código de Processo Civil.

APELAÇÃO PROVIDA.

I – Premissas Teóricas

As premissas conceituais para o exame do acórdão serão divididas em: A) aspectos conceituais da arbitragem; B) paralelo da arbitragem com o Poder Judiciário estatal e C) classificação e convenção arbitral. Essas premissas conceituais são importantes já que, dentro de nossa tradição jurídica, os tribunais evitam fazer doutrina jurídica, ao contrário dos *leading cases* das cortes de países da *common law*. Em nossa tradição, os julgadores, salvo raras exceções, se limitam a citar as autoridades dos textos doutrinários, como fundamento da decisão, incorporando a doutrina jurídica no corpo do acórdão e tomando-a, no mais das vezes, como um dado do problema. O acórdão a ser analisado adotou abordagem similar: julgou a lide, sem abordar aspectos doutrinários controvertidos e relevantes para o entendimento do caso, que foram tomados como pressupostos, os quais merecem aqui esclarecimento antes de se adentrar na apreciação crítica do julgamento.

A) Aspectos conceituais da arbitragem

A compreensão do caso julgado pelo Tribunal em comento depende de um conceito preliminar de arbitragem. O TJ não definiu expressamente a arbitragem, mas demarcou a sua amplitude de aplicação: *entende-se que o universo arbitral é bem mais restrito que o estatal, uma vez que esse último detém o monopólio relativo à resolução de conflitos que envolvam direitos indisponíveis. É dizer que a arbitragem "não comporta todas as controvérsias nem todos os contraditores, ainda que, por mútuo consenso"*.

Percebe-se que, indiretamente, posicionou-se a Corte de Justiça gaúcha pelo entendimento que admite a arbitragem como um exercício privado de jurisdição, tanto que afirmou que, na hipótese de eleição de cláusula arbitral: "há a exclusão da jurisdição de Estado". Logo, admitiu uma outra modalidade de jurisdição que seria a privada, a qual não poderia sofrer intervenção estatal inclusive. De modo que parece ter o Tribunal admitido o conceito de arbitragem como método privado de solução de controvérsias paralelo ao Estado.

Por fim, o TJRS definiu o alcance conferido à autonomia privada e liberdade contratual nos contratos internacionais, destacando o viés operacional confiado à cláusula compromissória.

B) Paralelo da arbitragem com o poder judiciário estatal

O TJRS não entrou no mérito da comparação entre a jurisdição estatal e a jurisdição privada. Poderia tê-lo feito até como exercício de reforço para o reconhecimento da legalidade da cláusula arbitral. Algumas considerações merecem destaque no que diz respeito a esta comparação entre jurisdição estatal e privada, consoante a literatura jurídica, como argumento adicional ao reconhecimento da validade da cláusula arbitral:

(1) O contrato em apreço envolve uma empresa brasileira e uma empresa italiana, o que por si só nos leva a supor a sofisticação das partes e seu dever de buscar informações e tomar as devidas cautelas durante a fase da negociação do contrato em tela, inclusive no que diz respeito à submissão de litígio superveniente à via arbitral (de modo que a arbitragem foi realmente uma opção calculada entre as partes);

(2) O contrato prevê o fornecimento internacional de matéria prima, o que enseja evidente repercussão econômica e comercial para as partes, razão por que eventual conflito perante o Judiciário poderia comprometer a idoneidade de qualquer uma das empresas no mercado (daí a vantagem do sigilo oferecido pela via arbitral);

(3) A especialização do contrato e a imprescindibilidade do seu objeto demandam a *expertise* no caso de resolução de qualquer divergência passível de perturbar o contrato, o que novamente corrobora a necessidade de resolução pela via arbitral, já que os árbitros são eleitos pela sua experiência e conhecimento do assunto;

(4) Subjaz o princípio da preservação do relacionamento contratual e manutenção dos vínculos comerciais. Em outras palavras, a arbitragem se presta, em tese, a promover a composição rápida e pontual da divergência, sem necessariamente vislumbrar o rompimento do vínculo negocial (o que acaba acontecendo, na prática, em uma longa e desgastante disputa judicial na qual a discussão de um problema específico provavelmente transbordará para toda relação comercial no transcurso do tempo);

(5) A eficiência econômica[2] do instituto da arbitragem merece também referência no caso em comento, tendo em conta que eventuais disputas no comércio internacional reclamam uma resposta compatível com a dinâmica do mercado (dentro de uma lógica de custo-benefício que impera no comércio). É claro que não se pode olvidar do custo do procedimento arbitral, o que, a curto prazo no fluxo de caixa das empresas, poderá ultrapassar o custo da via judicial. Todavia, a instauração do processo judicial poderá ensejar repercussões de ordem econômica desastrosas para qualquer uma das empresas, tanto em relação ao tempo quanto aos gastos a médio e longo prazo (dentre outros motivos pelo maior custo de transação[3] para as partes e também do custo de oportunidade[4]). Além de oferecer um mecanismo de solução de controvérsias mais apto a preservar a relação comercial já entabulada entre as empresas, a via arbitral imprime celeridade à resolução da controvérsia e, mais importante de tudo, faz valer o que fora pactuado no contrato, respeitando os termos avençados e ilidindo quaisquer divergências que ensejaram o descumprimento do contrato por parte de alguma das contratantes.

[2] A literatura jurídica baseada na análise econômica do Direito faz distinção entre eficiência e eficácia. eficácia é a concreção dos objetivos desejados por determinada ação, não sendo levados em consideração os meios e os mecanismos utilizados para tanto. Na eficiência, por sua vez, há clara preocupação com os mecanismos que foram usados para a obtenção do êxito na atividade desenvolvida. Assim, procura-se buscar os meios mais econômicos e viáveis, para maximizar os resultados e minimizar os custos. Em suma: é atingir o objetivo com o menor custo e o melhor resultado possíveis. Nesse sentido, TORRES, Marcelo Douglas de Figueiredo. *Estado, Democracia e Administração Pública no Brasil*. Rio de Janeiro: Fundação Getúlio Vargas, 2004. p. 175. No mesmo diapasão, Rachel Sztajn define eficiência assim: "Eficiência significa a aptidão para obter o máximo ou o melhor resultado ou rendimento, com a menor perda ou o menor dispêndio de esforços; associa-se à noção de rendimento, de produtividade; de adequação à função." Ressalta, por fim, que a eficácia, por sua vez, é a aptidão para produzir efeitos. *In* ZYLBERSZTAJN, Décio; SZTAJN, Rachel (Orgs). *Direito & Economia*. Rio de Janeiro: Campus, 2005. p. 83.

[3] Eis da definição de custos de transação: "Os custos de transação compreendem, portanto, os custos com a realização de cinco atividades que tendem a ser necessárias para viabilizar a concretização de uma transação. Primeiro, a atividade pela *busca pela informação* sobre regras de distribuição de preço e qualidade de mercadorias; sobre insumos de trabalho e a busca por potenciais compradores e vendedores, assim como de informação relevante sobre o comportamento desses agentes e a circunstância em que operam. Segundo, a atividade de *negociação*, que será necessária para determinar as verdadeiras intenções e os limites de compradores e vendedores na hipótese de a determinação dos preços ser endógena. Terceiro, a *realização e a formalização dos contratos* inclusive o registro nos órgãos competentes, de acordo com as normas legais, atividade fundamental do ponto de vista do direito privado, já que é o que reveste o ato das garantias legais. Quarto, o *monitoramento* dos parceiros contratuais com o intuito de verificar se aquelas formas contratuais estão sendo devidamente cumpridas, e a proteção dos direitos de propriedade contra a expropriação por particulares ou o próprio setor público. Finalmente, a *correta aplicação do contrato*, bem como a cobrança de indenização por prejuízos às partes faltantes ou que não estiverem seguindo corretamente suas obrigações contratuais, e os esforços para recuperar controle de direitos de propriedade que tenham sido parcial ou totalmente expropriados." Cf. PINHEIRO, Armando C; SADDI, Jairo. *Direito, economia e mercados*. Rio de Janeiro: Elsevier, 2005. p. 61.

[4] Na prestação jurisdicional estatal, o tempo de espera por uma decisão definitiva gera alto custo para as partes, que ficam privadas dos bens ou direitos litigiosos durante todos os anos que precedem o efetivo cumprimento da decisão transitada em julgado. Neste caso, as partes arcam com o custo de oportunidade decorrente da privação dos bens e direitos disputados em Juízo.

Nota: O custo de oportunidade indica o valor do benefício abandonado ao se escolher uma alternativa em vez de outra. É portanto o custo de algo em termos de uma oportunidade renunciada ou impedida. Quanto mais longo o processo, maior o custo de oportunidade. Cf. PUGLIESE, Antonio Celso Fonseca; SALAMA, Bruno Meyerhof. *A economia na arbitragem: escolha racional e geração de valor*. In: JOBIM, Eduardo; MACHADO, Rafael Bicca. *Arbitragem no Brasil: Aspectos Jurídicos Relevantes*. São Paulo: Quartier Latin, 2008. p78.

C) Classificação e convenção arbitral

O uso da arbitragem pode ser viabilizado por duas formas, quais sejam a cláusula compromissória ou convenção arbitral, e o compromisso arbitral.[5]

O compromisso arbitral, com esteio na LA, oferece duas modalidades de uso: (i) a judicial, referindo-se à hipótese em que a controvérsia já está em juízo comum, o que leva ambas as partes a firmar, por termo nos autos, a adoção do juízo arbitral, declinando a competência, por acordo de vontades, do juiz togado; (ii) a espécie extrajudicial, que será celebrada por escrito particular, mediante duas testemunhas que também assinarão o compromisso, ou por instrumento público. Percebe-se que no compromisso arbitral as partes ou já estão litigando em juízo comum e então decidiram adotar a arbitragem ou, após o advento do conflito, resolvem submeter a decisão da controvérsia ao pleito arbitral, sem que tenha havido, quando da assinatura do contrato, uma comunhão de vontade em relação à submissão ao instituto da arbitragem.[6]

A cláusula compromissória, por seu turno, consubstancia-se na promessa que vincula as partes contratantes a submeter ao pleito arbitral os litígios futuros e possíveis advindos do contrato. Estabelece-se, por meio da cláusula, que, na eventualidade de uma possível e futura divergência entre os interessados na execução do negócio, estes deverão lançar mão do juízo arbitral para dirimir sua controvérsia.

A finalidade da cláusula compromissória comporta, portanto, o pacto de submeter ao Juízo arbitral a solução de eventuais disputas decorrentes do contrato principal entre eles firmado, de modo a afastar a busca da tutela pretendida a ser conferida pelo Estado-Juiz.

A cláusula arbitral pode ser: a) vazia – carente de elementos funcionais, o vácuo reside no silêncio relativamente às regras aplicáveis e o modo de instituição do procedimento, por exemplo; b) patológica – inoperante – ou c) cheia – será vazia se não reunir os elementos para instituição da arbitragem, tais como o número de árbitros e modo de escolha, sede da arbitragem, idioma escolhido, lei aplicável, indicação da Câmara Arbitral (se institucional), distinção clara das partes envolvidas – requisitos para a operacionalização da cláusula. Diagnosticada a carência de algum dos elementos, caberá às partes decidir entre três alternativas:

---

[5] A breve distinção que podemos traçar an *passant* entre a cláusula compromissória e o compromisso arbitral reside no fato de que a cláusula nasce no momento inicial do negócio principal, como medida preventiva dos interessados, com a intenção de assegurar e garantir às partes a previsão do foro privado – arbitragem – para dirimir controvérsia futura. Ver, nesse sentido, ALVIM, Arruda. Cláusula compromissória e Compromisso arbitral – Efeitos. In: *Revista de Processo*, v. 101, 2001. p. 192-223; CARMONA, Carlos Alberto. *Arbitragem e processo. Um comentário à lei 9.307/96.* São Paulo: Malheiros, 1998. p. 105 et seq.
A respeito da autonomia da cláusula, MARTINS, Pedro Batista. *Princípio da Autonomia da Cláusula compromissória – Princípio da Competência-Competência – Convenção de Nova Iorque – Outorga de poderes para firmar cláusula compromissória – Determinação da lei aplicável ao conflito- Julgamento pelo Tribunal Arbitral.* In: Revista de Mediação e Arbitragem, v. 7, 2005. p. 174-193. BRAGHETTA, Adriana. Cláusula compromissória – Auto-suficiência da cláusula cheia. In: *Revista dos Tribunais*, V. 800, 2002, p. 137-144.

[6] Art. 9, §1° e 2° da lei 9.307/96.

(i) submissão judicial para ajuste; (ii) aditamento contratual e (iii) submissão à arbitragem via compromisso.

A cláusula vazia é problemática, pois ela necessita, de acordo com a legislação brasileira arbitral, de uma ação específica para obrigar a parte recalcitrante a se submeter à via arbitral, funcionando a sentença judicial como verdadeiro compromisso arbitral.

Portanto, do ponto de vista legal e econômico, deve-se proceder à redação de uma cláusula compromissória cheia, ou seja, uma cláusula reunindo os seguintes componentes: número de árbitros e modo de sua escolha, sede da arbitragem, idioma escolhido, lei aplicável, indicação da Câmara Arbitral (se institucional), alcance e limites da confidencialidade, nas fases pré e pós-arbitragem. Ademais, adequado esclarecer na cláusula alguns aspectos pontuais importantes, como por exemplo, se a arbitragem será *ad hoc*, e distinção clara das partes envolvidas na eventual controvérsia, ao efeito de permitir a extensão da cláusula compromissória – arbitragem multiparte.

No que respeita à cláusula compromissória escalonada ou seqüencial,[7] em que pese não ser objeto do caso em apreço, alguns comentários são oportunos.

A existência da cláusula escalonada ou seqüencial pressupõe o devido cumprimento das etapas previamente pactuadas no contrato, para que então se recorra ao procedimento arbitral. Ou seja, as partes delimitam um lapso temporal para uma composição amigável da controvérsia suscitada a partir do contrato entabulado.

A cláusula escalonada reclama uma redação clara e objetiva, comportando o processamento detalhado das fases prévias, início e fim das tratativas preliminares à arbitragem, a fim de minimizar o surgimento de eventual patologia capaz de inviabilizar o seu pleno funcionamento. Se assim não for observado, a cláusula poderá revelar-se inoperante para os desígnios previamente estabelecidos, resultando em prejuízos para ambas as partes.

A LA concedeu, em seu artigo 8°, plena autonomia à cláusula compromissória em relação ao contrato, de modo que mesmo na hipótese de nulidade ou outros vícios no contrato, estes não afetam a cláusula compromissória, a qual perdurará a fim de dirimir eventual controvérsia. A existência da cláusula arbitral cheia é suficiente para instauração da arbitragem, não se justificando, de forma alguma, a intervenção judicial. É, portanto, negócio jurídico, o qual, se não for devidamente adimplido, forte no art. 7° da LA, recebe tratamento de execução específica.[8]

---

[7] LEMES, Selma Ferreira. *As peculiaridades e os efeitos jurídicos da cláusula escalonada: mediação ou conciliação e arbitragem*. In: Arbitragem doméstica e internacional: estudos em homenagem ao Prof. Theóphilo de Azeredo Santos. Rio de Janeiro: Forense, 2008. p. 359-376; MOSER, Luiz Gustavo Meira. *Contrato Internacional de Licenciamento – cláusula escalonada ou sequencial – reconhecimento da validade da sentença arbitral sem a observância ao procedimento pré-arbitral – Tribunal Federal Suíço – 6 de junho de 2007 – X. Ltda v. Y»*. In: Revista Brasileira de Arbitragem, v.15, julho-setembro, 2007. p. 181-199.

[8] FIGUEIRA JÚNIOR, Joel Dias. Arbitragem, jurisdição e execução, 2ª edição, São Paulo: Editora Revista dos Tribunais, 1999; MAGALHÃES, José Carlos de. A Arbitragem como Forma de Atuação da Sociedade

Em uma palavra, a cláusula compromissória é dotada de coerção para instaurar o procedimento, se cheia, ou suficiente para obrigar judicialmente a parte recalcitrante a submeter-se à arbitragem no modo e condições definidos pelo magistrado, quando a cláusula for vazia. A existência de uma cláusula compromissória (cheia ou vazia) é causa de incompetência relativa da jurisdição estatal e pode ser inclusive matéria de defesa do réu, caso a parte ré prefira manter a solução da controvérsia pela via arbitral, tal como optado inicialmente pelas partes contratantes que pactuaram aquela cláusula arbitral.

Ainda segundo a nossa legislação, a arbitragem tanto pode ser feita no Brasil (nacional) como no exterior (internacional), com a diferença que os laudos estrangeiros deverão ser homologados no tribunal doméstico competente (no caso, o STJ após a Emenda Constitucional nº 45 de 2004). Em um contrato internacional, recomenda-se que o local da arbitragem deva ser previsto na cláusula arbitral – levando em conta, entre outras coisas, onde será executado o laudo.

No caso em comento, o contrato internacional firmado entre as partes litigantes tinha cláusula arbitral, que remetera para julgar qualquer litígio emergente do contrato por arbitragem a ser realizada em Milão. Eis o teor da cláusula em questão, aqui citada apenas para fins ilustrativos (segundo o acórdão do TJRS):

> Lei e Arbitragem. Item 11: O presente Contrato deverá ser regido e interpretado em conformidade com a lei italiana. Qualquer controvérsia ou discrepância decorrente do, ou relacionada ao presente Contrato deverá ser solucionada por arbitragem realizada em Milão. E por estarem justas e contratadas, as partes abaixo assinadas pretendem estar legalmente obrigadas por este instrumento, apondo a sua assinatura ao presente contrato.

Examinadas estas premissas conceituais para a correta compreensão do caso judicial em análise, passemos ao seu exame.

II – Crítica do acórdão propriamente dito

A) Dos fatos da causa

A crítica ao acórdão do TJRS poderia ser iniciada justamente pela brevidade em relação aos fatos da causa, que acaba por trazer dificuldades à exata compreensão do acórdão. Apesar do grande volume de processos que assolam nossas cortes, deve-se criar uma cultura de se explorar mais os fatos no voto, que devem aparecer com maior grau de detalhes. Eis aí uma lição que podemos aprender com os tribunais de *common law,* especialmente se enfrentamos um *leading case* que será estudado e citado por advogados, juízes e professores como precedentes de casos análogos.

Civil. In: *Revista de Arbitragem e Mediação*. São Paulo, n. 9, abr-jun. 2006. p. 165-172.

Feita essa ligeira ressalva, conforme o relatório do processo, a *Coraquim Indústria de Produtos Químicos Ltda* (CORAQUIM) é empresa constituída sob as leis do Brasil e aqui sediada, que firmou contrato de fornecimento de matéria-prima com a empresa italiana *TFL Itali S.P.A.* (TFL). A empresa italiana sentiu-se prejudicada pela impontualidade de adimplemento das obrigações confiadas à empresa gaúcha. O acórdão não diz, mas pode-se pressupor que a CORAQUIM devia fornecer algum produto de sua propriedade à TFL e que não adimpliu corretamente suas obrigações contratuais.

B) Da decisão do TJRS

Não obstante aquela cláusula compromissória e um procedimento arbitral previsto para Milão, pretendeu a empresa italiana, perante o Poder Judiciário nacional, para solucionar o conflito com a CORAQUIM derivado do contrato entabulado com a empresa gaúcha. O Juízo de 1º grau julgou procedente a ação movida pela empresa italiana. Irresignada, a empresa gaúcha recorreu e o TJRS extinguiu o processo sem julgamento do mérito, acolhendo a hipótese de incompetência do Poder Judiciário para processar e julgar o feito por conta da cláusula arbitral. Assim proclamou o TJRS:

> Dessarte, impõe-se a extinção do processo sem julgamento de mérito, forte no art. 267, inciso VII, do Código de Processo Civil, como reiteradamente tem decidido o Eg. Superior Tribunal de Justiça: (1) PROCESSO CIVIL. JUÍZO ARBITRAL. CLÁUSULA COMPROMISSÓRIA. EXTINÇÃO DO PROCESSO. ART. 267, VII, DO CPC. SOCIEDADE DE ECONOMIA MISTA. DIREITOS DISPONÍVEIS. 1. Cláusula compromissória é o ato por meio do qual as partes contratantes formalizam seu desejo de submeter à arbitragem eventuais divergências ou litígios passíveis de ocorrer ao longo da execução da avença. Efetuado o ajuste, que só pode ocorrer em hipóteses envolvendo direitos disponíveis, ficam os contratantes vinculados à solução extrajudicial da pendência. 2. A eleição da cláusula compromissória é causa de extinção do processo sem julgamento do mérito, nos termos do art. 267, inciso VII, do Código de Processo Civil. 3. São válidos e eficazes os contratos firmados pelas sociedades de economia mista exploradoras de atividade econômica de produção ou comercialização de bens ou de prestação de serviços (CF, art. 173, § 1º) que estipulem cláusula compromissória submetendo à arbitragem eventuais litígios decorrentes do ajuste. 4. Recurso especial provido"1; (2) "PROCESSO CIVIL. JUÍZO ARBITRAL. CLÁUSULA COMPROMISSÓRIA. EXTINÇÃO DO PROCESSO. ART. 267, VII, DO CPC. SOCIEDADE DE ECONOMIA MISTA. DIREITOS DISPONÍVEIS. EXTINÇÃO DA AÇÃO CAUTELAR PREPARATÓRIA POR INOBSERVÂNCIA DO PRAZO LEGAL PARA A PROPOSIÇÃO DA AÇÃO PRINCIPAL. 1. Cláusula compromissória é o ato por meio do qual as partes contratantes formalizam seu desejo de submeter à arbitragem eventuais divergências ou litígios passíveis de ocorrer ao longo da execução da avença. Efetuado o ajuste, que só pode ocorrer em hipóteses envolvendo direitos disponíveis, ficam os contratantes vinculados à solução extrajudicial da pendência. 2. A eleição da cláusula compromissória é causa de extinção do processo sem julgamento do mérito, nos termos do art. 267, inciso VII, do Código de Processo Civil. 3. São válidos e eficazes os contratos firmados pelas sociedades de economia mista exploradoras de atividade econômica de produção ou comercialização de bens ou de prestação de serviços (CF, art. 173, § 1º) que estipulem cláusula compromissória submetendo à arbitragem eventuais litígios decorrentes do ajuste. 4. Recurso especial parcialmente provido
>
> REsp 606.345/RS, Rel. Ministro JOÃO OTÁVIO DE NORONHA, SEGUNDA TURMA, julgado em 17/05/2007, DJ 08/06/2007 p. 240.

C) Da "ratio decidendi"

Em verdade, por detrás do debate jurídico constitucional e processual do caso – já enfrentado e discutido pela nossa Corte Suprema e confirmado pelo TJRS – escondem-se princípios mais importantes do direito do comércio internacional que foram referidos pelo Tribunal do Rio Grande do Sul, mas que poderiam ter sido mais explorados, dada a sua importância para a exata compreensão da questão.

Nessa esteira, afirmou o TJRS:

> No caso, considerando que a cláusula foi estabelecida entre partes capazes e não hipossuficientes; por escrito; de forma expressa tanto quanto à sua existência quanto ao seu alcance; sem ofensa à ordem pública; encaixando-se nas hipóteses de manifestação da autonomia da vontade; tendo por objeto direitos patrimoniais disponíveis (compra e venda de mercadorias), não cabe ao Judiciário examinar a postulação da parte autora – o que, de forma alguma, caracterizaria ofensa ao disposto no art. 5º, XXXV, da Constituição Federal.

Esses princípios dizem respeito à liberdade contratual e ao *pacta sunt servanda,* consagrados direta ou indiretamente tanto na Convenção de Viena de 1980 sobre a Compra e Venda Internacional de Mercadorias, na Convenção Interamericana de Direito Internacional Privado do México de 1994 (CIDIP V), Princípios Europeus de Direito Contratual e mesmo nos princípios contratuais do comércio internacional do UNIDROIT e também no artigo 421 do Código Civil.[9]

A justificativa para isso não é encontrável no acórdão a não ser a referência ao direito positivo. A simples referência ao direito positivo não tem o condão de elucidar a decisão; é preciso que o tribunal justifique a aplicação da lei, sob pena de sonegar dos jurisdicionados a previsão de julgamentos futuros acerca de questões similares.

Talvez de forma implícita – já que *ratio decidendi* não aparece inteiramente explicitada no acórdão em comentário – o TJRS tenha percebido que a intervenção estatal nos contratos internacionais é capaz de reverberar efeitos negativos a diversos agentes econômicos direta ou indiretamente envolvidos no vínculo negocial.

Bem entendido, existiria um conteúdo econômico fundamental para o cumprimento da cláusula arbitral inserta em contratos internacionais: a segurança jurídica como mecanismo de desenvolvimento do comércio internacional. Segurança não apenas porque baseada na liberdade de contratação que tem proteção constitucional, mas também porque prevista na ordem jurídica internacional e na *lex mercatoria.*[10]

---

[9] KESSEDJIAN, Catherine. *Un exercice de rénovation des sources du droit des contrats du commerce international: Les principes proposés par l'Unidroit.* (Octobre-Décembre, 1995) 84 *Revue Critique de Droit International Privé* 4. at p. 641; JR., Lauro Gama. *Contratos internacionais à luz dos princípios do UNIDROIT 2004: soft law, arbitragem e jurisdição.* Rio de Janeiro: Renovar, 2006.

[10] As regras que orquestram o comportamento dos contratantes no comércio internacional são baseadas nos usos e costumes do tráfico negocial. Ver KHAN, Philip. *Les principes généraux du droit devant les arbitres du commerce international,* Paris: JDI, 1989, p. 301 et seq; GALGANO, Francesco. *Lex Mercatoria.* Bologna: Il Mulino, 2001; MARRELLA, Fabrizio. *Lex mercatoria e Principi Unidroit – Per una reconstruzione sistemática del diritto del*

Se a decisão foi correta, em sentido jurídico, tendo em vista o seu desfecho, a verdade é que alguns aspectos técnicos passaram despercebidos e merecem ser comentados a seguir para que em futuros casos a jurisprudência se consolide dentro da melhor técnica e da melhor doutrina jurídica.

D) Pontos nevrálgicos da decisão do TJRS

(a) Impropriedades terminológicas. Relatório e Voto do Acórdão

O relatório e o voto do acórdão instauram aparente confusão de jurisdição e instâncias, porquanto dispõem que a "justiça italiana" seria competente para dirimir o conflito, *verbis*:

> (...) já que é expresso quanto à eleição de foro, considerando que as controvérsias advindas do contrato deveriam ser elucidadas perante a justiça italiana, em tendo havido estipulação de cláusula de arbitragem.
>
> (...) Insurge-se a ré contra a competência da justiça brasileira para apreciação da lide – porquanto, no seu entendimento, e com base no contrato firmado entre as partes para distribuição e representação de mercadorias (fls. 367-368) – quaisquer controvérsias advindas do instrumento contratual deveriam ser dirimidas perante a justiça italiana.
>
> (...) Com efeito, no contrato entabulado pelas partes para distribuição e representação dos produtos (fls. 367-368), houve estipulação de cláusula de arbitragem para que a dirimibilidade de quaisquer questões oriundas do referido instrumento contratual, ou a ele relacionadas, ocorresse perante a justiça italiana de Milão.

Não há dúvida de que o relatório e a fundamentação do acórdão, ao embaralharem o conceito arbitragem com o da justiça italiana – normal na experiência jurídica, diga-se de passagem, pois envolve aplicação de conceitos e de legislação relativamente nova a problemas novos para brasileiros (apenas recentemente inseridos significativamente no comércio internacional) –, fazem ecoar certa imprecisão terminológica que deve ser corrigida pelos juízes em casos futuros.

Na verdade, as partes elegeram como sede arbitral (método privado de solução de controvérsias) a cidade de Milão, e não o foro estatal desta cidade. A não ser que o Tribunal estivesse imaginando que, indiretamente, as partes elegeram a justiça de Milão para resolver disputas relacionadas à arbitragem como o de nulidade da cláusula compromissória por exemplo. Se foi esse o raciocínio adotado pelo TJRS, ele deveria ter sido explicitado melhor para evitar confusões terminológicas futuras.

(b) Protocolo de Genebra – Revogado pela Convenção de Nova Iorque (1958)

O julgado da Corte Gaúcha passou ao largo da Convenção de Nova Iorque de 1958, cuja importância para o desenvolvimento da arbitragem no Brasil se

---

commercio internazionale. In: Contratto e Impresa-Europa, 5, 2000, o. 29-79;; GOLDMAN, Berthold. *Frontières du droit et lex mercatoria*. In: Archives de Philosophie du Droit, droit, tome IX, p. 177 et seq.

fez sentir desde a sua ratificação, em 2002, via Decreto nº 4.311, e que foi responsável por consolidar ainda mais a arbitragem no Brasil (juntamente com a LA e com a SEC 5206 do STF). O acórdão, contudo, adotou suas razões de decidir com esteio no Protocolo de Genebra, já revogado pela Convenção de Nova Iorque.

Com efeito, a ratificação da Convenção de Nova Iorque de 1958 conferiu eficácia internacional às sentenças arbitrais proferidas em território nacional, o que certamente passou a influenciar na escolha do Brasil como sede de procedimentos arbitrais internacionais.[11]

(c) Aceitação da cláusula compromissória.
Desnecessidade de manifestação expressa

A respeito da aceitação da cláusula compromissória, assim dispôs a decisão do TJRS:

(...) De modo que a inserção de uma cláusula compromissória em um contrato internacional dá-lhe validade e eficácia próprias, *contanto haja aceitação da cláusula arbitral de modo expresso,* seja quanto à sua existência, seja quanto ao seu alcance. (Grifamos).

Ora, a SEC 856 – STJ admitiu a aceitação tácita da cláusula compromissória, desde que a conduta negocial da parte contratante acene para o seu consentimento.[12] Na prática comercial internacional, é possível trilhar a linha de entendimento de que a cláusula compromissória não exige aceitação expressa das partes. Tanto é assim que a LA, ao tratar do tema, nada dispôs, assim como a Convenção de Nova Iorque de 1958.

Portanto, ainda que não tenha havido uma aceitação expressa, se a parte manifesta inequívoco interesse, por exemplo, em nomear árbitro e alegar suas razões de mérito na arbitragem, em face da confiança gerada entre as partes, consubstanciada na troca de correspondências, não se pode afastar a ocorrência da aceitação da cláusula compromissória em tais situações.

Portanto, revela-se ultrapassado na esteira da jurisprudência do STJ o argumento do TJRS de que há necessidade de aceitação expressa e inequívoca da cláusula compromissória, mormente em contratos internacionais – terreno onde campeia o *standard* do agir negocial.[13]

---

[11] LEE, João Bosco. *A homologação de sentença arbitral estrangeira: a Convenção de Nova Iorque de 1958 e o direito brasileiro de arbitragem.* In: Arbitragem – estudos em homenagem ao Prof. Guido Fernando da Silva Soares. São Paulo: Atlas, 2007. p. 175-188.

[12] MOSER, Luiz Gustavo Meira. *Arbitration clause and acceptance: the role of silence and fair dealing in L'Aiglon S.A. v. Têxtil União S.A – A Brazilian experience.* In: Vindobona Journal of International Commercial Law and Arbitration, v.11, 2007. p. 305-309.

[13] Art. 1.7 UNIDROIT; Art. 1.201 Principles of European Contract Law (PECL) e Art. 7º da Convenção de Viena sobre Compra e Venda Internacional de Mercadorias de 1980 (CISG) – uniformidade de aplicação da CISG e observância à boa-fé objetiva no comércio internacional: atuação híbrida – princípio (função concretizadora – art. 7(2); controle e interpretação) e *standard* (padrão de conduta negocial socialmente aceito).Ver mais em, FERRARI, Franco. *The 1980 Uniform Sales Law. Old Issues Revisited in the Light of Recent Experiences.* Ve-

(d) Cláusula compromissória vazia x cheia x patológica x escalonada ou seqüencial. Arbitragem Institucional x "ad hoc"

O julgado não fez a avaliação preambular da cláusula arbitral, que seria de mister, e quedou silente no referente à distinção entre cláusula compromissória vazia (caso em tela), cláusula cheia e patológica, porquanto poderia a Corte gaúcha ter-se manifestado a respeito do cochilo das partes na redação da cláusula arbitral.

No caso em comentário, as partes elegeram uma arbitragem *ad hoc* em Milão. Nele, a convenção arbitral foi estabelecida por meio de uma cláusula arbitral citada pelo próprio TJRS. A cláusula compromissória em questão, como será visto a seguir, é vazia, o que macula a sua funcionalidade e implica uma intervenção pontual do Poder Judiciário, hipótese sequer ventilada no acórdão, como veremos a seguir:

> Lei e Arbitragem. Item 11: O presente Contrato deverá ser regido e interpretado em conformidade com a lei italiana. Qualquer controvérsia ou discrepância decorrente do, ou relacionada ao presente Contrato deverá ser solucionada por arbitragem realizada em Milão. E por estarem justas e contratadas, as partes abaixo assinadas pretendem estar legalmente obrigadas por este instrumento, apondo a sua assinatura ao presente contrato.

Por outro lado, a decisão em apreço, ao que parece, conferiu vigência ao art. 8º da LA, ainda que de forma tímida, o que demonstra uma evolução pretoriana interessante para o instituto da arbitragem, sobretudo ao alinhar-se com importante e recente *leading case* internacional.[14]

Por fim, temos que o cerne da controvérsia reside na inquietação a seguir: se a parte inadimplente – Coraquim – requereu perante a Corte judicial de seu país o benefício da gratuidade judiciária, não seria razoável prevermos que a mesma parte envidaria o máximo de esforços para macular a funcionalidade da cláusula

---

rona: Giuffrè Editore, 2003; WITZ, Claude; SCHLECHTRIEM, Peter. *Convention de Vienne sur les contrats de vente international de merchandises*. Paris: Dalloz, 2008.

[14] *Leading case Premium Nafta Products Ltd. v. Fili Shipping Ltd. House of Lords*. A *House of Lords* manifestou, no dia 17.10. 2007, parecer favorável no que pertine à força vinculante da cláusula compromissória, ainda que inserida em contratos cujo teor é passível de anulação em virtude de patologias detectadas em sua formação. Em breves linhas, o caso envolveu contratos de fretamento de mercadoria cujos termos pactuados incluíam cláusula compromissória com eleição de foro da London Maritime Association of Arbitrators, de acordo com o Arbitration Act 1950 e demais modificações a este relacionadas. Ocorre que, em razão da alegação de vícios na formação do contrato, a *Premium Nafta* ingressou no juízo comum inglês no afã de ver os contratos rescindidos, desconsiderando, portanto, o foro especial pactuado, sob o argumento de que o contrato entabulado não era válido e, via reflexa, também não o era a cláusula compromissória. Outrossim, aventou-se que a redação da cláusula permitiria interpretar que o Juízo arbitral não cobriria questões relativas à formação do contrato, mas tão somente questões pertinentes a sua instauração num momento ulterior. Contudo, os Lordes entenderam que eventuais obstáculos conceituais não teriam o condão de capitular a cláusula compromissória, uma vez que os termos pactuados na avença deveriam ser respeitados. Denegou-se, assim, o apelo da *Premium Nafta*. A decisão baseou-se na tese de que a cláusula compromissória deve ser atacada somente se e quando surgirem razões que digam respeito ao seu conteúdo objetivo. Em última análise, o julgado chama atenção pela desenvoltura com que é tratado o tema da separação entre a cláusula compromissória e o "*main contract*", sobretudo no que respeita à importância em nos atermos à racionalidade imbuída na cláusula compromissória, que sempre deve ser preservada, bem como sua funcionalidade, já que construída sob o pilar do princípio do consensualismo que deve orquestrar a redação e operacionalização da cláusula arbitral.

compromissória já pactuada – ainda que vazia – e eventual instauração de arbitragem em Milão? Será que a eleição da sede arbitral da arbitragem em Milão representou na prática a melhor alternativa para a empresa italiana?

Muitas vezes as empresas que se envolvem no comércio internacional recorrem à estratégia de escolher a sede da arbitragem em seu domicílio como parece ter sido o caso da empresa italiana no caso em comento. Entretanto, algumas vezes, esse não seria o melhor local para a solução da controvérsia, considerando outros dados como custos envolvidos (uma arbitragem em Paris e Londres, por exemplo, é em regra mais cara que em outras localidades), local dos ativos para fins de execução, entre outros. Por isso, as partes devem ter todo o cuidado na redação de suas cláusulas compromissórias, a fim de que elas sejam operacionais e eficientes.

E) Conclusão

Em conclusão, agiu bem o TJRS, na esteira do STJ e de tribunais estrangeiros de prestígio ao valorizar a autonomia privada, reconhecendo a escolha feita entre empresa italiana e empresa brasileira pela via arbitral na Itália.

Contudo, fica de lição a necessidade do cuidado e zelo na redação da cláusula arbitral, que deve ser sempre cheia, pois é possível antever um período de dificuldades para quem não a confeccionou adequadamente, penando por uma solução perante o poder judiciário estatal de algum (ou ambos) dos países em que estão sediadas as partes.

Capítulo IV

Arbitragem nos contratos públicos

— 10 —

Arbitragem em contratos públicos: o posicionamento do STJ no caso CEEE-RS *versus* AES

Sumário: Introdução; A) Quanto à eficácia da cláusula compromissória; B) Validade da cláusula compromissória firmada por sociedade de economia mista; C) A decisão do STJ à luz do "law and economics"; Conclusão.

Introdução

No paradigmático julgamento do caso do Recurso Especial 606.345 proveniente do Estado do Rio Grande do Sul (RESP 606.345-RS) acima reproduzido, o Superior Tribunal de Justiça (STJ) reconheceu a validade da cláusula compromissória prevista em contrato público firmado entre uma sociedade de economia mista (a Companhia Estadual de Energia Elétrica do Estado do Rio Grande do Sul – CEEE/RS) e uma empresa privada (a AES – Uruguaiana Empreendimentos Ltda.).

O contrato em que foi inserida a mencionada cláusula arbitral era um contrato de aquisição de "potência e energia elétrica" pelo qual a CEEE comprometia-se a vender referido bem móvel à AES.

Não há no relatório do referido acórdão do STJ (RESP 606.345-RS) um detalhamento dos fatos controvertidos, nem do andamento do processo na instância inferior.

Contudo, pesquisando o acórdão proveniente do Tribunal de Justiça do Rio Grande do Sul (TJ/RS), o qual, ao que tudo indica (pois existem dois agravos idênticos sobre o mesmo tema envolvendo as mesmas partes com semelhantes argumentos), deu origem ao RESP 606.345-RS, percebe-se do relatório da Desembargadora que:

> AES URUGUAIANA EMPREENDIMENTOS LTDA. interpôs agravo de instrumento de decisão proferida em ação ordinária que lhe move a COMPANHIA ESTADUAL DE ENERGIA ELÉTRICA – CEEE, que rejeitou preliminar argüida em contestação para extinção da ação originária e de ação cautelar dela dependente pela existência de "convenção de arbitragem" a afastar o interesse processual da autora, bem como preliminar de inépcia da inicial da cautelar por falta de prova.
>
> Inconformada, a agravante afirmou a ausência de jurisdição estatal no caso concreto devido à existência da cláusula compromissória no contrato que enseja a pretensão da autora, ora agravada, *ex vi* do art. 3º da Lei de Arbitragem (Lei nº 9.307/96), sem ferimento à Constituição Federal, conforme tem entendido o STF. Colacionou jurisprudência e doutrina.

Alegou a validade da cláusula compromissória em comento porque prevista em edital de licitação e expressa no contrato dele resultante, firmado em 1997 e confirmado, em alterações posteriores, sob a égide da atual Administração. Ressaltou que a previsão de arbitragem foi de suma importância para a realização da licitação em caráter internacional, razão pela qual não pode agora ser rejeitada. Acrescentou que a agravada já compareceu perante a Câmara de Comércio Internacional indicando seu árbitro e formulando suas objeções preliminares à continuidade da arbitragem, o que representaria reconhecimento à jurisdição arbitral, implicando perda de condição da ação. Invocou o art. 173 da CF/88 para afirmar que as sociedades de economia mista equiparam-se às empresa privadas nos seus misteres negociais, não estando impedidas de serem submetidas aos juízos arbitrais e sendo inaplicável na hipótese a Lei nº 8.666/93.[1]

No seu voto, a Desembargadora do TJ/RS concluiu que:

a) Do Juízo Arbitral:

Em que pese os eruditos e alentados argumentos expedidos pela agravante, entendo não deva prosperar o presente recurso. A decisão objurgada rejeitou as preliminares argüidas pela ora agravante, nos termos antes transcritos.

Comungo do entendimento da nobre julgadora no sentido de que, pelo fato da CEEE haver firmado contrato no âmbito da qual se encontrava inserida cláusula compromissória, tal como previsto no art. 3º da Lei nº 9.307/96, não a inibe de, no caso concreto, optar pela jurisdição estatal: a uma, porque o art. 2º, § 4º, da Medida Provisória nº 29 de 07.02.2002 (que reestruturou o setor elétrico e autorizou a criação do Mercado Atacadista de Energia Elétrica – MAE), confere às partes, mera faculdade na medida em que dispõe que as empresas públicas e sociedades de economia mista, tal como a CEEE, podem dirimir controvérsias decorrentes de comercialização de energia mediante processo arbitral; a duas, nenhuma Lei (no caso Lei nº 9.307/96), Medida Provisória ou contrato poderá sobrepor-se ao disposto no art. 5º da Constituição Federal, que dispõe, *verbis*:

"XXXV – a lei não excluirá da apreciação do Poder Judiciário lesão ou ameaça a direito".

Destarte, data vênia, entendo estar equivocada a assertiva sustentada pela agravante no sentido de ser a Justiça estatal não só incompetente como também deva ser afastada da apreciação e julgamento das demandas existentes entre ela e a agravada, em razão de cláusula compromissória.

Ademais, a Desembargadora-Relatora, no seu voto, confirmou a decisão interlocutória de primeiro grau que afirmou:

A CEEE é empresa prestadora de serviço público essencial, consistente na produção e distribuição de energia elétrica, sociedade de economia mista do Estado do Rio Grande do Sul. Como tal, não pode, sem a competente autorização do legislativo estadual, abrir mão do devido processo legal para dirimir eventuais conflitos concernentes ao serviço público por ela prestado

Portanto, segundo a *ratio decidendi* do voto da relatora, o TJ/RS não teria reconhecido a cláusula compromissória firmada entre CEEE/RS e AES por dois motivos fundamentais: a) que a cláusula não excluiria a apreciação do Poder Judiciário do litígio entre as partes; b) que uma sociedade de economia mista que presta serviço público como a CEEE não poderia optar pela via arbitral sem autorização legislativa.

Entretanto, em uma análise mais acurada do acórdão do TJ/RS perceberá que a fundamentação do voto da Desembargadora revisora tem um argumento mais sofisticado e por isso não reconheceu a validade da cláusula, senão vejamos:

---

[1] Vide agravo de instrumento nº 70004535662, proveniente da Segunda Câmara Cível do TJ/RS, acórdão disponível no site *www.tj.rs.gov.br*.

Discute-se, no presente recurso, o direito de a Agravada recorrer ao Poder Judiciário para dirimir conflitos decorrentes do contrato celebrado com a Agravante. Tudo porque convencionada cláusula contratual de seguinte teor:

"Os casos omissos ou duvidosos oriundos da execução deste contrato entre a contratada e qualquer das companhias distribuidoras *serão dirimidos de comum acordo* entre as partes em disputa, no menor prazo possível. Persistindo as divergências, *poderá ser requerido* a formação de um Juízo Arbitral, que deverá ser conduzido segundo as regras procedimentais da Câmara de Comércio Internacional, observando-se ainda o que segue..."

Cabe, então, determinar a natureza desta cláusula. Vale dizer, cumpre saber se as partes elegeram, de antemão, o juízo arbitral para solução dos conflitos derivados do contrato, renunciando a garantia do acesso ao Poder Judiciário ou se apenas estabeleceram a possibilidade de solução dos litígios, também, pela via do juízo arbitral. Em outras palavras, se se trata de cláusula de que apenas prevê o juízo arbitral como um dos instrumentos de solução dos litígios ou se este já foi escolhido como o único.

Cuida-se, portanto, de questão que envolve interpretação de cláusula contratual. Segundo se lê da cláusula, os casos omissos e duvidosos serão dirimidos de comum acordo e, persistindo as divergências, poderá ser requerida a formação de juízo arbitral. Versa, então, a referida cláusula da solução de omissões e de dúvidas por meio de comum acordo. Em primeiro lugar, por meio da autotutela e em segundo lugar pela heterotutela não estatal. Quer dizer, também para esta forma de solução dos litígios é requerida o comum acordo. Se as partes não concordaram com a solução do litígio pelo juízo arbitral, este não poderá ter lugar. Assim, o recurso ao juízo arbitral depende, segundo a cláusula, de consenso das partes. Em não havendo, podem valer-se da garantia constitucional do acesso ao Poder Judiciário. Tanto é assim que a cláusula empregou a expressão *poderá*, que destaca apenas a possibilidade de as partes recorrerem para dirimir os conflitos a um juízo arbitral. Não tem lugar, portanto, a aplicação da referida cláusula em caso de discordância de qualquer das partes o que importa dizer que não foi eleito o juízo aribtral como a única forma de solução dos litígios. A instauração do juízo arbitral, portanto, só poderá ter lugar se ambos os contratantes concordarem, não podendo ser imposto apenas por uma das partes.

Portanto, percebe-se que a Desembargadora-Revisora apenas não emprestou plena validade à cláusula compromissória porque, interpretando o texto da cláusula redigida pelas partes – que fazia alusão à expressão poder –, concluiu que a solução arbitral era apenas uma alternativa aberta às partes, sem renúncia expressa ao Poder Judiciário.

E este argumento não foi enfrentado pelo STJ no julgamento do RESP 606.345-RS que, como não poderia deixar de ser – já que existe súmula impedindo o conhecimento da via especial para interpretação de cláusula contratual – restringiu-se a enfrentar os dois principais argumentos jurídicos adotados no acórdão do TJRS vergastado nos autos. Desse modo, dois foram os argumentos adotados neste acórdão do STJ em comento: A) eficácia da cláusula compromissória; B) validade da cláusula compromissória firmada por sociedade de economia mista. Como argumento adicional (*ad argumentandum tantum*) acabou o STJ por recorrer a uma fundamentação consequencialista típica da análise econômica do Direito (C).

A) Quanto à eficácia da cláusula compromissória

Seguindo o texto da Lei 9.307/96 e a melhor doutrina, concluiu o STJ sobre a plena eficácia da cláusula compromissória, a qual "afasta, obrigatoriamente, a solução judicial do litígio, e, conseqüentemente, dando ensejo à extinção do processo sem exame de mérito...".

Trata-se da já sabidas eficácias negativa e positiva da cláusula arbitral, a qual, em primeiro lugar, retira do Poder Judiciário a competência para processar e julgar o litígio eventualmente surgido entre as partes que tenha emergido ou se conectado com o contrato entabulado entre elas; e que, em segundo lugar transfere ao árbitro a competência para julgar a sua competência (*kompetenz-kompetenz*).[2]

Por este motivo, o STJ reformou o acórdão do TJ/RS que entendia ser a cláusula compromissória mera "faculdade das partes".

Foi ainda expresso o STJ no sentido de ter a arbitragem uma natureza, além de contratual, também jurisdicional. Por isso, absolutamente equivocada o TJ/RS, pelo menos de acordo com voto da relatora, em insistir no "monopólio da jurisdição pelo Estado". Isso é teoria processual italiana do século passado.

B) Validade da cláusula compromissória firmada por sociedade de economia mista

O STJ aproveita o ensejo para esclarecer da possibilidade de uma sociedade de economia mista em firmar contratos com cláusula arbitral, quando o interesse em jogo seja "secundário", ou seja, quando não haja diretamente um interesse social a ser atendido por serviço público.

Nos dizeres do STJ, quando uma sociedade de economia mista atua "sob o regime de direito privado e celebrando contratos situados nesta seara jurídica (disse o relator do Recurso), não parece haver dúvida quanto à validade da cláusula compromissória por ela convencionada".

Por outro lado, estabeleceu o STJ que "quando as atividades desenvolvidas pela empresa estatal decorrem do poder de império da Administração Pública, e, conseqüentemente, sua consecução esteja diretamente relacionada ao interesse público primário, estarão envolvidos direitos indisponíveis e, portanto, não sujeitos à arbitragem".

O STJ acabou adotando a já célebre distinção de Eros Grau[3] entre atividade econômica em sentido amplo e em sentido estrito. A atividade econômica em sentido amplo abarca a prestação de serviços públicos, nos quais há um interesse social em jogo porque do serviço depende a coesão social – e por isso, o Estado atua em seu espaço natural, sendo a lógica a do Direito Público; já na atividade econômica em sentido estrito, que ocorre quando o Estado define intervir no mercado (o que se dá apenas em caráter excepcional, quando presentes interesse

---

[2] Cf. PITOMBO, Eleonora Coelho e TIMM, Luciano Benetti. "Arbitragem: instrumento para garantia da aplicação do *pacta sunt servanda* em detrimento dos amplos poderes conferidos aos juízes togados pelo Novo Código Civil?" In *Direito de Empresa e Contratos*. 2ª ed. Org. Luciano Benetti Timm. São Paulo: THOMSON/IOB, 2006, p. 263.

[3] GRAU, Eros Roberto. *A Ordem Econômica na Constituição de 1988*. São Paulo: Malheiros, 2ª ed., 1991.

coletivo ou segurança nacional, conforme os ditames do art. 173 da Constituição Federal), a lógica é típica de mercado e, portanto, do Direito Privado.

Portanto, quando o Estado decide intervir no mercado, dentro do regime capitalista pelo qual optou o constituinte, atuando em área que não é naturalmente sua, mas tipicamente pertencente à iniciativa privada, ele deve se adequar à lógica do Direito Privado e competir em igualdade de condições, despindo-se do seu poder de império, já que não representante de um interesse social.

Nessa esteira, conclui corretamente o STJ que "na espécie dos autos, já de se destacar o caráter comercial do objeto submetido à arbitragem".

É verdade que existe certa confusão no acórdão entre sociedade de economia mista, empresa pública e entre serviço público e atividade econômica em sentido estrito (intervenção no mercado), mas isso não acontece na jurisprudência (e mesmo na doutrina apenas neste acórdão) e também não chega a prejudicar a compreensão de que, segundo o STJ, quando o Estado criar uma sociedade de economia mista e/ou uma empresa pública e esta se envolver em atividade que não seja tipicamente de serviço público prestado à sociedade e que verse de litígios daí derivados, pode-se recorrer à via arbitral.

Portanto, o STJ, sem ficar preso a classificações acadêmicas restritivas, teve a inteligência prática de perceber que, por vezes, mesmo uma sociedade de economia mista prestadora de um serviço público para a coletividade (como energia elétrica) e nessa condição atuar como representante do império do Estado em benefício coletivo, pode, em outras ocasiões celebrar contratos como agente econômico privado, aí despindo-se de prerrogativas para tornar-se igual aos demais integrantes do mercado.

C) A decisão do STJ à luz do *law and economics*

Intuitivamente, o STJ aproximou-se do método empregado pela escola do *Law and Economics*, que hoje é uma das ferramentas de análise de leis e acórdãos mais em voga nos Estados Unidos da América (EUA).

Isso porque ele pondera em sua decisão, as conseqüências dela para os agentes econômicos em um ambiente globalizado e der mercado.

Com efeito, menciona o STJ:

> Note-se que, em se tratando a energia elétrica de *commodity* de tamanha importância para o País, sobretudo a partir da desregulamentação do setor promovida a partir dos anos 90, cumpre assegurar às empresas que se dedicam a sua comercialização e o seu fornecimento, sejam elas privadas ou estatais, mecanismos ágeis, seguros e eficientes na gestão desses negócios, que possam, efetivamente, contribuir para o aprimoramento desses serviços, com reflexos positivos para o consumidor. Nesse contexto, não resta dúvida de que, sob o ponto de vista jurídico, a cláusula compromissória constitui um desses mecanismos.

Por que se fala em análise econômica do Direito?

Porque a análise econômica prega que os efeitos de uma determinada decisão sejam ponderadas pelo julgador. Assim, como o mercado se estrutura sobre expectativas dos agentes econômicos, as decisões judiciais acabam funcionando como "preços", estabelecendo "efeitos de segunda ordem" os quais podem aumentar sobremaneira os custos de negociar e de fazer cumprir contratos ("custos de transação" no jargão econômico) pelo fato de gerarem "externalidades negativas" ou "positivas" (ou seja, efeitos prejudiciais ou benéficos para terceiros).[4]

Sabe-se, pela literatura de *Law and Economics*,[5] que os custos de transação tendem a aumentar com um Poder Judiciário lento, burocrático e imprevisível.

A arbitragem tende a diminuir os custos de transação porque tende a ser um mecanismo mais ágil e mais especializado na solução de conflitos.

Diante de um procedimento mais eficiente e mais técnico, as partes tendem a não buscar o litígio para "ganhar tempo" e fugir do cumprimento do contrato – até porque um procedimento arbitral tende a ser mais custoso se comparado à jurisdição estatal. Ao passo que um Poder Judiciário lento e ineficiente tende a criar incentivos para comportamentos oportunistas das partes, que buscam a justiça no mais das vezes (segundo levantamento de Armando Castelar Pinheiro[6]) para descumprir contratos.

No Brasil, este comportamento oportunista é empregado muitas vezes pelo Estado, que firma contratos e depois busca a justiça estatal para obter tratamento favorecido em função de um maior grau de politização do Poder Judiciário – segundo a mesma pesquisa citada de Pinheiro. Esse comportamento do Estado tende a interferir negativamente em investimentos que o setor privado venha a fazer junto ao Poder Público, caso os contratos não sejam mantidos (veja-se que as PPP´s admitem legalmente a solução arbitral, como os contratos de concessão também).[7]

Por isso, acertadamente, decidiu o STJ reconhecer e validar a cláusula arbitral, gerando estímulo a novas contratações de agentes econômicos privados com o Poder Público e ciente de que pela diminuição dos custos de transação, isso pode trazer benefícios coletivos.

Conclusão

A posição do STJ tem sido francamente favorável à arbitragem, inclusive em contratos envolvendo a administração pública indireta, quando esta participa

---

[4] COASE, Ronald H. *The firm, the market and the law*. Chicago: The University of Chicago Press, 1988.
[5] COOTER, Robert e ULEN, Thomas. *Law & Economics*. Boston: Addison Wesley, 2003
[6] PINHEIRO, Armando Castelar. Magistrados, judiciário e economia no Brasil. *In* TIMM, Luciano (Org.) *Direito e economia*". São Paulo, Thomson/IOB, 2005, p. 248.
[7] Ver TIMM, Luciano e Castro, José Augusto Dias de (org.). "Estudos sobre as Parcerias Público Privadas". São Paulo: THOMSON/IOB, 2006.

de uma atividade econômica não representando interesse público direto da sociedade civil. Nessas situações, não há direitos indisponíveis e o negócio jurídico é passível de sujeição à arbitragem.

Foi essa a *ratio decidendi* do caso em comento que envolveu um contrato firmado entre a Companhia de Energia Elétrica gaúcha (CEEE) e a empresa privada AESSul no tocante à fornecimento de energia. Ao contrário da posição firmada pelo STJ, entendia o TJRS que o contrato em questão envolvia interesse público direto e portanto não sendo um litígio arbitrável.

A conseqüência desse julgado será a de gerar estímulos a novos negócios entre iniciativa privada e o Poder Público, ainda que se anteveja a resistência dos tribunais inferiores de apelação a seguir esse entendimento, sobretudo do TJRS, o que tende a encarecer o custo do litígio ao investidor (ao exigir que a parte leve seu caso até os Tribunais Superiores, para ver consagrado entendimento já exposado em julgamentos anteriores).

Impressão:
Evangraf
Rua Waldomiro Schapke, 77 - P. Alegre, RS
Fone: (51) 3336.2466 - Fax: (51) 3336.0422
E-mail: evangraf.adm@terra.com.br